सुरों की मलिका की शब्दांजलि *चन्दन किवाड़* लोकधुनों की भावभीनी गायिका मालिनी अवस्थी की स्मृति-कथाओं की वो मंजूषा है, जिसके पृष्ठ पलटते ही कुछ बहुत मार्मिक, बहुत करुण अभावों से जर्जरित लेकिन अदम्य साहस, कर्तव्यनिष्ठा और लोकमंगल की भावना से पूरित उनके पूर्वजों एवं पूर्वजाओं के संस्मरण का सिमसिम-सा खुलता चला जाता है। मालिनी कहती हैं, चन्दन किवाड़ खोलकर भी भीतर प्रवेश करें। ये किताब नहीं, मेरे मन का प्रवाह है। सचमुच इन संस्मरणों में अपने छुटपन की देखी-सुनी प्रात:स्मरणीय स्त्रियों को याद करती हुई मालिनी पुण्य सलिला भागीरथी की धारा-सी ही सतत प्रवाही हैं। उनके अबोध मन पर कन्दीलों-सी ही जगमग, कहीं मण्डला स्टेट की राजसी ठाट-बाट वाली, असीम धैर्य और आत्मविवेक वाली नानी हैं तो कहीं अक्षत फूलों की प्रतिश्रुति के साथ पर्व-त्योहारों की लोककथाएँ सुनाती ममतामयी दादी हैं, कहीं सुर-साधिका माँ और क्रमश: परम्परा के प्रवाह में शामिल होतीं स्वयं मालिनी। गुरुमाता गिरिजा देवी, वत्सला ताई जी और बचपनिया संग-साथवाली सुमंगलाओं को भला कैसे विस्मृत कर पातीं मालिनी। तो इन सबको शब्दों की भावपूरित आचमनी देती मालिनी सुध-बुध भूली गायिका मालिनी की तरह ही अपने पाठकों को भी जीवन्त भाषा और सहज प्रवाही भाषा-शैली से विभोर कर देती हैं। इतना ही नहीं, मणिकांचन योग की तरह इन आख्यानों के शीर्षों के रूप में मालिनी ने जिन लोकगीतों की पंक्तियाँ चुनी हैं, वे अपने आप में बेमिसाल हैं। 'काहे को ब्याही बिदेस रे लखिया बाबुल मोरी' अथवा 'रेलिया बैरन पिया को लिये जाये' या 'गंगा रेती पे बँगला छवा दा मोरे राजा' एवं 'मत जा, मत जा, मत जा जोगी' जैसी पंक्तियाँ इन संस्मरणों के माथे पर रखे ताज की तरह हैं; और हैं इस पुस्तक की अतिरिक्त उपलब्धि। इन लोकधुनों की तरह ही मालिनी अपने आख्यानों में भी जीवन के कठिन संघर्षों से लेकर विविधवर्णी राग-रंग-भरी जीवन-आस्था से भरपूर लोकमंगलकारी समूची संस्कृति का आवाहन करती हैं। इस पुस्तक को पढ़ना अपनी परम्परा, हवा, मिट्टी और सुवास के साथ जुड़ना है। समूचे भारतीय परिपार्श्व को अपने अन्दर महसूस करना है। अन्त में, मालिनी की आवाज़ के साथ उनकी क़लम के लिए भी भरपूर स्नेहाशीष!

— **सूर्यबाला**

With this heart-warming book, celebrated artist Malini Awasthi ji makes a brilliant debut as an author. For any consummate artist like her, a work of art is always an expression of one's lived experience; a universal language of deep human emotions. Art is a great unifier and a real artist is above all false divisions among humans, because a good work of art is appreciated everywhere, just as human experiences are fundamentally the same-people weep everywhere, smile everywhere, love everywhere irrespective of time-span or geographies. These unsophisticated expressions of one's inner being hence have a certain universality about them. As an artist par excellence, Malini ji taps into this very quintessential human heart & experience through this wondrous book. Spread over 27 chapters, they cover a wide span of themes ranging from devotional & ancestral songs to those promoting social harmony, extolling our hard working class, love songs and those of remorse, to even one on migraine!

Through her deft story-telling, Malini ji interweaves the connections between the "classical" and the "folk", which are always seen as straightjacket and mutually independent compartments. Just as she straddles these two apparently parallel streams as a performing artist with ease, her delightful storytelling brings these genres together through the prism of lived experiences. Her vivid story-telling makes readers visualize the ghats of the Ganga, the Kachori Gali, the temple of Baba Vishwanath in Banaras and so many such delightful locales; even as the reader might not miss smacking her lips thinking of the delicacies that she describes with such finesse. A book with a soul and a disarming honesty that comes in with decades of penance and practice of the art-form, Malini ji's offering is a page-turner and a must-read for anyone who wishes to understand the pulse of Bharat...a pulse which manifests most profoundly in the various folk traditions of the land.

—Dr. Vikram Sampath

चन्दन किवाड़

गुइयाँ दरवजवा मैं ठाढ़ी रहूँ...

मालिनी अवस्थी

वाणी प्रकाशन

प्रकाशन के उत्कृष्टतम 62 वर्ष

सजिल्द पहला संस्करण : 2025

vaniprakashan.com

वाणी प्रकाशन

4695, 21-ए, दरियागंज, नयी दिल्ली-110 002

फ़ोन : + 91 11 23273167, 23275710

शाखाएँ

अशोक राजपथ, पटना-800 004, बिहार

कॉफ़ी हाउस कैम्पस, महात्मा गांधी मार्ग, प्रयागराज-211 001, उत्तर प्रदेश

महात्मा गांधी अन्तरराष्ट्रीय हिन्दी विश्वविद्यालय, वर्धा-442 001, महाराष्ट्र

sales@vaniprakashan.in
vaniprakashan@gmail.com

Chandan Kiwad
by Malini Awasthi

ISBN : 978-93-6944-138-9
Memoirs/Non Fiction/Music

मूल्य : ₹ 595

सिटी प्रेस, दिल्ली-110 095 में मुद्रित

वाणी प्रकाशन का लोगो मक़बूल फ़िदा हुसैन की कूची से

ब्रह्मलोकवासिनी पूजनीया माँ

निर्मला अवस्थी जी

के श्री चरणों में समर्पित

जिन्होंने सिखाया कि पूरा विश्व एक परिवार है और मनुष्यता मूल गुण!

संस्कृति हमारी पहचान और पुरातन ही नित नवीन...

प्रस्तावना

गंगा-तट पर झिलमिलाती दीपशिखाएँ...

गन्धर्व सेविताओं के अफ़सानों और गीतों की आत्मा में बसी हुई रोशनी के बहाने ये कथा-चित्र उन साधारण महिलाओं के भीतरी दर्द की वे जलती-बुझती कन्दीलें भी हैं, जिनका इतिहास दर्ज करने से समय चूक जाता है। एक कलाकार मन की ऐसी थेरी गाथाएँ, जिनको सुलझाते हुए भारतीय समाज के गुज़रे दौर के वे सामाजिक, सांस्कृतिक बदलाव भी सामने आते हैं, जिनमें अनगिनत करुणा का वास शामिल रहा है। एक परित्यक्ता स्त्री का जीवन-संघर्ष, जो अपने स्वामी के कुशल का मंगल जीवन भर मनाती रही। ढेरों ऐसी स्त्रियाँ, जिनकी कला, समय के कालप्रवाह में जाकर अवरुद्ध हो गयी। अपने सन्ताप, त्याग, मोहभंग, पीड़ा को स्वर देती ऐसी अनाम महिलाएँ, जिनके लिए लोक-गीतों के परिसर में तो आवास मिला, परन्तु समाज की ड्योढ़ी से उनका निष्कासन होता रहा। लेखिका, उसी मर्म को कुरेदते हुए, उस नदी का संवरण करती हैं, जो मन्दाकिनी, अलकनन्दा, भागीरथी, गरुण और पाताल गंगा की मार्मिक यात्राएँ करती हुई अविकल एक महानदी गंगा बन जाती है। ये कहानियाँ, संगीत के राग में डूबे हुए संस्मरण, जीवन की अर्ध-कथानक छवियाँ, यहाँ उसी तरह स्मृतियों के सघन अरण्य में उतरते हैं, जिस तरह किसी तीर्थ की सीढ़ियों से उतरकर स्त्रियों की पीड़ा को नदी का जल अवाक् हो सुनता है।

मालिनी अवस्थी ने परम्परा, लोक, शास्त्र, साधना और कला अभ्यास की सतरंगी वेणी गूँधते हुए कुछ वैसा रच दिया है, जैसा रुद्र काशिकेय 'बहती गंगा', नवनीता देवसेन 'किस पथ आये तुम्हारी करुणा' में जीवन का मर्म उद्घाटित करते हैं। भाषा में प्रदीप्त, शिल्प में आलाप के आवर्तन सरीखा, कथा-विन्यास में कहानियों और फ़सानों की शोकान्तिका रचता यह लेखन चकित और विभोर करने के साथ, विचलित भी करता है। यह कहना सर्वथा उचित होगा कि इन कहानीनुमा संस्मरणों, स्मृति-आख्यानों और कलापरक निबन्धों का विचार पंखुड़ी-पंखुड़ी उसी तरह खिलता है, जिस तरह तानपूरे की जवारी खुलती है। यहाँ घर और आँगन

की देहरी को थामे अकुण्ठ भाव से संघर्ष करती अलक्षित नायिकाओं की वेदना पसरी हुई है, जो बनारस की बाईयों के दालान तक जाती है और लखनऊ में उस्ताद जी के गुरु के कोठे की धूल में आशीष पा विश्रान्ति लेती है।

किसी जोगन की आन्तरिक पुकार की मानिंद गूँजता हुआ यह गद्य, हिन्दी भाषा के लिए सर्वथा नया और सलोना है, जहाँ आने वाले सारे नगर भी अपने क्षोभ की कथा कहते हैं। मीराबाई, जिसे 'सन्त देख दौड़ आयी/जगत देख रायी' कहती थीं, कुछ वैसा ही भीतर छूटता, छीजता और फिर बनता-सँवरता सा, जीवन की उद्दाम आकांक्षा का भाव... अधिकतर लोक और शास्त्रीय संगीत के बोलों, गीत-पंक्तियों से उठाकर वर्तमान की कहानी कहने में सक्षम इन कथा-चित्रों में संगीत के जिस लहके, लहजे, ठसके, कसक-मसक, बरजोरी, उलाहना, प्रेम, रार की अन्विति और शृंगार की पुकार की टेर लगायी गयी है, उसके पीछे प्रशान्त भाव से मौजूद हमारे घर-परिवार और आस-पास के परिवेश की जानी-अनजानी दुनिया का कौतुक खुलता चला जाता है। फिर वह राजा भर्तृहरि या गोपीचन्द का वैराग्य हो, करमा नृत्य की मनोहारी स्मृतियाँ, पचरा गायन के साथ नीम के वृक्ष का प्राकृतिक अवगाहन, आल्हा-ऊदल की शौर्यगाथा, राजा हरदौल का त्याग, सगुन मनाने के ढेरों जतन, बेटी की विदाई के मार्मिक क्षण, शृंगार और रति से उपजता वैराग्य और नैराश्य, पुरखिनों की पीड़ा को झुठलाती ढोलक पर पड़ने वाली थाप, शकुन्तला का प्रेयस भाव, गुरु गिरिजा देवी और उनकी ही तरह तालीम पायी, मगर बिसरा दी गयी बुज़ुर्ग गायिका छुन्नी का अतीत, माँ, बहन और सहोदर स्त्रियों के अन्तःपुर में आवाजाही, दन्नो बुआ का विराट सलोना रंग, ठुमरी, दादरा, चैती, निर्गुण और नकटा के बहाने जीवन के जल-दर्पण में झाँकने की कोशिश...हर जगह मालिनी अवस्थी का सुर उस तार को छेड़ दे रहा है, जिसके दर्द को शायद ही कोई सुन पाया हो...

ये सरस, आत्मीय और मार्मिक लेखा-जोखा, गंगा-तट पर झिलमिलाती उन दीपशिखाओं की तरह दीप्त हो रहे हैं, जिनको शताब्दियों पहले, स्त्रियों ने अपने मन-मन्दिर में जलाकर, घाट की सीढ़ियों पर रख दिया था...

—यतीन्द्र मिश्र

मेरी बात...

मालिनी, आज मेरी कहानी सुनाओगी? सुनाओगी ना?

एक आवाज़ जो सदाओं में बदल जाती है, हर बार, वही सवाल।

यह आवाज़ और ऐसी ही कितनी आवाज़ें कब से मेरे कानों से गूँजती हुई मेरे मन में घर बनाकर बैठ गयी हैं।

हर बार यही होता है। कितने बरस, कितने दशक बीत गये, हर बार वही देखे-अनदेखे से चेहरे, उनकी मद्धम आवाज़ें, आँखों-आँखों में संवाद, वही आध्यात्मिक उपस्थिति की अनुभूति।

चारों ओर रौशनी के सैलाब में नहाये बेताब श्रोताओं का उत्साह में कोलाहल का राग अलापता हुआ सा...और हर बार मंच पर चढ़ते ही मेरा दिल इसी आशंका से धड़क उठता है, क्या वे सब आज फिर मिलेंगी?

दर्शकों की तालियों का आशीर्वाद स्वीकार मैं कृतज्ञ मन से मंच पर अभिवादन करती हूँ, जैसे ही ध्यान लगाते हुए सुरों का आह्वान करने को आँख मूँदती हूँ, अचानक कोई सुमंगला बड़े अधिकार से सामने आकर खड़ी हो जाती है, 'क्यूँ, आज मेरी कहानी नहीं सुनाओगी?'

मैं कुछ जवाब नहीं दे पाती, वापस अपनी आँख बन्द कर उसके अदृश्य होने की कामना करती हूँ, फिर आँख खोल गीत आरम्भ करती हूँ, वो दिखती नहीं। ढूँढती हूँ, तो पाती हूँ, वह मंच के नेपथ्य से मुझे देखकर मुस्कुरा रही है, धीरे-धीरे कई सुमंगलाएँ सामने आने लगती हैं, कहीं हँसती-खिलखिलाती चन्दा, कहीं कन्नौज की युवा विधवा, कहीं सवाल पूछती सी दन्नो मौसी, कहीं छिपकर मिलने आयी नवोढ़ा, कहीं पति को अभी-अभी विदा कर घर लौटी ब्याहता के आँसुओं से भीगा चेहरा, ये सब मानो मुझे चुनौती दे रही हों, कभी इठलाती हुई, कभी धमकाती हुई, कभी उदास आँखों से याचना करती हुई सी... कौन यह सब कहेगा और कौन सुनेगा, क्या तुम कहोगी? दूर बनारस चौक से गौहर जान गुहार

लगा रही हैं, मालिनी, क्या आज कचौड़ी गली सुनाओगी? मेरी कहानी गाओगी? दर्शक इस अदृश्य संवाद से बेख़बर हैं, वे मुझे देख रहें है, लेकिन कैसे कहूँ सबसे कि मैं मंच पर अकेली नहीं होती, यह सब मुझे घेरे रहती हैं, कितने वर्षों से इनके गीत गा रही हूँ, शायद अड़तालीस या पचास! न इन सबकी कहानियाँ ख़त्म होती हैं, न लोक-अमृतकलश के गीत! वे सब मुझसे समाई हैं, उन गीतों के भीतर से बह-बह कर जब-तब मुझसे मिलने आती रहती हैं जो गीत नहीं, जिए हुए समय के पवित्र छन्द हैं। उस भोगे हुए की जीवन्त अभिव्यक्ति हैं। गीतों के रूप में ये निजी अभिव्यक्तियाँ समष्टि के दुःख-सुख में तिरोहित हो चुकी हैं, वेद मन्त्र सी अमिट, पावन और काल सापेक्ष।

अब इसे प्रारब्ध कहिए या मेरा भाग्य, मुझे संगीत का आशीर्वाद मिला। मैंने संगीत में दीक्षा ली, सुर में ईश्वर को पाया, सुर की आराधना की। गुरुजन कहते थे, जैसा मन होगा, वैसा सुर लगेगा। सुर में नाद ही नहीं आत्मा का संयोजन अनिवार्य है तब सुर, सुर बनता है। सुर में प्राण न हो, तो सुर निरर्थक है, वैसे ही जैसे शक्तिहीन शिव शव हैं। यह हमारा मन ही है, जिसकी आधारशिला पर उपस्थित हो बारह सुर आरोह, अवरोध, आलाप, तान, गमक, मीड़ का निराकार स्वरूप गढ़ते हैं। मन का जैसा आलोड़न, मन की जितनी गहरी व्याप्ति, मन का जितना उदार आकाश, वैसा संगीत का प्राकट्य। क्या यही कारण है, जो मेरे सुर में प्राण बन अशेष सुमंगलाएँ अपनी आपबीती के साथ जब-तब प्रकट हो जाती हैं? मानो मेरी इस धारणा को दृढ़तर करती जाती हैं कि हर गीत में प्राणतत्त्व है, वही प्राणतत्त्व उस गीत की प्रेरणा हैं, वही शक्ति! मैंने हर बार महसूस किया कि इन गीतों को गाते हुए मैं परकाया प्रवेश कर जाती हूँ, फिर मैं नहीं गाती, वही नायिका उस गीत को आगे ले जाती है, जानती हूँ, यह सामान्य बात नहीं है। एक ही गीत को सैकड़ों बार गाने के बाद भी, हर बार उस गीत में वही ऊर्जा वही जीवन्तता कैसे प्रकट हो जाती है, ये कोई बहुश्रुत फ़िल्मी गीत नहीं, ये शास्त्रीय-संगीत की अवतारणा भी नहीं, जहाँ हम नित्य नया स्वतन्त्र वितान रचते हैं, ये हमारे अन्तःकरण के रक्षक लोकगीत हैं, जो कहने-सुनने में बहुत सामान्य लगते हैं, किन्तु जब-जब मुखरित होते हैं, हमें हमारी चेतना से जोड़ते जाते हैं, जहाँ कहा कुछ भी व्यक्तिगत नहीं रह जाता, सामूहिकता को समर्पित हो जाता है। मेरे भीतर का कलाकार बहुधा मुझे इस बात के लिए उद्वेलित करता है कि क्या अभिव्यक्ति कण्ठ स्वर से भी ऊपर उठकर अपना नया रचना संसार गढ़ सकती है? यह तो तय है कि कलाओं में अन्तःसम्बन्ध है,

और हर कला की एक अपनी भाषा होती है। किन्तु क्या सभी गायकों के साथ ऐसा अनुभव होता है, क्या इस दृष्टि से किसी लोक-कलाकार ने कभी कुछ सोचा है, कुछ लिखा है?

अपने लोकगीतों की पोटली थामे, मैं गाँव-गाँव घूमी हूँ, क़स्बे, नगर, महानगर, देस-परदेस, सात समन्दर पार! कलाकार का जीवन यायावर सा होता है। आज यहाँ, तो कल वहाँ! हर आयोजन का अलग रंग! हर मंच की अलग ख़ुशबू! मन में अनेक सुनहरे अनुभवों का समुद्र तब-तब उमड़ता रहता है और मंच पर उसे कहने का भाव इतना प्रबल, इतना कि कभी-कभी लगता है, कि मंच पर मैं कोई और ही हो जाती हूँ। दरअसल ये जो आप मुझे गाते हुए सुनते हैं, वो मैं नहीं गाती, वे तो कोई और हैं, जिनकी कहानियों ने मुझे ढूँढ़ लिया है, उनके दुःख-सुख, संघर्ष, आनन्द, उत्सव, शिकायतें, हिकायतें सब ने मेरे दिल में क़ब्जा जमा लिया है, अब मेरा कण्ठ सिर्फ़ एक माध्यम है, उनकी कहानियाँ कहने का माध्यम। इस बार ये सब पात्र मेरे पीछे ही पड़ गये कि अब सिर्फ़ गाने से काम नहीं चलेगा, मुझे उनकी कहानियाँ लिखनी पड़ेंगी, सब विस्तार से कहना पड़ेगा, शायद किताब के रूप में। तो यह कहना सही होगा कि यह किताब इन सब पुरखिनों ने बहुत प्रेम से मुझसे लिखवा ली है।

लिखने बैठी, तो माँ, हमारी ताई जी, हमारी गुरु गिरिजा देवी 'अप्पा जी' सब मुझे बहुत प्रेम से घेरकर बैठ गयी हैं, जैसे पूछ रही हों—'क्या सोचा है? क्या लिखोगी! क्या-क्या लिखोगी?' विस्मय और आदर से आँख बन्द कर मैं हाथ जोड़ उन्हें प्रणाम कर देती हूँ।

आज्ञा मिल गयी, क़लम चल गयी...देखें कब तक।

मैंने जीवन को भरपूर जिया है, एक-एक क्षण का अमृतपान किया है, जीवन वैविध्य से भरा रहा, जीवन के इस वैविध्य में मैंने अनुभूतियों का अतिरेक जिया है। जहाँ जीवन में असाधारण नियन्त्रण है और दूसरी ओर अनुशासन की अवज्ञा करता हुआ असाधारण आवेग है, जीवन की तुला में कभी ऊपर, कभी नीचे...इस तुला का सन्तुलन बनाये रखने की जद्दोजहद में व्यतीत होती हुई मैं, मेरा मन, मेरी अभिलाषाएँ, मेरी आवाज़, मेरा जीवन! जीवन है, तो जीवन का लक्ष्य भी हो, क्या मोक्ष?

भारतीय कलाओं का अन्तिम लक्ष्य मोक्ष माना गया है, इसीलिए कलाओं में भक्तिमार्ग सर्वोच्च माना गया, भक्ति मोक्ष का द्वार है, लेकिन मैं ऐसी गायिका हूँ जिसने लोक से भक्ति की है। लोक से प्रेम किया है, लोक में जीवन के रहस्य

ढूँढ़े हैं, लोक से जीवन जीने का मन्त्र सीखा है। मैंने लोक-कलाओं में अपनी अभिव्यक्ति पायी है। लोक-कलाओं में अपनी संस्कृति को सर्वश्रेष्ठ अभिव्यक्ति के रूप में पाया है।

लोक में शास्त्रीयता का कोई बन्धन नहीं, बस मन की उड़ान है, जीवन की समझ है, रस है, शिक्षा है, सरोकार हैं। लोक की पहुँच अन्तहीन है। जहाँ तक दृष्टि जाये, और जहाँ न भी पहुँचे चहुँओर लोक ही लोक है। चर-अचर जगत का कण-कण, धरती, नभ, जल, पर्वत, नदियाँ, वृक्ष, पंछी, फल, फूल और लोक के आँगन में विहँसती बालिका, शृंगार करती सुमंगला, वृद्धावस्था में नीति सिखाती अम्मा, हल जोतता किसान, प्रेम के गीत गाता प्रेमी-युगल, गीत गाता मल्लाह, संसार से विरक्त जोगी...गोधूलि वेला में अपनी ठौर लौटती गौ-वृन्द, चाँदनी रात में गंगा-विहार, तपती दुपहरी में अमराई की छाँव, चकिया पीसती हुई स्त्री, दाने चुगती गौरैया, सुर साधती गायिका, दुहिता को गोद में खिलाते बाबा हों, जीवन के सभी दृश्य मन में जैसे कहीं बैठ गये हैं, वे कहीं गये नहीं, वहीं हैं। लोक वह सब-कुछ है, जो आपके आस-पास घटित हुआ नित्य हो रहा है।

आपके जीवन के आस-पास जो कुछ घटित हो रहा है, उसका आपके व्यक्तित्व पर असर ज़रूर पड़ता है। पड़ना भी चाहिए। सब इस स्वीकारोक्ति के प्रति ईमानदार नहीं होते या शायद उनके लिए इस 'घटित' की उपस्थिति का महत्त्व शून्य है, लेकिन मैंने उस घटित को अपने मन में और मन के द्वार से कण्ठ में उतरते देखा है। यही घटित मेरे गायन की प्रेरणा हैं और इस किताब की प्रेरणा के मूल में लोक की यही मंगल उपस्थिति है।

मैं अपने को सच में बड़ी सौभाग्यशाली मानती हूँ, जो ऐसे देश-प्रदेश में जन्मी जहाँ संस्कृति, धर्म, अध्यात्म, भक्ति और आस्था का अनुपम मेल है। जन्म अपने ननिहाल कन्नौज में हुआ। इतिहास का महत्त्वपूर्ण स्तम्भ है कन्नौज, इत्र, गुलाबजल के लिए प्रसिद्ध। नाना श्री बिन्दा प्रसाद भट्टाचार्य आज़ादी की लड़ाई लड़े और आज़ादी के बाद सरकारी सेवा में नियुक्त हुए, भट्टाचार्य सुन चौंकिएगा मत, कन्नौज के भट्टाचार्य कन्नौज के कान्यकुज ब्राह्मण शुक्ला थे, जो कुछ शताब्दी पूर्व बंगाल गये और वापस अपनी मातृभूमि को लौटकर आ गये। जन्मस्थली का असर तो हुआ। गंगा किनारे बसा कन्नौज अपने में भारत का महान इतिहास और संस्कृति को समेटे है, जो मिट्टी बेला, चमेली, चम्पा के इत्र, गुलाब-जल और केवड़े के लिए जानी जाती थी, शायद वहीं नाम मिला मालिनी। राजसी ठाठ-बाट वाली नानी मण्डला की बेटी थीं, उनकी कथा पुस्तक में आपको विस्तार से पढ़ने को मिलेगी।

माँ ऐसी कि आँख खुलते ही उनसे जीवन बरतने का ही नहीं, संगीत के भी संस्कार मिले, अनोखी थीं हमारी माँ, निर्मला। सबकी माँ सबसे अच्छी होती हैं, लेकिन हमारी माँ तो स्वभाव से ही विलक्षण थीं! अनोखी! आधुनिकता और परम्परा का आदर्श मेल। उनसे आधुनिकता को स्वीकार करते हुए भी अपनी संस्कृति पर गर्व करना जाना, कैसी भी परिस्थिति से लड़ने का हौसला माँ से मिला और पिता से मिली दुनिया देखने की उदार और सकारात्मक दृष्टि! पिता डा. प्रमथनाथ अवस्थी डॉक्टर थे, लिहाज़ा हमारा बचपन प्रायः अस्पताल के परिसर में बने आवासों में बीता, वहाँ अस्पताल में क़रीब से देखी ग़रीबी, लाचारी, पीड़ा और मृत्यु! बाल-मन में यह बात घर कर गयी कि सभी मरीज़ों का ख़ून एक ही रंग का है, फिर कैसे कोई सवर्ण और कोई दलित और कोई पिछड़ा हुआ, यह बात कुरेदती रहती, बहुत कम उम्र में मानवीयता के सरोकार की शिक्षा मिल गयी थी। पिताजी जब मरीज़ों को देखने गाँव जाते, मैं साथ हो लेती, सरल ग्राम जीवन, उनका व्यवहार, संस्कार का चित्र जस का तस मेरे हृदय में अंकित हो गया। सामाजिक समरसता के आदर्श प्रतीक थे हमारे पिताजी। सबके दुःख-सुख में सबसे तत्पर, सबके मित्र, सबके हितैषी पिताजी थे तो चिकित्सक लेकिन इतिहास के अद्‌भुत अध्येता थे। किताबों से बहुत पहले भारत ही नहीं वैश्विक इतिहास के विषय में अपने पिता से जाना। पिताजी से राष्ट्र को मन्दिर मानने का संस्कार मिला, प्राचीन इतिहास के गौरवशाली अध्याय से लेकर स्वतन्त्रता संग्राम में हमारे क्रान्तिकारियों की वीरगाथा—पिताजी की कथाओं में हम चैतन्य होते गये। कैसे वे अपने ननिहाल फतेहपुर से गुज़रते तो 'बावन इमली' पेड़ के नीचे रुक हमें अंग्रेज़ों की क्रूरता का इतिहास बताते, कैसे भारत-पाक युद्ध में घायल सैनिकों को लेकर गुज़र रही ट्रेन में सैनिकों को दवाई, भोजन की सेवा व मनोबल बढ़ाने पूरे शहर को इकट्ठा कर लिया था उन्होंने, उनके साथ माँ की लगाई भारत माता की जय-जयकार आज भी कानों में गूँजती है। सच है, माता-पिता प्रथम गुरु! और यह शिक्षा आजीवन चलती है।

एक बात है, बचपन में बीता समय आपके साथ-साथ आजीवन चलता है। मिर्जापुर में गंगा किनारे घर था, दादी नित्य भजन गाते हुए मुझे साथ लेकर प्रतिदिन गंगा स्नान को जातीं।

मेरी छोटी सी है नाव
तेरे जादू भरे पाँव मोहे
डर लागे राम कैसे बिठाऊँ अपनी नाव में

नाव से गंगा पार जाना, रेत में लगी ककड़ी, तरबूज ले आना, वर्षा-काल में गंगा जी जब बढ़ आतीं, उन्हें मन भर कर देखना, गंगा जी के प्रति मोह ऐसा रहा कि वे तब से हमारे साथ हो लीं...

घर में माँ और दादी का संस्कारी माहौल और सख़्त अनुशासन में पालन-पोषण हुआ, लेकिन दादी, माँ और पिताजी के साथ मेरे व्यक्तित्व पर बहुत गहरा प्रभाव पड़ा हमारे ताऊजी शशिनाथ अवस्थी जी का।

ताऊजी गजब के पढ़ाकू थे, नित्य नवीन पुस्तकों को हाथ में लिए पढ़ते रहे। उन्होंने हमारे लिए दुनिया के द्वार खोल दिये। ताऊजी की क़िस्सागोई की शैली तो इतनी प्रभावी हुआ करती थी कि लगता था कि सारी घटनाएँ सामने घटित हो रही हों। वह दौर ही ऐसा था, घर के सभी बुज़ुर्ग शौर्य, त्याग, चतुराई, विनम्रता, मैत्री, कर्तव्य-परायणता का सन्देश लिए सहज, सरल, लोक-कथाओं के माध्यम से बच्चों के मन को ज्ञान से सींचते थे।

माता-पिता को मेरी रुचि और प्रवृत्ति का अनुमान जल्द ही हो गया और मेरी संगीत की शिक्षा आरम्भ हो गयी। दक्ष गुरुजनों से मिली इसी शिक्षा ने मुझे गढ़ा है, इस किताब में कुछ स्मृतियाँ साझा की हैं मैंने।

जब पिताजी का गोरखपुर तबादला हुआ, तब मुझे अनुमान भी न था कि बाबा गोरक्षनाथ जी की भूमि मेरा जीवन बदलने जा रही थी। गोरखपुर मेरा गुरुकुल बन गया। प्रदेश के श्रेष्ठतम शिक्षण संस्थानों में से एक कार्मल स्कूल में मैंने श्रेष्ठ गुरुओं से श्रेष्ठ शिक्षा पायी और संगीत के बेहतरीन उस्तादों से संगीत की तालीम। यह मेरे जीवन का महत्त्वपूर्ण समय था। पढ़ने में अव्वल थी, हाईस्कूल में मेरे परिणाम ने सबको चकित किया, लेकिन इंटर की बोर्ड परीक्षा में प्रदेश में रैंक आ गयी तो चकित तो मैं भी हुई। कारण यह कि मैं स्कूल की किताबी शिक्षा से इतर सर्वांगीण शिक्षा ग्रहण करने में व्यस्त रही, किताबें मित्र थीं, पढ़ना, खेलना, गाना, नृत्य करना, परिवार मित्रों के साथ समय बिताना, उसी समय से मेरा प्रतियोगिताओं में हिस्सा लेना आरम्भ हो गया, कुछ प्रभु-कृपा, कुछ गुरु-कृपा, जहाँ जाती, पुरस्कार लेकर आती, गायन, नृत्य, नाटक... प्रतियोगिताएँ जैसे जीवन का अंग बन गये, गोरक्षनाथ मन्दिर पीठ द्वारा आयोजित संस्कृत प्रतियोगिता में भाग लेने के लिए न जाने कब कैसे संस्कृत अध्ययन के लिए अनुरक्त हो उठी। इतिहास मेरा प्रिय विषय था, कालिदास, भवभूति, बाणभट्ट की दृष्टि से जिस भारत को देखा-समझा, वह अब इतिहास सा लगता था, मैं महसूस कर रही थी कि नयी पीढ़ी मूल से विरक्त हो रही थी, परम्पराओं को बन्धन के रूप में देखा जाने लगा था, संस्कृति को, पुरातन को ढोने की विवशता।

जिज्ञासु और अध्ययनशील मैं सदा से थी, मेरी इस प्रवृत्ति ने परिवेश को परखने-समझने की सूक्ष्म दृष्टि प्रदान की, अपनी उमर की लड़कियाँ जब गुड़िया खेलतीं, मैं ताईजी के साथ ब्याह के गीत गा रही होती, जब पिताजी मरीज़ देखने गाँव जाते, मैं उनके घर के भीतर घुसकर उनके साथ भोजन कर रही होती। जब ताऊजी हँसकर माँ से सुठौरा चखने के लिए माँगते, तो मैं समझने का प्रयास करती कि इस बात पर घर-भर क्यों हँस पड़ा! जब मंजु मौसी ढोलक बजाती हुई जेठ के अचानक आ जाने पर बड़े करीने से चेहरे पर घूँघट डाल लेतीं, लेकिन मजाल जो इस बीच उनकी लय बिगड़ने पाती, समय बीतते-बीतते मेरे भीतर की संवेदनाएँ इतनी सजग हो उठीं कि न जाने कब कैसे मैं दूसरों की कथाओं में स्वयं एक द्रष्टा बन गयी, दूसरों का सुख-दुःख सब मेरे भीतर उतरने लगा, समाने लगा।

पूर्वांचल में पोषण हुआ, पूरब की माटी-बानी का रंग चढ़ गया। लोक में जीवन दिखने लगा, लोकगीतों में छलकता रस भिगोने लगा, ताईजी के गीत हों या राम कैलाश यादव जी की कजरी, मुहम्मद ख़लील के लोकगीत हों या गुलाबबाई के रसिया, सबमें रस मिलने लगा, समझ में आने लगा कि ये गीत नहीं, पीढ़ियों के अनुभवों से निकले मोती हैं, बिना इनके अन्तर्मन में झाँके, बिना इन्हें आदर दिये इनका आह्वान भी नहीं किया जा सकता, न आनन्द लिया जा सकता है।

गोरखपुर से लखनऊ आकर अपने मूल अवध से जुड़ी। मन बन चुका था, ब्याह, जनेऊ, मुण्डन की गीत, रस्म, परम्पराएँ भाने लगी थीं, ताईजी के साथ पूजा में बैठ समझ में आने लगा कि यह जो 'लोक' शब्द है, यही 'ब्रह्माण्ड' है। लोक शब्द में जो भारतीय दृष्टि समाहित है, वह इतनी व्यापक है, बहुरंगी है, वह जीवन जगत के अनुभूत विचारों से लेकर व्यवहार की सहज पद्धति तक है, जिसे अनेक सदियों तक भारतीय समाज ने विकसित किया है। लोकगीतों में झाँकता सामाजिक समरसता का आदर्श स्वरूप वसुधैव कुटुम्बकम् बन दिखने लगा, इनके मूल में भारत के आदर्श सूत्र 'सर्वे भवन्तु सुखिनः' की भावना दिखने लगी। कहते हैं, जैसी दृष्टि, वैसी सृष्टि। छोटी उम्र में ब्याह हुआ, भरे परिवार में आयी, जहाँ एक नहीं तीन-तीन सासों का आशीष मिला, ददिया सास, श्रीमती त्रिवेणी बाई अवस्थी, ननिया सास श्रीमती किशोरी शुक्ला और हमारी सास ऊषा शुक्ला तीनों का मेरे जीवन पर प्रभाव पड़ा। घर-गृहस्थी में सास गुरु थीं, तो नानी से सीखा अपरिमित प्रेम बाँटना। ददिया सास अपने समय से पहले की अपूर्व असाधारण स्त्री थीं, एक ओर वे कविताएँ रचती थीं, तो दूसरी ओर चकित कर देने वाला पुरुषार्थ! आमतौर पर ससुराल में जो नियम बन्धन माने

जाते हैं, मैंने उन्हें शिक्षा मान ग्रहण किया, घर वही जहाँ संस्कृति की सुगन्ध हो, घर वही, जहाँ परिवार एक साथ हो।

पति का व्यक्तित्व असाधारण था! तेजस्वी कर्तव्यनिष्ठ, अत्यन्त अनुशासित और ईमानदार...लेकिन संगीत और लोक-साहित्य उनके लिए नया था। हम दोनों अलग पृष्ठभूमि से थे, लेकिन हम दोनों का मूल-स्वभाव एक था, जीवन के प्रति लक्ष्य एक था, मानवता की सेवा का!

विवाह के बाद पति के साथ उत्तर प्रदेश के गाँव-गाँव, कस्बों में रह ग्राम-जीवन को निकट से देखना-जानना मेरे लिए जैसे पुरखों का आशीष बन बरस पड़ा। अस्सी-नब्बे के दशक में जब कुछ इलाक़ों में बिजली नहीं आती थी, गाँव में रुकना, गाँव के कार्यक्रमों में भाग लेना, ग्रामीण अंचल में साथ बैठ गाना, खाना, प्रभु की यही इच्छा थी, मेरे प्राण गाँव में बसते हैं। लोकरंग को समग्रता से ग्रहण करने की मेरी इच्छा अद्‌भुत रूप से पूर्ण हुई।

लोक-आस्था, लोक-देवता, लोक-साहित्य, लोक-कलाएँ, लोक-धर्म, लोक-मूल्य को देखने की समझ विकसित हुई, यह भी समझ आया कि वास्तव में जिसको अब हम मौखिक या वाचिक बातें कहने लगे हैं, बहुत आसानी से लोकगीत, लोककथा, लोकोक्ति, लोकाचार कहकर मुक्त हो जाते हैं, हम पूर्वजों के दिखाये इसी मार्ग पर चलकर आज शेष बचे हैं। भारत की सम्पूर्ण जीवन-पद्धति परम्परा की पहरऊवा हमारी लोकसंस्कृति है।

आप कह सकते हैं, शास्त्रीय संगीत सीखते-गाते हुए भी मन में यह तड़प अधिक भारी थी कि कुछ करूँ, तो ऐसा करूँ कि समाज से जुड़ सकूँ, समाज को जोड़ सकूँ, संस्कारों से विरक्त होती बड़ी आबादी को भारत से जोड़ सकूँ और यह निश्छलता लोक के अतिरिक्त और कहीं नहीं। अपने मन की यह बात मैंने अपनी गुरु गिरिजा देवी जी से कही, उन्होंने हँसकर कहा—'बेटा लोक हो या शास्त्र, सब एक ही है। बनारस का पूरब अंग इसीलिए सबसे अलग है, हमारे यहाँ जो आदर ध्रुपद ख़याल और टप्पा को है, वही आदर कजरी, होली, पूर्वी को है।' अप्पा जी के साथ जो कुछ सीखा, उसे कण्ठ ही नहीं अन्तर्मन तक उतारने का प्रयास किया है मैंने। बस, मन को दिशा मिल गयी, सपनों को डगर मिल गयी। घर-आँगन के गीत आम जन तक पहुँचे, यही जीवन का लक्ष्य ठान लिया। गीत और साहित्य की पारम्परिकता की शुद्धता बनी रहे, यह मेरा दृढ़ निश्चय था, लेकिन प्रस्तुतीकरण में बदलाव अवश्यंभावी लग रहा था। पुरखों द्वारा यत्नपूर्वक सहेजी हुई थाती लुप्त न होने पाये, इसके लिए मुझे कोई भी चुनौती स्वीकार्य

थी। बदलते समाज, बदलते श्रोता के समक्ष लोकगीत, लोककलाएँ, परम्पराएँ पुनः स्थापित हों, इसके लिए मैंने कई स्थापनाएँ तोड़ीं। वेश-भूषा बदली, बैठने के स्थान पर खड़े होकर, आवश्यकता होने पर नृत्य कर पुरखों के गीत मुखरित किये। मैंने यह मिथक भी तोड़ने का प्रयास किया कि जहाँ स्त्रियाँ सिर्फ़ संस्कार-गीत या ऋतु-गीत गाती थीं, जैसे कि सोहर, बन्ना-बन्नी, होरी-चैती, झूला-कजरी...! मैं आगे बढ़ी और मंच पर बिरहा, धोबिया, गोदना, कहरौवा, गुड़ऊ, पासी-गीत, कहार-गीत गाने शुरू किये। जो विधा गायी, मैं उसी की हो गयी। शास्त्र में कला, नाट्य, नृत्य और गायन-वादन में विभाजित दिखती है, किन्तु लोक कोई भेदभाव नहीं करता। जो गाता है वही अभिनय करता, नृत्य करता, कुछ न कुछ बजाता ही दिखेगा, उद्देश्य है एक ही कि उस गीत की आत्मा से वातावरण का तादात्म्य स्थापित करना।

मैं आज भी उसी लक्ष्य को तय कर रही हूँ, जब नयी पीढ़ी लोकगीतों में व्याप्त शिक्षा और संस्कार को सीख और बेहतर मनुष्य बनेगी, जब मनुष्य-मनुष्य में भेद न रहे, जहाँ हमारे भारत की संस्कृति की पुनस्थार्पना हो सके। प्रयास जारी है, देस-परदेस, शहर-शहर, गाँव-क़स्बे, मंच-दर-मंच।

इन अनुभवों की बेहद व्यस्तता के आलम में 'चन्दन किवाड़' का यह शब्द-संसार कैसे आकार पा गया, यह मेरे लिए भी बहुत बड़ा आश्चर्य है। यह सब माँ विंध्यवासिनी की कृपा है। यह जो आपके हाथ में है, साहित्य नहीं, अनगढ़ भाव गंगा है। 'चन्दन किवाड़' खोलकर भीतर प्रवेश करें, यह आपको जीवन की देखी-अनदेखी भावुक कोठरियों में ले जायेगी, जहाँ जीवन के सतरंगे जीवन्त रंग बिखरे हुए हैं। इस पुस्तक के पीछे अनन्य प्रेरणा है, बल है आशीष है। कैसे आभार कहूँ।

ओ लोक की अनाम स्त्रियो! आभार तुम्हारा!

माटी की सुगन्ध में अपना स्वेद मिलाकर हरवाही के गीत रचने वाले धरतीपुत्र किसानो! आभार तुम्हारा!

ओ लोक को अपनी मेधा द्वारा सदियों से सँवारते आ रहे अप्रतिम कलाकारो! आभार तुम्हारा।

ओ मेरे साथ विभिन्न कार्यक्रमों में देश-भर की धूल छानने वाले मेरे सहयोगी कलाकारो! आभार तुम्हारा।

आभार, मुझे सम्बल, सराहना और आत्मविश्वास देने वाले मेरे दर्शकों, श्रोताओं, मित्रों और गुणीजनों का।

माँ का आभारी नहीं हुआ जाता। उसका तो ऋण होता है सन्तान पर। मुझे पता है मेरी माँ स्वर्ग से मेरी प्रेरणा बनी, मुझे आशीष देती है।

माँ! पुण्य स्मरण तुम्हारा।

मेरी अप्पा और जग की पद्मविभूषण गिरिजा देवी! प्रणाम आपको।

जिन्होंने गोरखपुर में संगीत की बारीकियों से परिचित कराया, ऐसे मेरे स्वर्गीय उस्ताद राहत अली खान साहेब! स्मरण आपका...

जिन्होंने लोक की दृष्टि प्रदान की, ऐसे पण्डित विद्यानिवास मिश्र जी को श्रद्धापूर्वक स्मरण, जिनके आशीष और प्रोत्साहन ने मुझे आगे बढ़ाया, आकाश से मेरे पिता, जिनके स्नेह की छाया रही...वो भाई-बहन।

सबसे बड़ा योगदान अनन्या और अद्वितीय, जिन्होंने मेरी कोख में जन्म लेकर मुझे पूर्ण किया, जिन्होंने अबोधावस्था में ही लोक के पीछे बौराई माँ के जुनून को बहुत सहजता से स्वीकार लिया था और आज मेरे जीवन-पथ पर आदर्श मित्रवत की तरह सहयोगात्मक भूमिका में आ गये हैं। आभार केशव और गायत्री का, जिन्होंने हमारे सुख-संसार में राम और अहल्या को लाकर जीवन के आँगन में मंगल कुमकुम से रचित आह्लाद का जैसे मांगलिक चौक पूर दिया! जामाता और पुत्रवधू ने लोक की परम्परा को जैसे अपनी उपस्थिति से मेरे सुरीले मानसरोवर में हंस और कुमुदिनी की तरह आकर पूर्ण रूप से आपूरित कर दिया।

...और जिनके सहयोग, प्रेरणा के बिना यह यात्रा सम्भव ही नहीं थी, ऐसे निराले, अद्‌भुत शब्द को अर्थ देने वाले मेरे हृदय-प्रदेश में बसने वाले पति अवनीश का आभार कैसे कहूँ? जिनसे नेह का नाता, पान-फूल, दिया-बाती, धूप-छाँह की मानिन्द है। शायद इसी कारण यह यात्रा, मेरी नहीं हमारी है।

प्रिय सखा, बन्धु यतीन्द्र मिश्र को आभार एवं आशीष, जिसने लिखे हुए अंश को पढ़ते ही कहा, इसे जल्द से जल्द किताब के रूप में आना चाहिए, प्रिय अदिति को, जिसने कई वर्ष पूर्व मुझ पर एक किताब लिखने की इच्छा जतायी थी। अपने उन सभी मित्रों, प्रशंसकों और शुभचिन्तकों का आभार, जिन्होंने कई वर्षों से मुझे लेखन के लिए प्रेरित किया। आज भावना के आगे शब्द मौन हैं मन में सिर्फ़ और सिर्फ़ कृतज्ञता का भाव है, मैं जो कुछ हूँ, उसके पीछे अनन्त प्रेरणाएँ हैं। आप सभी के उत्साह ने मुझमें लोक के संवर्धन की जिजीविषा बनाये रखी लिहाज़ा, यह किताब मेरे प्रत्येक श्रोता और पाठक को समर्पित है। आप सभी का आभार है।

अन्त में, यह जो आपके हाथ में है, एक किताब नहीं, मेरे मन का प्रवाह है, अपने आस-पास के परिवेश के देखे, जिए, अनुभूत लोकचित्र हैं, लोक से प्रेरित अभिव्यक्ति है, लोक है, यानी आप सभी का है। यह हर उस घर के किरदार हैं, जहाँ लोकसंस्कृति की संवेदना है, जहाँ सामाजिक चिन्तन के सजग प्रहरी हैं। यह जीवन व्यवहार से अपने संगीत को समर्पण है। यह चन्दन का किवाड़, दरअसल लोक का किवाड़ है, जो अपनी सुवास से चन्दन की सुगन्ध लिए हुए परम्परा में हज़ारों साल से स्त्रियों के सजल कण्ठ को भरोसा और विश्वास दिलाये रखता है। इसके दरवाज़े पर मैं, संगीत में सखी-भाव से खड़ी हूँ और शायद अपनी साधना और शिक्षा से अनन्त काल तक खड़ी रहने की कामना करती हूँ। 'गुइयाँ दरवजवा मैं ठाढ़ी रहूँ' भैरवी राग की एक पारम्परिक ठुमरी है, जिसे सदा सुहागिन राग कहा जाता है और इस राग को गायन में पूर्णता या शिखर पर उपस्थित होने की मान्यता प्राप्त है। इसीलिए, पुस्तक के शीर्षक में इसे साभिप्राय लिया है, जिसकी आकांक्षा में भी पूर्णता और सदा सुहागन स्त्री की तरह मंगल-कामना का भाव निहित है।

आगे सब प्रभु राम के चरणों में...

–मालिनी अवस्थी

अनुक्रम

1

तोहरे सरन हम आयी हो जगदम्बे मइया

नवरात्र की अष्टमी का दिन! भिलाई छत्तीसगढ़ में महापर्व की सन्ध्या कार्यक्रम। एक तो पर्व का उत्साह, दूजे श्रोताओं की खचाखच भीड़। मेरा अष्टमी का व्रत था, लेकिन भक्ति की शक्ति भी अद्भुत होती है, मैंने मंच पर पहुँच देवी गीत से कार्यक्रम आरम्भ किया, श्रोताओं के उत्साह ने कार्यक्रम को चरम पर पहुँचा दिया, कुछ गीतों के बाद मैंने अपना प्रिय देवी-गीत उठाना आरम्भ किया–

तोहरे सरन हम आयी हो जगदम्बे मइया
लाल मन्दिरवा लाल किवड़िया
लाल लाल ध्वजा फहराय जगदम्बे मइया
लाल लाल फुलवा लाल सुपरिया
लाल लाल सेनुरवा चढ़ाय जगदम्बे मइया।।
लाल लाल लहँगा लाल चुनरिया
लाल लाल महावर रचाय जगदम्बे मइया।।

कार्यक्रम शीर्ष पर था, तभी देखा सामने भीड़ को चीरता हुआ एक दस बरस का छोटा लड़का मंच की ओर दौड़ता हुआ चला आ रहा है, लोगों ने उसे रोकने की कोशिश की, वह अचकचा गया, मैंने माइक से आयोजकों को अनुरोध किया, बच्चे को आने दीजिए, सभी व्यवधानों को पार करता हुआ, मुस्कुराता हुआ, वह बालक उसी तेज़ गति से दौड़ता हुआ मंच पर चढ़ आया...मेरे पास आया और झट से मेरे हाथ में कुछ रखकर मेरे पाँव छूकर तुरन्त वापस भागने को हुआ। मैंने उसके इस अप्रत्याशित स्नेह को देख उसे गले लगा लिया और तभी मुझे अपनी मुट्ठी में उसके द्वारा सकुचाते हुए दिये उपहार का स्पर्श महसूस हुआ, ग़ौर से देखा तो वह एक दस रुपये का सुनहरा सिक्का था! मैंने पूछा– 'अरे, यह पैसे कहाँ से आये, किसने दिये? उसके मुख से बस इतना फूटा...'बस, मन्दिर में चढ़ाते हैं, इसलिए आपको दे दिया।'

यह कहकर जिस तेज़ी से वह आया था, उसी तेज़ गति से वापस भागता हुआ भीड़ में गुम हो गया। उत्साहित जनता तालियाँ बजाकर बच्चे का उत्साहवर्धन कर रही थी, माइक थामे मैं, उसे जाते हुए देख न जाने क्यों रो पड़ी। देवी का लोकगीत सुन एक दस बरस के बालक का यूँ भाव-विभोर हो दौड़कर आना, वह दस रुपया शायद उस बच्चे का जेब ख़र्च रहा हो। जीवन में उपहार तो बहुत मिले, फूल, किताब, पत्र, अनमोल तोहफ़े! लेकिन यह दस रुपये का सिक्का अनमोल था! यह सिर्फ़ एक सिक्का नहीं था, मेरे कई सवालों का जवाब था, अनगिनत शंकाओं का समाधान था। इस निश्छल प्रेम-भरे उपहार को मैंने सर आँखों पर लगाया और वादक सहयोगी सचिन को एहतियात से थमाया। बाद में वह सिक्का वापस लेना मैं न भूली। इस भावना के आगे निःशब्द हूँ! क्या कहूँ?

उस बच्चे को मुझमें क्या दिखा। वह मुझे नहीं, एक मंचस्थ कलाकार को सुन रहा था। वह मेरी प्रशंसा नहीं थी, यह शक्ति उस क्षण मेरे द्वारे गाये जा रहे शब्द ध्वनि से उपजे तेज की थी, उस दस वर्ष के बालक को मंच मन्दिर सा दिखा, यह भक्ति की शक्ति थी, स्वर की ऊर्जा थी, सम्प्रेषण की शक्ति थी या पवित्रता का ओज था! माँ की ऊर्जा का प्राकट्य मुझसे क्या कहने का प्रयास कर रहा था।

आपको कुछ वर्ष पीछे ले चलती हूँ, यह 1997 की बात है, उस समय हम अयोध्या में रह रहे थे। बिटिया अनन्या आठ बरस की, बेटा अद्वितीय छह बरस का था। घर के पीछे खेत थे, कार्तिक लग गया था, आलू की बुआई का मौसम था। हमारे माली ने सूचना दी कि शुक्रवार को कुछ स्त्रियाँ बुआई के लिए आयेंगी। शुक्रवार की सुबह-सुबह लाल-पीली धोती पहिरे पाँच-छह औरतें आयीं और आते ही काम में जुट गयीं। बीज के आलू काटते हुए दिन चढ़ आया। मैं उनके साथ बैठी सब देख रही थी। अचानक उनमें से सबसे वरिष्ठ महिला ने ज़ोर से आवाज़ लगाकर कहा—'ए बिटिया, घरे छोटी बिटिया हो, तो इन्हाँ बुलाय दौ।' मैं भीतर जाकर छोटी अनन्या को साथ ले आयी। वही महिला किसान अब काम छोड़ बाक़ायदा पुरखिन की भूमिका में आ चुकी थी। मुझे देखते ही बहुत रुबाब से बोली—'महाउर है कि नाही?' मैं जैसे ही महावर यानी आलता लेने के लिए मुड़ी, पीछे से उसी की आवाज़ आयी—'ए बहू कुछ गुड़-बतासा होय तौ मँगावो।' सुनते ही मैं आनन्द से भर उठी, पैरों में नयी ऊर्जा आ गयी, दौड़कर गुड़ और मिठाई लेकर बाहर आयी। तब तक देखा, सभी स्त्रियाँ बेटी को घेरकर बैठ गयी थीं, एक उसके नन्हे पैर लाल आलता से रंग रही थी, दूसरी ने आगे बढ़कर मेरे

हाथ से मिठाई ले ली। थोड़ी ही देर में खेत की क्यारी अनुष्ठान का पीढ़ा बन गया। अब स्त्रियों ने ज़ोर-ज़ोर से गीत गाने आरम्भ किये, सबसे अनुभवी स्त्री ने बिटिया के मस्तक पर तिलक लगाकर उसके चरण छू लिए और मिठाई खिलाकर अपनी धोती के आँचल को पसार कर भूमि को प्रणाम किया, एक-एक कर सभी ने इस तरह बिटिया की पूजा की और अब मुझे संकेत हुआ, मैंने आगे बढ़कर जब अपनी अनन्या को देखा, उसका वह रूप देख मैंने स्वतः हाथ जोड़ लिए, वह साक्षात् देवी लग रही थी। प्रकृति के बीच में, चारों ओर खेत, खेत की क्यारी में कन्या पूजन का अनुष्ठान और वातावरण में सामूहिक स्वर में गूँजते देवी-गीत ने मेरे समक्ष ऐसा अभूतपूर्व चित्र उपस्थित कर दिया था, मानो देवी मुझे कुछ सीखने-समझने का संकेत दे रही हों। अब सबसे वरिष्ठ स्त्री ने अपने हाथों से नन्ही बिटिया के हाथ में आलू का बीज दिया और कहा– 'चलो बिटिया, इहाँ मिट्टी माँ जउन गढ्ढा है, ओहमा 'बीजा' दबाय दो।' अनन्या ने संकोच में पहले मुझे देखा, वह रोमांचित लग रही थी, फिर उसने ज़मीन पर बैठकर आलू का पहला बीज बोया, गीत के स्वर और तेज हो गये, बुआई का विधिवत आरम्भ हो गया था, अब स्त्रियाँ मिठाई, गुड़ का प्रसाद लेकर वापस उसी गति से बुआई में जुट गयी थीं और मेरे सामने खोल गयीं लोकसंस्कृति का ऐसा चन्दन किवाड़, जिसमें प्रवेश कर मैंने चन्दन सी सुरुभित परम्पराओं के कितने रहस्यों को जान लिया।

देवी की पूजा! देवी को समर्पण ही कर्म को फलित करेगा। लक्ष्य की पूर्णता आदिशक्ति का आशीष समाहित हुए बिना असम्भव है। कन्या साक्षात् देवी मानी गयी हैं, इसीलिए कन्या-पूजन की परम्परा है। कन्या में देवी का स्वरूप मान आशीष ले बुआई का आरम्भ! प्रकृति के बीच रहने वाले मनुष्य ने सबसे पहले शक्ति का माहात्म्य समझा और उसे आदर देना जाना है। ग्राम-जीवन की परम्पराएँ आदि काल से निष्ठापूर्वक अग्रसित हो रही हैं, यह भाव मन को सन्तोष देता है।

देवी-पूजन शक्ति की पूजा है। शक्ति से जीवन है। हमारे पूर्वज शक्ति की इस सत्ता को बहुत पहले जान चुके थे। इसीलिए भारतीय संस्कृति में आदिकाल से शक्ति की आराधना उपासना की दृढ़ परम्परा रही है। विज्ञान ऊर्जा के जिस तत्त्व को आज स्वीकार रहा है, अनुसन्धान कर रहा है, हमारे पूर्वजों ने सृष्टि के हर तत्त्व में, कण-कण में, हर क्रिया में दैवी चेतना को अनुभूत किया और शक्ति की इस सार्वभौमिक उपस्थिति के आगे शीश नवाते हुए देवी की आराधना की पद्धति प्रतिपादित की। जो कुछ भी दिव्य है, शक्तिशाली है, गुणकारी है, उदार है, दाता है, उन सब में दैवी उपस्थिति है–ऐसा हमारे पूर्वजों ने माना, यह भी कि

जिसके पास शक्ति है, वही सब अनिष्ट और संकट हरने वाली है, यही शक्ति-पूजा का आधार है। मोहनजोदड़ो में मिला महादेवी का चिह्न प्रमाण है कि शक्ति की कल्पना तथा आराधना भारतीय धर्म की अत्यन्त पुरानी और स्थायी परम्परा है। साथ ही विश्व की सभी प्राचीन सभ्यताओं में देवी उपासना का प्रमाण मिलता है। मेसोपोटामिया, माया, यूनान, मिस्र, चीन, अफ़्रीका, रोम सभी सभ्यताओं में शक्ति-पूजन का अस्तित्व रहा है और इन देशों में आज भी देवी पूजन होता है। आज विज्ञान द्वारा यह बात प्रमाणित हो चुका है कि पृथ्वी में जो भी जीवन है, उत्पत्ति का आदि कारण ऊर्जा है। बिग बैंग थ्योरी से ब्रह्माण्ड और सौर-मण्डल में भी पृथ्वी में जीवन की परिकल्पना का आदि कारण ऊर्जा शक्ति मानी गयी है अर्थात हमारी चर-अचर, ज्ञात-विज्ञात लोक में जो कुछ घटित हो रहा है, उसे जो शक्ति क्रियान्वित कर रही है, उस शक्ति की सत्ता के आगे सभी शीश नवाते हैं। अनेक रूपों में शक्ति की कल्पना की गयी है, किन्तु शक्ति का सर्वोच्च उदात्त पद है मातृत्व का! मार्कण्डेय पुराण और हरिवंश के देवी महत्त्व में देवी अथवा शक्ति का विशेष वर्णन विवेचन है। देवी उपनिषद, शक्ति की पूजा से जुड़ा एक शाक्त उपनिषद है। यह अथर्ववेद से सम्बन्धित है और मुक्तिकोपनिषद में वर्णित 108 उपनिषदों में से इक्यासीवें नम्बर पर आता है। इस उपनिषद में स्पष्ट लिखा है—'देवी सर्वस्व हैं' देवी की पहचान आदि-विद्या से की जाती है। देवी की पूजा की जाती है, क्योंकि वह इन्द्र, ग्यारह रुद्र और बारह आदित्य या सूर्य देवता का प्रतिनिधित्व करती हैं। देवी सभी भूत, राक्षस, दुष्ट प्राणी, ग्रह, तारे और आकाश में चमकने वाली सभी तत्त्व हैं। देवी समय हैं, समय देवी के विभाजन हैं। देवी प्रजापति हैं। देवी इन्द्र हैं, देवी मनु हैं। देवी अनन्त, शुद्ध, शिव, शरण और जो अच्छा है, उसे प्रदान करने वाली हैं।

देवी शक्ति का सिद्धान्त सबसे पहले यहीं पर व्यक्त हुआ। मनुष्य जब कुछ अपनी मनोरथ पूर्ति चाहेगा, तो वह शक्ति विशेष पूजा-शक्ति से अनुनय-विनय करेगा, शिव से नहीं। शास्त्र साहित्य में शक्तिहीन शिव को शव बताया गया है, शक्ति को ही शिव्या और ब्रह्मा ब्रह्म की कार्यक्षमता माना गया है अर्थात वही सृष्टि संचालित करती है तथा सब देवी कृपा और तथा मोक्ष प्रदान सब उसी के कार्य हैं। इस प्रकार शक्ति शिव से भी अधिक महत्त्वपूर्ण है। रावण ने शिव की पूजा की और राम ने शक्ति-पूजन कर रावण पर विजय पायी। शक्ति ब्रह्मतुल्य है, शक्ति और ब्रह्म का एकमात्र अन्तर यह है कि शक्ति क्रियाशील है, स्वयं निष्क्रिय अव्यक्त लोक में शक्ति को ब्रह्म से श्रेष्ठ माना गया। शक्ति मूल प्रकृति है और यह सारा विश्व उसी शक्ति के प्रकार का रूप है।

गीता में भगवान कृष्ण प्रकृति, माया की बार-बार चर्चा करते हैं, पुराणों में नारायण और विष्णु-लक्ष्मी के साथ। शिव के साथ शिवा, सूर्य के साथ सावित्री, गणेश के साथ अम्बिका के चरित्र और माहात्म्य वर्णित हैं। इनके पीछे जब सम्प्रदायों का अलग-अलग विकास होता है, तो प्रत्येक सम्प्रदाय अपने आराध्य की शक्ति की उपासना करता है और इस तरह शक्ति उपासना की प्रबलता रही। सभी सम्प्रदाय के अनुयायी मुख्य रूप से शाक्त बन गये। आप लोक में ध्यान से देखें, तो अपने आराध्य के नाम से पहले शक्ति के स्मरण करने की परम्परा चलने के लिए सीता-राम, राधा-कृष्ण, लक्ष्मी-नारायण, उमा-महेश्वर, गौरी-गणेश इत्यादि नाम इसी प्रभाव के सूचक हैं।

देवी-पूजन का सर्वश्रेष्ठ रूप हमारी लोकसंस्कृति में दिखता है। लोक-जीवन का दृष्टिकोण वैसे बहुलदेव उपासना का है, लेकिन मनुष्य अपनी कामना-पूर्ति हेतु देवी से ही प्रार्थना करता है। एक माँ ही है, जो बिन माँगे देती है, मंगल करती है। सभी कष्टों से रक्षा करती है। यही कारण है लोकसंस्कृति में शक्ति को माँ कहकर पुकारा गया है। शक्ति का आदिम रूप माँ है, क्योंकि अपने जीवन से पहला परिचय हमें हमारी माँ ही कराती है। वही हमारे जीवन का मूल है। वही प्रकृति है। वही आदिशक्ति है। वही परमप्रकृति है। उसकी उपासना अपने मूल की ओर लौटने की कोशिश है। प्रकृतिस्थ होने की कोशिश। शक्ति की उपासना का मतलब है अपने भीतर की यात्रा करना। स्वयं को पहचाने बिना हम शक्ति की बात ही नहीं कर सकते, शक्ति-पूजन से आशय आन्तरिक शक्ति को जगाना है।

आज भी मैं जैसे ही पूजा को बैठती हूँ, माँ की एक बात सदा मन में रहती है, 'बेटी, पूजा में सबसे पहले 'गौर' स्थापित करो, उनका आशीर्वाद लो, फिर आगे की सुधि लो। ताज़े गोबर से बना गौर या फिर मिट्टी की पाँच छोटी ढेलियाँ।' गौर की स्थापना अर्थात शक्ति की स्थापना।

मिट्टी के गौर में देवी का विराजना! कितनी अद्भुत बात है, जड़ में चेतना का आह्वान! यही है ऊर्जा का आह्वान, हमारी आन्तरिक शक्ति को जाग्रत करने की आवश्यकता है, इस परम्परा को हमारी पूर्वजाएँ कितने पहले से जानती थीं। मैं तो कई बार यह कहती हूँ कि हमारे देश में लोक और शास्त्र की धारा समानान्तर चली है। ज्ञान कहीं नहीं गया। वह सदा से हम सब में था। शास्त्र ने, लोक ने अपनी-अपनी विधि से भारत की ज्ञान-परम्परा, भारत की संस्कृति का प्रवाह बनाये रखा।

कालिदास का प्रसिद्ध श्लोक इसे सिद्ध करता है–

द्विधाप्रयुक्तेन च वांगमयेन सरस्वती तंमिथुनमनुनाव।
संस्कारपूतेन वरं वरेण्यं वधूम सुखग्राह्यानिबन्धनेन।।

अर्थात सरस्वती ने अपने को दो रूपों में बाँधकर शिव और पार्वती दम्पती की स्तुति की। कालिदास ने शिव-पार्वती के मिलन के पर्याय में शिव और शक्ति के संयोग के अवसर पर लोक को उमा का शृंगार माना इसीलिए आज भी मांगलिक अनुष्ठान में मंत्र और लोकाचार दोनों की परस्पर पूरक भूमिका है।

आज इस विषय पर लिखते हुए आदि गुरु शंकराचार्य जी के जीवन की एक घटना का यहाँ उल्लेख करना ही होगा, महातत्त्वदर्शी आचार्य शंकर ने समाज और संसार दोनों को समझकर अद्वैत ब्रह्म का सिद्धान्त दिया। अद्वैत ब्रह्म के साक्षात्कार के बावजूद शंकराचार्य ने लोकाचार के अनुसार देवी-देवताओं की उपासना को भी स्वीकारा।

लेकिन संन्यासी होने के बावजूद उन्होंने अपनी माँ का अन्तिम संस्कार अपने हाथों से किया। शंकराचार्य समस्त संसार में सबसे अधिक वन्दनीय थे, किन्तु इस कृत्य के कारण तत्कालीन समाज की भीषण उपेक्षा के पात्र बने और तब शंकराचार्य ने स्पष्ट कहा, 'माँ से बड़ा न लोक है और न शास्त्र!' माँ के प्रति असीम भक्ति, आदर, कृतज्ञता का चरम भाव यही शक्ति है, यही दैवी है। यह हमारी कितनी महत्त्वपूर्ण सांस्कृतिक उपलब्धि है कि सांकेतिक रूप में शंकराचार्य जी ने अपने महान ग्रन्थ 'सौन्दर्य लहरी' में भगवती पार्वती द्वारा सदाशिव महादेव के भाल पर चरण के स्पर्श से शक्तिपात का अप्रतिम दृश्य रचा। 'सौन्दर्य लहरी' में वर्णित है–

मृषा कृत्वा गोत्रस्खलनमथ वैलक्ष्यनमितं
ललाटे भर्तारं चरणकमले ताडयति ते।
चिरादन्तश्शल्यं दहनकृतमुन्मूलितवता
तुलाकोटिक्वाणैः किलिकिलितमीशानरिपुणा।।

'आशय है कि हे भगवति! नर्मकाल में आपके पति सदाशिव द्वारा अन्य नायिका के नामोच्चारण रूप अपराध कर दिये जाने पर किंकर्त्तव्यविमूढ़ हो, उनके द्वारा आपके चरण कमलों में अपने शिर के ताड़न किये जाने पर, कामदेव ने प्रसन्न होकर अपने बहुत दिनों के दहन कृत अन्तःकरण के काँटे को निकालकर आपके मंजीर में लगे क्षुद्र घण्टिकाओं की रुनझुन ध्वनि के बहाने 'किलकिल'

शब्द से अपनी प्रसन्नता की अभिव्यक्ति की।' शायद इसी कारण, भारतीय परम्परा की तांत्रिक आराधना में भी देव से पहले देवियों और कुमारिकाओं के पूजन का विधान रहा। यह भी कितनी विस्मय-भरी स्थापना है कि शिव के उग्र स्वरूप को पार्वती शक्तिपात करती हैं और काली जब उनकी छाती पर चढ़ती हैं, तब वे अपना सारा क्रोध भूल जाती हैं। पार्वती, दुर्गा, काली—सभी की पूजा का उदात्त भाव भी परम्परा में सुमिरने और देवी-गीतों, पचरा, मन्त्र और स्तोत्र-पाठ के कारण सम्भव होता है।

देवी-पूजन की परम्परा की सबसे निष्ठावान वाहिका हमारी मातृशक्ति रही हैं। स्त्रियों ने देवी-पूजन की परम्परा से मनुष्य के भीतर विनम्रता का भाव बनाये रखा, साथ ही आन्तरिक शक्ति जाग्रत करने की ओर प्रवृत्त किया। नवरात्र पूजन का अनुष्ठान हो या कोई देवी-गीत, उद्देश्य प्राकृतिक चेतना की आराधना करते हुए आन्तरिक चेतना को जगाना है।

हमारे यहाँ प्रत्येक शुभ कार्य से पूर्व देवी को सुमिरते हुए गीत गाये जाते हैं, देवी मइया प्रसन्न होंगी, तभी कार्य सफल होगा। पुत्र जन्म हो, मुण्डन, जनेऊ, पूजा, यज्ञ, विवाह, गाँव में किसी भी अवसर पर सबसे पहले माता भवानी के गीत ग्राम-देवियों के लिए गाये जाते हैं, आशय प्रकृति की सकारात्मक सत्ता को आमन्त्रित करना है।

फूल लोढ़े चली है भवानी मैया
(काली, अंकोतरी, सीतला, जालपा आदि)
हाथ डलरिया लिए

संकटा मैया, शीतला मैया, औसान मैया विविध देवियों की उपासना के गीत गाये जाते हैं। शक्तिपूजन का सबसे सुन्दर रूप हमारे लोक आलेखन में दिखता है। आप देखिए, विवाह में कोहबर बनाया जाता है, जिसमें मुख्य चित्र देवी का होता है। वे सौभाग्य, सन्तान प्रदायिनी हैं। अहोई अष्टमी में अहोई माता का चित्रांकन, करवाचौथ में करवा माता का चित्रांकन, सांझी के अवसर पर सांझी के चित्र। हमारे यहाँ अवध में हल्दी घुली, पिसे चावल के लेप अइपन से पूजा की चौक बनायी जाती है। उसमें कभी भी एक रेखा नहीं खींची जाती, दो रेखाएँ साथ-साथ खींची जाती हैं, यह ब्रह्म और शक्ति सदा संयुक्त है इसका संकेत है। ऐसे ही अधोमुखी त्रिकोण बनता है, जो महालक्ष्मी, महाकाली और महासरस्वती तीनों शक्तियों का पुंजीभूत स्वरूप है। ऐसे ही मांगलिक अवसर

पर सप्तमातृका—ब्राम्ही, वैष्णवी, कौमारी, रौद्री, इंद्राणी, वाराही, चामुण्डा। यह सप्तमातृकाएँ हैं, सिन्दूर और घी से सात जगह टीका कर अधोमुखी त्रिकोण के अन्दर ये सप्त मातृकाएँ बनायी जाती हैं। यज्ञ में और अन्य देवी पूजन अवसरों पर भी इन्हें पूजा जाता है। लोक में इन्हें हम सात बहनें कहते हैं। कितनी ही लोक-कथाओं में लोकगीतों में सात बहनें विराजमान दिखती हैं।

गीत में उल्लेख आता है—

नदी तीरे ठाड़ी सातो बहिनी त केवटा पुकारे हो
केवट! मोरी लसकर पार उतारो मैं देश देखें जाबो।।

हमारी ताईजी मांगलिक अवसरों पर बहुत विधि-विधान से सोलह माई अर्थात षोडश मातृका रचती थीं। आजकल यज्ञ आदि अनुष्ठान में पण्डितों को बनाते हुए आपने देखा होगा, किन्तु हमारी माताएँ, दादियाँ घर में सोलह मातृकाएँ रचती थीं। इसमें वर्ग के आकार में सोलह देवियों के घर पर सबसे पहले गणेश-गौरी को एक ही घर में स्थापित किया जाता है, उसके बाद पन्द्रह और देवियों की स्थापना की जाती, जिनके नाम हैं—पद्मा, शची, मेधा, सावित्री, विजया, जया, देवसेना, स्वाहा, स्वधा, मातर, लोकमाता, धृति, पुष्टि, तुष्टि और अपनी कुलदेवी।

लोकजीवन में सृष्टि गतिमान है, जीवन्त है, इस जीवन्तता के पीछे कोई तो ऊर्जा है, जिसकी शक्ति से सृष्टि में सब कुछ निर्बाध संचालित हो रहा है। यह किसकी ऊर्जा है, कैसी शक्ति है यह, जिसके बिना सृष्टि की कल्पना नहीं की जा सकती। मुझे बचपन के ऐसे कितने ही चित्रों की स्मृतियाँ हैं...

घर में जैसे ही साँझ ढलती, भगवान के सामने दीया-बाती करने की परम्परा थी और बिजली का बल्ब या ट्यूबलाइट कुछ भी जलते ही प्रणाम करने की परम्परा थी। दादी फ़ौरन हाथ जोड़ के कहतीं—'देखो आय गयीं भवानी, उजियारा हुई गा' देवी सर्वस्व हैं। उनकी सर्वव्याप्त विराट शक्ति के आगे शब्द और लेखनी का मौन ही उचित है, शक्ति का भाव मन में सबसे बड़ा सम्बल और विश्वास बन व्याप्त है, यही सत्य है। आज भी हम सब कितनी सहजता से अपनी चिन्ता का भार देवी माँ को सौंपकर निश्चिन्त हो जाते हैं—'अब माई जनिहैं, ओहि सब ठीक करिहैं।'

एक रोचक अनुभव आपसे साझा करते हुए शक्ति की इस व्याप्ति भाव में आर्द्र होने के लिए आपको छोड़े जा रही हूँ।

मौनी अमावस्या के दिन, मैं गंगा नहाने को गयी। सूर्य नारायण के उगने में अभी विलम्ब था, स्नान करने के बाद, मैंने गंगा मैया में दीपदान करने के विचार से, मेरे निकट खड़ी एक छोटी बालिका से दीपक लेकर गंगा जी को प्रणाम करते हुए, मैंने दीपक जलाया और झिलमिलाते हुए दीये को पत्ते के दोने में रख गंगा जी में प्रवाहित कर दिया, तेज हवा से संघर्ष करता हुआ दीपक कभी-कभी बुझने सा लगता, फिर कभी दपदपाकर मन्द पड़ जाता।

मेरे साथ स्नान कर रहीं दो वृद्धा यह सब कौतुक बड़े ध्यान से देख रही थीं—मुझे निराश देख, वे एकदम से बोल पड़ीं—'मइया बरत हैं, द्याखो, देवी मइया (अग्नि देवी) अभी बरिहैं, थमी रहो बिटिया, गंगा मइया दिया बुझे न देइहें।'

भारत की सनातन संस्कृति की प्रतिनिधि वे दोनों वृद्ध पुरखिनें—अपना स्नान-ध्यान छोड़ मेरे दीपदान में अपनी मंगल कामनाएँ केन्द्रित करते हुए मुझे शक्ति के कितने रूप दिखा गयीं... मैं देखती रही, दोने में काँपता, हिलता-डुलता दीया जलता रहा, जब तक मेरी आँखों से ओझल न हो गया। वे मुझे समझा गयीं, आस्था की शक्ति उस दीये को बुझने नहीं देगी।

आदिशक्ति को नमन करते हुए मैं यह गीत गुनगुना उठी—

अँचरा के कोनवा से चरन पखार के
एक दिया बारि आयी नदिया में जाई के।।

□□

2
बाबा तुम्हरौ न्योता

हे पाँच पान नौ नारियल
सरगे जे बाटे आजा परपाजा
दादा औ चाचा तुम्हरौ नेवता
भुइया भवानी पाटन की देवी
बिजलेस्वरि माता काली माई
ढिवार बाबा तुम्हरौ नेवता
विंध्याचल के देवी तुम्हरौ नेवता
घर के देवी सायर भवानी तुम्हरौ नेवता
साँप-गोजर बीछी कुच्छी तुम्हरौ नेवता
आँधी पानी लड़ाई झगड़ा
डिमी धींगा तुम्हरौ नेवता
ओंठ बिचकावनी भौंह सिकोरनि तुम्हरौ नेवता
इसरा बिसरा कन्या कुमारी तुम्हरौ नेवता।।

नीड़ से हज़ारों मील दूर परदेस में इस गीत को गाते हुए न जाने क्यूँ मेरा कण्ठ अवरुद्ध हो गया और आँखों के कोर भीजने लगे, गीत के अर्थ साझा करते हुए मेरे नैन बह चले...अचरज यह था कि सभागार तालियों की गड़गड़ाहट से गूँज रहा था, वहाँ बैठे एक-एक श्रोता के नैन झर रहे थे। सभी भावविह्वल, पूर्वजों की स्मृति में डूबे हुए...विभोर। अमेरिका में फ्लोरिडा का प्रसिद्ध शहर ऑरलैंडो के भव्य सभागार में प्रवासी भारतीयों के साथ विदेशी दर्शकों के सामने मंच पर हमारी उपस्थिति। मैंने अपनी प्रस्तुति के आरम्भ में कहा, भारत में पन्द्रह दिनों का पवित्र पितृपक्ष प्रारम्भ हो गया है, आज पितृपक्ष का प्रथम दिन है। पितरों को श्रद्धापूर्वक स्मरण करने का आज पहला दिन है, इसलिए कार्यक्रम का आरम्भ पुरखों को न्योतने के गीत से कर रही हूँ, जिसे सुन आप हमारी संस्कृति की महानता को समझ पायें, जहाँ पितरों के आशीर्वाद के बिना कोई भी अनुष्ठान,

यज्ञ, मांगलिक कार्य सम्भव ही नहीं। गीत को गाने के साथ-साथ मैंने जब इसकी व्याख्या आरम्भ की, सुनते ही सभागार में उपस्थित सभी भावुक हो गये। गीत का भावार्थ कुछ इस तरह है–

उत्सव का अवसर है, उत्सव तभी सुशोभित होगा जब पितरों का आशीर्वाद मिलेगा, जब सबकी भागीदारी होगी। विवाह का सुअवसर है, पान के पत्ते और नारियल लेकर हम इहलोक स्वर्गलोक के सभी पितरों को, कुलदेवी को, भूदेवी को, काली माई को, बिजलेश्वरी देवी को, पाटन माई (अवध पूर्वांचल की प्रमुख देवी) को, डिहवार बाबा को, विंध्यवासिनी देवी आदि सबको तो न्यौत ही रहे हैं, परन्तु साथ ही साँप, गोजर, बिच्छी, आँधी-पानी, लड़ाई-झगड़ा आदि को भी आदरपूर्वक न्यौत रहे हैं। यानी कि विवाह के समय हम सभी श्रेष्ठजन को तो आशीर्वाद हेतु पूज रहे हैं, सभी अशुभों-विघ्न-बाधाओं को उत्पन्न करने वालों को भी पूज व न्यौत रहे हैं, ताकि वे अपनी कृपा बनाये रखें और विघ्न उत्पन्न करने वहाँ न आ जायें। पितरों को निमन्त्रण देने का यह मनोभाव कोई अन्धविश्वास नहीं है। यह तो अपने पूर्वजों के प्रति श्रद्धा है, सम्मान है, सहज उदारता है, जो लोक का प्रबल गुण है।

सनातन संस्कृति में जो बीज है, वही पौधा और फिर एक दिन वृक्ष बन फैलता है। उसकी जड़ें धरती के गर्भ को फोड़ पनपती जाती हैं और नव पल्लव वृद्ध बरगद की जटाओं को नमन करते हुए सृजन के व्यापार में लीन हो जाते हैं। प्रकृति के समान ही है, मानव जाति का जीवनचक्र। विगत दिवंगत को प्रणाम और आगत का सम्मान। भारतीय जीवन-दर्शन के अनुसार देह की यात्रा पूर्ण होने के बाद भी जीवन-यात्रा चलती रहती है। आत्मा अजर-अमर है। वह अपना जीवनचक्र पूर्ण कर ब्रह्माण्ड में विलीन हो जाती है, किन्तु हिन्दू धर्म में यह मान्यता है कि हमारे पितृ, हमारे पूर्वज, इस लोक से विदा होने के बाद भी सूक्ष्म रूप में रहते हुए हमारे सुख-दुःख से प्रभावित होते हैं।

सनातन संस्कृति इसीलिए सर्वश्रेष्ठ है, क्योंकि वह अपने अतीत का सिरा पकड़कर भविष्य में प्रवेश करती है। पूर्वजों के लिए प्रार्थना का भाव, कृतज्ञता का भाव, क्षमा-याचना का भाव, यह मनुष्यता का सर्वोच्च वैशिष्ट्य है। पितृपक्ष इसी उदात्त भावना की गोमुख से निकली निर्मल गंग जलधारा है। मैं आज यह लिखते हुए स्मृतियों की खिड़की से परे कितना कुछ देख पा रही हूँ।

बचपन में सब दिन एक समान ही होते थे, त्योहारों को छोड़कर...त्योहार में घर में उत्सव जगता, हम बच्चे होली, नवरात्रि, दीवाली की बाट जोहते, त्योहार

की कल्पना मात्र से हम उत्साहित हो जाते, लेकिन नवरात्र से पहले पितृ-पक्ष लगते ही न जाने कैसे हमारे घर का माहौल बदल जाता था। अमूमन पितृ-पक्ष के दिन शान्ति और प्रार्थना के दिन माने जाते हैं, लेकिन हमारे घर में पितृ-पक्ष के दौरान एक अलग ही आध्यात्मिक आभा बरसती।

माँ हमें प्रतिदिन सुबह स्नान के साथ ही सूर्य को प्रणाम करने को कहतीं। पिताजी को पितरों को तर्पण करते देख हम सबका जी जैसे जुड़ा जाता था। यह सिलसिला प्रतिदिन का था, लेकिन मातृनवमी और पूर्णिमा के दिन तो घर में अद्‌भुत ही ऊर्जा रहती। मातृनवमी के दिन दादी और पूर्णिमा के दिन बाबू का श्राद्ध पड़ता था, यह दिन पूरे परिवार के असीम उत्साह और श्रद्धा के दिन होते। पिताजी धोती पहन, गाड़ी चलाकर पण्डित जी को लेने जाते और माँ! माँ तो दो दिन पहले से तैयारियों में जुटी रहतीं। पूरे ख़ानदान के लोग जुटते, बेटियाँ, दामाद, बेटे, भतीजे, बहुएँ सब! बचपन से देखते आ रहे बच्चों को अब तक ये तिथियाँ कण्ठस्थ हो चुकी थीं। पण्डित जी के आगमन के साथ पिंडा पारने का काम... माँ टीका लिफ़ाफ़ा सब पहले से ही तैयार रखतीं।

हम सब जानते थे कि माँ एक दिन पहले से ही जुटी होंगी रसोई में... दादी की पसन्द की चीज़ें पकाने में। बाबू के प्रिय व्यंजन बनाने में। दादी को हमने जब देखा, तो वे अत्यन्त क्षीण हो चुकी थीं और बाबू, अर्थात हमारे बाबा पण्डित उज्जीलाल अवस्थी, जिन्हें हमने नहीं देखा, लेकिन माँ को रसोई में अवधी व्यंजन रसाजें और खरिका बनाते देख स्व. बाबा की पसन्द का अन्दाज़ा हो जाता था। पिताजी सबको स्वयं भोजन परोसते हुए अपने पिता की चर्चा किया करते। कैसे बाबू को दही-बड़े और मूली का साग और मूली, टमाटर का कचूमर सलाद बहुत पसन्द था। कमर पर साड़ी बाँधे माँ का चेहरा उस दिन कैसा तो दैवी-सा लगने लगता था। सब कुछ बनते खिलाते हुए वह अन्नपूर्णा जैसी दिखती थीं! पितृ-पक्ष में ऐसी उत्सवधर्मिता—यह हमारी भारतीय संस्कृति में ही सम्भव है।

कैसी सुन्दर परम्परा है, पितरों के सुमिरन की। किसी के अदृश्य हो जाने के बाद भी उसकी सन्तति उसकी पसन्द-नापसन्द को न सिर्फ याद रखे, बल्कि अगली पीढ़ी को भी यह स्मृतियाँ विरासत में सौंपे, यह अद्‌भुत है। सोचिए कि एक पूरा पखवारा इस निमित्त निर्धारित किया गया है। 'श्रद्धया इदं श्राद्धम' अर्थात, जो श्रद्धा से किया जाए, वही श्राद्ध है। आश्विन कृष्ण प्रतिपदा से लेकर अमावस्या के पन्द्रह दिन पूर्वजों को तर्पण करने के लिए निर्धारित हैं। इन पन्द्रह दिनों में लोग पितरों को जल देते हैं, उनकी मृत्यु-तिथि पर श्राद्ध करते हैं। जन्मदाता

माता-पिता को मृत्यु-उपरान्त लोग विस्मृत न कर दें, इसलिए उनका श्राद्ध करने का विशेष विधान बताया गया है। पितरों को स्मरण करके जल चढ़ाते हैं तथा निर्धनों एवं ब्राह्मणों को दान देते हैं। दान और परमार्थ का सन्देश, यही हर पर्व का आध्यात्मिक संकेत है। यही भारतीय जीवन दर्शन है।

आज जब लिखने बैठी हूँ, तो कलम मुझे तीस वर्ष पुरानी स्मृति को साझा करने के लिए बाध्य कर रही है।

1992 का वर्ष, हम सब सपरिवार बद्रीनाथ धाम की यात्रा में थे। सास-ससुर, पति बच्चे और साथ में हमारी ननिया सास। बद्रीनाथ धाम दर्शन उनके मन की अपूर्व साध थी। बद्रीनाथ तक पहुँचते-पहुँचते हमारी अब गोलोकवासी ननिया सास शारीरिक ही नहीं, भावनात्मक रूप से अत्यन्त शिथिल हो चुकी थीं। प्रातः बद्रीविशाल के दर्शन के बाद उन्होंने फिर से वही बात दोहरानी शुरू की, जिसे हम सब पिछले चार दिनों से उनसे सुनते आए थे कि कैसे पुराणों में पितृ-तर्पण के लिए जो माहात्म्य बिहार में स्थित गया जी का बताया गया है, वही माहात्म्य बद्रीनाथ धाम का भी है। कैसे उन्हें बद्रीनाथ में पुरोहित पण्डों से अपने परिवार की वंशावली का विवरण मिलेगा और कैसे वे अपने पितरों का पिंडदान कर सकेंगी। पूरा परिवार तर्पण के लिए बैठा, किन्तु अलकनन्दा नदी के तट पर ब्रह्मकपाल तीर्थ पर स्मृति-साधना में साधिका-सी बैठी श्वेतवसना नानी के चेहरे पर सन्तोष की वह सुखमय आभा भूलती नहीं। पण्डित मन्त्रवत बोलते जा रहे थे, 'हाँ तो माता जी, आपके पिताजी का नाम था स्वामीदीन शुक्ला और आपके बाबा का नाम था मुकुन्दलाल शुक्ला, गाँव ज़िला : बाँदा बुन्देलखण्ड! हाथ में अक्षत लीजिए, अब अपने सभी ज्ञात, अज्ञात पितरों का स्मरण कीजिए' आँख बन्द किये वृद्धा नानी के नैनों से आँसू झरते जा रहे थे। धन को बहुत सोचकर व्यय करने वाली, घर में कृपण मानी जाने वाली नानी का बटुआ उस दिन दान के लिए सम्पूर्ण औदार्य के साथ खुला हुआ था।

जो कुछ है, सब पुरखों से है, हमारा क्या है, हम क्या लेकर पैदा हुए, सब उन्हीं का उन्हीं को अर्पण...मात्र तेईस वर्ष की युवावस्था में वैधव्य का वरण करने को विवश हमारी ननिया सास इस क्षण सुख-दुःख से परे संन्यासिनी सी...दान को हाथ बढ़े हुए, उस दिन उन्होंने कुछ न रखा शेष, तन के आभूषण तक दे डाले...

श्राद्ध का एक अहम पक्ष दान भी है। निर्बल को अपनी क्षमता भर यदि आप दान देते हैं, तो पितर प्रसन्न होते हैं। पितर इस बात से सन्तुष्ट होते हैं, कि उनकी सन्तान के हृदय में करुणा है, दया है, लोक-कल्याण की चिन्ता है।

पितरों के सम्मान में, उनकी स्मृति में यह दान नित्य भी दिया जा सकता है और पितर की तिथि पर भी। उद्देश्य लोक-कल्याण है, लोकहित है। यद्यपि संसार में कोई भी सन्तान अपने माता-पिता से कभी भी उऋण नहीं हो सकती, कभी भी नहीं, तथापि श्राद्ध एवं तर्पण माता-पिता एवं अपने पूर्वजों के प्रति कृतज्ञता की अभिव्यक्ति का अनुष्ठान है, पूर्वजों की पुण्यस्मृति गंगा में स्नान करने का भाव है। पूर्वजों के पुण्य स्मरण की परम्परा वर्तमान और आगामी पीढ़ी के लिए महज़ स्मरण तक ही सीमित न रहकर एक दिशा-निर्देशिका भी है। दूसरे शब्दों में कहें तो अनुमोदन और अनुसरण के बिना स्मरण निरर्थक है, चाहे वह देव का हो, गुरु का हो अथवा पितरों का। इस बात की पुष्टि भारतीय मानस-पटल पर अंकित सबसे सशक्त छवि, राम-रावण द्वैत से सिद्ध होती है। एक ओर राम हैं, जो रघुवंश की मर्यादा और उसकी सतोगुणी परम्परा का न केवल अनुसरण करते हैं, अपितु उसे एक परिष्कृत विस्तार भी देते हैं, वहीं दूसरी ओर रावण है, जो पुलस्त्य और विश्रवा के कुल में उत्पन्न होकर भी पूर्वजों के यशोकर्म को विस्मृत कर अपने वंश के समूल नाश का कारण बनता है। आज भी अवध में सुसन्तान को 'कुलतारन' और कुसन्ततियों को उपालम्भ देते हुए 'इक लख पूत सवा लख नाती, ता रावन घर दिया न बाती' कहा जाता है।

मेरे मन में यह विचार सदा आता कि किस तरह अपनी माँ की स्मृतियों को सार्थक श्रद्धांजलि के रूप में अक्षुण्ण रखने का प्रयास कर सकूँ। माँ का नाम निर्मला था। वे निर्मल थीं, सभी माँओं की तरह प्रेमी, परिश्रमी और उदार किन्तु सत्य और नियम के प्रति निष्ठुरता की सीमा तक आग्रही, प्रगतिशीलता और परम्परानुशीलता का अद्वितीय संगम थीं माँ। जिस युग में लड़कियों का पढ़ना भी एक चुनौती थी, उन्होंने सन् 1954 में एम. ए. किया और तो और, लखनऊ महिला कॉलेज में चुनाव लड़कर अध्यक्ष बनीं, ज़ाहिर है, ऐसी माँ की सोच अपनी बेटियों के लिए प्रगतिशील कैसे न होती।

सन् सत्तर के दशक में जब लड़कियों के लिए मंच पर गाना सम्मानजनक नहीं माना जाता था, उन्होंने मेरे लिए कला के सुनहरे दरवाज़ों पर जड़ हो चुकी साँकल खटखटायी, ज़ोर देकर दरवाज़े खोले, अँगुली पकड़कर अनजानी राह पर चलना सिखाया और दरवाज़े पर बैठकर पहरेदारी भी की। सोच कर हैरान हो जाती हूँ, कितना धीरज था उनमें। वे स्वयं सुर, लय, ताल से अनजान थीं, कभी उन्हें गाते ही नहीं सुना, लेकिन शौक़, बेजोड़! गुरु के पास जाना हो स्वयं गाड़ी चलाकर जाना, मुझे सीखना हो या उनकी प्रतीक्षा करनी हो, शान्त मेरे

साथ उपस्थित रहना, रिकॉर्डिंग हो या कार्यक्रम, माँ में कितना धीरज था, सिर्फ़ इसलिए कि मैं सीख सकूँ, सफ़र तय कर सकूँ।

ये माँए भी, कितना धीरज रख लेती हैं, उनके धैर्य की चाशनी में मैं गढ़ती-बढ़ती उनकी आँखों की चमक देख अपनी प्रगति जान जाती। नहीं कह सकती कि वे मुझे प्रसिद्धि के किस शिखर पर देखना चाहती थीं, किन्तु यह सब देखने से बहुत पहले वे हम सबसे बहुत दूर चली गयीं।

यदि मैंने डाक्टर पिता से करुणा, दया, सेवा का भाव लिया, तो माँ से जाना कि पूरा समाज एक परिवार है और मनुष्यता मूल गुण! मैंने उनसे सीखा कि संस्कृति हमारी पहचान है और पुरातन नित नवीन है! उनका असाधारण व्यक्तित्व दूसरों के लिए प्रेरणा बन सके, आज से पाँच वर्ष पूर्व इसी इच्छा विचार ने 'लोकनिर्मला सम्मान' के रूप में आकार ले लिया। स्त्री होकर कला-साधना आसान नहीं, परिश्रम तो एक बात है, समाज में तमाम पूर्वाग्रह और संघर्षों में लड़कर अपनी जगह बनाने वाली, लोक-संस्कृति में जीवन अर्पित कर देने वाली असाधारण महिला कलाकारों को 'लोकनिर्मला सम्मान' देने की परम्परा आरम्भ हुई।

यह सम्मान माँ के जन्मदिन 15 मार्च को दिया जाता है, अब तक तीजन बाई जी, शारदा सिन्हा जी, उर्मिला श्रीवास्तव जी, गुलाबो सपेरा जी, मंजम्मा जोगति जी को यह सम्मान दिया जा चुका है। सम्मान का यह भाव उनके लिए है और उनकी जन्मदात्रियों के लिए भी। जिस दिन प्रथम सम्मान ग्रहण करते हुए पंडवानी की सिद्ध गायिका तीजनबाई ने अपनी कथा सुनाते हुए कहा कि पुरुषों को महाभारत की कथा कहते हुए सुनकर मुग्ध नन्हीं तीजन को माँ के विरोध के बावजूद तीजनबाई के नाना ने उन्हें पंडवानी की विधिवत शिक्षा दी, खड़े होकर मंच पर प्रस्तुति का हौसला दिया, उस दिन लगा कि यह सम्मान तीजन बाई के नाना जी को तर्पण है, जिस दिन गुलाबो सपेरा ने अपनी कथा सुनाई कि किस तरह जन्म लेते ही उनके परिवार के बुजुर्गों ने उन्हें तपती रेत में दबा दिया था और उनकी मौसी ने दौड़कर उन्हें रेत से निकाला, नया जीवन प्रदान किया और नृत्य का हौसला दिया, उस दिन लगा कि 'लोकनिर्मला सम्मान' गुलाबो की मौसी को तर्पण है, ऐसी इन तमाम स्त्रियों के जीवट को तर्पण है, जिन्होंने हार न मानते हुए अपने 'स्व' के लिए नये वितान रचे। यह तर्पण इन सबकी कहानियाँ कहने, सुनने, सुनाने साझा करने की परम्परा में ढलता जा रहा है। कोई कारण है कि भारतीय संस्कृति की अपरिमित व्याप्ति-कथा परम्परा में मुखरित होती है। कलाओं में कथा, महाकाव्यों में कथा, मन्दिरों में कथा, प्रेरक

महापुरुषों, तपस्वियों के जीवन में कथा, लोकजीवन में उपस्थित चित्रों में कथा, कथाओं में उपकथाएँ और उनकी कोशिकाओं, उपकोशिकाओं सी अशेष कथा धाराएँ...हमारी प्राचीनता के यशगान करती कथा-परम्परा ने हमें बाँधे रखा है, जोड़े रखा है।

राम हों या कृष्ण, प्रह्लाद, ध्रुव हों या पाण्डवों की कथा, हमारी लोक-संस्कृति अनेक कथाओं के माध्यम से अपने पूर्वजों का स्मरण करते हुए, उन्हें नित्य तर्पण देती रहती है। जैसे, इन गाथाओं को कहकर अपने पूर्वजों की कथा को शाश्वत बनाये रखना चाहती है। इन कथाओं का देवत्त्व आज भारत के सभी लोकप्रिय पर्वों का हेतु है, उदाहरण के लिए सावित्री की कथा!

बरगद के विशाल वृक्ष के उतने ही विशालकाय तने पर हल्दी रंगे सूत को लेकर परिक्रमा करती माँ मुझे उसी सावित्री जैसी लगती, जिसकी कहानी सुनाकर वह अभी-अभी उठी थीं। परम तेजस्विनी सती सावित्री की कथा का प्रभाव अवचेतन मन में कुछ ऐसा था कि हर बार जेठ के महीने में आने वाली बट सावित्री पर्व का इन्तज़ार रहता। बाज़ार जाकर माँ के साथ खरबूजे, कच्चे आम, खीरे आदि चढ़ाए जाने वाले फल लेकर हम आते, रात में चने भिगोने से लेकर सुबह-सुबह गरम खुलती कड़ाही में तले जा रहे बरगद और पुआ-पूड़ी, सच तो यह है कि रसोई की रौनक बता देती कि आज बरगदाही यानी बट सावित्री पर्व है। दादी और माँ की तैयारी देखते ही बनती। रसोई से मुक्त हो, पूजा की थाली सजाकर माँ जब तैयार होकर बरगद पूजने निकलतीं, तो उनकी छवि देखते ही बनती थी। लाल साड़ी में बड़ी लाल बिन्दी, भरा सिन्दूर, नाक में बड़ी नथ, हाथों में भर चूड़ी, पैरों में महावर, माँ पर तो जैसे देवी का ही रूप उतर आता था। कमाल यह था कि ऐसी सज-सँवर कर वे गाड़ी का दरवाज़ा खोल कर जब ड्राइविंग सीट पर बैठकर इग्निशन में चाभी लगाकर जब वे अपनी फिएट गाड़ी स्टार्ट करतीं, तो मुझे तो वे साक्षात दुर्गा ही लगतीं, उनके बग़ल में बैठकर हम और हमारी बड़ी बहन साँस रोके माँ को गाड़ी बैक करते हुए और फिर सधे हुए अन्दाज़ में चलाते हुए देखते, तो मन ही मन गद्गद होते, आसपास से गुज़रते लोगों की चकित भाव-भंगिमा को देख मन ही मन माँ पर गर्वित होते। बट सावित्री की पूजा करने के लिए विशाल बरगद वृक्ष के समीप गाड़ी रोक कर माँ उतरतीं और हम सब थाली डलिया सँभाले उनके पीछे पीछे...हर वर्ष का यही नित्य नियम था। माँ की पूजा चलती रहती, वे सुहाग-संकल्प लेकर, जब कथा कहने बैठतीं, तो आस-पास की सभी स्त्रियाँ सखी-भाव से कथा में शामिल हो जातीं।

मुझे वहाँ बरगद के नीचे सुहागन वेश में सजी सभी स्त्रियाँ और उनके साथ-साथ कथा कहती हुई माँ की छवि बहुत भाती। हम सबके हाथ में फूल-अक्षत देकर, स्वयं भी अक्षत लिए माँ कथा आरम्भ करतीं। एक बार की बात है, भद्र देश के राजा अश्वति की एक पुत्री थी सावित्री। आरम्भ हुई कथा सावित्री के गुणवान, सत्यवान से ही विवाह करने के हठ पर रुकती। कैसी दृढ़मना थी सावित्री। जो ठान लिया वह ठान लिया। उसे यह ज्ञात है कि पति सत्यवान की अल्पायु में मृत्यु हो जायेगी, किन्तु वह अपने निर्णय पर अडिग है। उस पर अपने माता-पिता के मनाने का कोई असर नहीं। महलों में वैभव में पली सावित्री स्वेच्छा से वन में आकर रहने लगती है, अपने सास-ससुर की सेवा करती है, पति सत्यवान के साथ वन में प्रेमपूर्वक रहने लगती है। सावित्री को आने वाले अनिष्ट की जानकारी है, किन्तु उसमें आत्मबल इतना प्रबल है कि वह किसी भी होनी से टकराने को तैयार है। होनी होकर रहती है। प्रारब्ध की तय तिथि पर सत्यवान वन में लकड़ी काटने जाते हैं और अचानक अस्वस्थ होकर भूमि पर मूर्च्छित हो जाते हैं। सावित्री सत्यवान को बरगद के वृक्ष के नीचे अपनी गोद में ले कर बैठ जाती हैं। इसी समय यमराज का आगमन होता है, वे सत्यवान को अपने साथ लेकर जाने लगते हैं कि सावित्री उन्हें रोकती हैं।

इसके बाद माँ जैसे ही यमराज और सावित्री का संवाद बताना आरम्भ करती, मेरे बाल-मन में, न जाने क्यूँ माँ और सावित्री दोनों की परस्पर छवियों का मिलान चलता रहता, समझ में आया, विवाह के बाद समय बीता...विवाह कर मैं ससुराल आयी, छह महीने बाद बट सावित्री का पर्व आया। मेरी पहली बरगदाही। बड़े उत्साह के साथ पूजा की तैयारी कर मैं बरगद पूजने निकली और प्रेम विश्वास के धागे में बुनी सावित्री की कथा को जब कहने बैठी, तो पूजा करती माँ की छवि आँखों के सामने आ गयी। सूत लेकर बरगद के वृक्ष की परिक्रमा को जब मैं चलने लगी तो अचानक बचपन की कुछ विचलित करने वाली स्मृतियाँ उद्विग्न करने लगीं।

कथा में कथा...

वर्ष 1975, मैं स्कूल से घर लौटकर आती हूँ कि पापा को अचानक दिल का दौरा पड़ा है और वे अस्पताल गये हैं। माँ ख़ुद गाड़ी चलाकर पापा को अस्पताल लेकर गयी हैं। माँ के इस असाधारण पराक्रम को समझने की अवस्था ही तब कहाँ थीं। पिता की उम्र मात्र पैंतालीस वर्ष की थी, माँ चालीस की। कच्ची गृहस्थी और बाबा के परिवार में अल्पायु में हृदयाघात से मृत्यु होने का इतिहास!

एक महीने का वह कालखण्ड बार-बार याद आने लगा। तपस्विनी-सी माँ ने असाधारण संयम और पुरुषार्थ से वह समय बिताया। याद नहीं पड़ता कि इस बीच कभी माँ की भीगी आँखें या उदास चेहरा देखने को मिला हो, तीन-तीन बच्चों की व्यवस्था के साथ पिताजी की बीमारी को जैसे उन्होंने अपनी मुट्ठी में भर लिया था। स्वस्थ होकर पिताजी घर लौटे, माँ ने रसोई का रंग, स्वाद सब बदल दिया। घी, चावल, आलू, मीठा सब सदा के लिए रसोई से अदृश्य हो गये। शाक, भाजी और दाल, अब यही सबका भोजन था। माँ ने अपना ही नहीं, सबका स्वाद बदल दिया, पिताजी के स्वास्थ्य के अनुरूप घर की आहार-परम्परा चल निकली।

सातवीं परिक्रमा करते हुए बरगद में सूत के धागे को बाँधते हुए मैंने बैकुण्ठलीन माँ को पुनः प्रणाम किया। उस दिन समझ में आया कि सावित्री कोई और नहीं, सावित्री हमारे भीतर हैं। आवश्यकता पड़ने पर वह विपत्ति ही नहीं मृत्यु से भी लड़ सकती है। सावित्री आत्मबल है, स्त्री का स्वाभिमान है, स्त्री का तेजोमय दैवी स्वरूप है। ऐसे ही नहीं हमारी पुरखिनों ने सावित्री के हठ को, भारतीय स्त्री शक्ति का सम्बल माना और इसी विश्वास की आराधना के बहाने सावित्री की कथा में अनुशीलन का मन्त्र ढूँढ़ निकाला।

जिस तरह हरितालिका पार्वती के प्रण, समर्पण का उत्सव हमें व्रत के रूप में कथा कहने, सुनने, सुनाने बार-बार कहने, सुनने, सुनाने का अवसर प्रदान करता है, हर बार यह कथा का पुनःपाठ हमारे पूर्वजों को प्रणाम है। दशहरा राम के विजय की, धर्म के विजय की कथा है, दीपावली राम, जानकी, लक्ष्मण के अयोध्या लौटने की नहीं, सम्पूर्ण रामकथा है, शिवरात्रि शिव-शक्ति के एकाकार होने की कथा है, होली प्रह्लाद की सत्यनिष्ठा की कथा है, नवरात्रि दुर्गा महिषासुर सहित विभिन्न असुरों के वध की कथा के साथ-साथ नौ देवियों की कथा है, रामनवमी में राम-जन्म, जन्माष्टमी कृष्ण के जन्म की कथा है, तो गोवर्धन पूजा कृष्ण द्वारा इन्द्र का अभिमान चूर किये जाने की कथा है, तो अन्नकूट शिव द्वारा माता अन्नपूर्णा द्वारा भिक्षा माँगने की कथा है, प्रत्येक एकादशी की कथाएँ हैं, प्रतिदिन एक उत्सव की कथा है, कथा ही कथा है, कथाओं में उपकथाएँ हैं, सबका मूल श्रद्धा भाव है, सभी पूर्वजों के प्रति श्रद्धा। हर बार नित नयी कथा का कहन श्रद्धा भाव से दिया गया नित्य नूतन तर्पण है। हमारे पौराणिक और लोक-इतिहास में वर्णित असंख्य कथाएँ महज़ पात्र और कथानकों की गौण काल्पनिकता नहीं हैं। इनमें हमारे पुरखों के जीवन आदर्श निहित हैं। लोक-मंगल हेतु उनका सत्य, शौर्य, त्याग, धैर्य, दया, क्षमा, प्रेम, दानशीलता, सहिष्णुता जैसे न जाने कितने मूल्य

इन पूर्व-पात्रों द्वारा हम तक पहुँचे हैं। इन कथा-गाथाओं का किसी भी प्रयोजन से किया गया सुमिरन बरबस ही अपने पितरों को याद करना है, उन्हें श्रद्धा और भाव का तर्पण देना तथा उनकी दी हुई सीख को अपने जीवन में उतारने के लिए प्रकल्पित होना है। हमारी संस्कृति स्थूलता नहीं, सूक्ष्मता का गौरव-गान करती है। अतः शारीरिक अस्तित्व-गत होने पर भी पितृ-स्मृति के बहाने ये सूक्ष्म तत्त्व हमारे सामूहिक अवचेतन में अविगत बन जाते हैं। इस अध्यात्म को लोक-सम्पदा के प्रकाश में कितना देखती जाती हूँ, उतनी कृपान्वत होती जाती हूँ।

मैं बार-बार सोचती हूँ कि आल्हा-ऊदल की शौर्यगाथा हो या पवारा में पगी शिवाजी की वीरगाथा, लोरिक गायन हो या कुमाऊँ की लोकगाथा मालूशाही, अवधी और भोजपुरी में भर्तृहरि, जोगी गोपीचन्द की कथा हो या कुसुमा, लाची या रजुली की कथा, लोक ने अपने पितरों को नित स्मरण रखा और परम्परा में ढाल नयी पीढ़ी को भी सिखाया है। आख़िर वे कौन हैं, जिनके गुणगान करते हुए ये गीत गाहे-बगाहे पर्व-त्योहार, आयोजन-अनुष्ठान या मात्र सुनने-सुनाने के मनोरंजक उद्देश्य से अनवरत गाये-बजाये जाते हैं। असल में वे हमारे लोकनायक हैं, जिनका सामूहिक आह्वान इन गीतों द्वारा किया जाता है। ऐसे महामानव किसी एक कुल, गोत्र, कुटुम्ब के पुरखे नहीं, बल्कि एक साझी संस्कृति, एक साझे यथार्थ के पिता-पितामह, माँ-मातामही हैं।

आल्हा खण्ड की मुख्य विषय-वस्तु देखें, तो वह आल्हा और ऊदल की शूरवीरता है। आल्हा गायन के सारे मंगलाचरण सैकड़ों देवी-देवताओं के आस्वान से भरे हुए हैं।

कंठ मा बैठो मोरे कंठेस्वरी ढोल मा बैठो बीर हनुमान
जीभ मा बैठो मोरे सारदा जौने सुद्ध चले मोरा गान
रोम रोम मा रमि जाओ रम्भा कमला बसो हाथ मा आए
जौन सब्द जैबे माँ भूली मोरे काने मा बता दिहो आए..

आल्हा विधा में एक रोचक दर्शन मिलता है। आल्हा के लगभग सभी पात्र महाभारत के किसी न किसी पात्र के अवतार माने गये। आल्हा-ऊदल स्वयं धर्मराज युधिष्ठिर और भीम के अंश स्वरूप बताये गये और इन्हीं स्वरूपों में उनका मंगलाचरण और यशगान भी होता है। इस तरह से देखें, तो बुन्देलखण्ड से लेकर अवध और कन्नौज से लेकर भोजपुर तक की लोक-संस्कृति में आल्हा-ऊदल का गौरव-गान अपने पूर्वजों के धर्मप्रियता और शौर्य की पुण्य-स्मृति है, जो बारम्बार दोहरायी जाती है।

अवध का एक प्रचलित लड़ैया फाग प्रथम स्वतन्त्रता संग्राम सेनानी वीर राणा बेनी माधव सिंह के जीवन-वृत्त पर आधारित है। गीत इस प्रकार है—

अवध मा राना भयो मरदाना
पहिली लड़ाई भई बक्सर मा सेमरी के मैदाना
उन्हां से जाई के पुरवा जीत्यो तबे लाट घबराना
अवध मा...

यानी अवध में एक राणा हुए जो परमवीर थे। उन्होंने बक्सर (ज़िला उन्नाव) की लड़ाई जीतने के बाद पुरवा नाम के स्थान पर कब्ज़ा किया। उनके शौर्य से अंग्रेज़ लॉर्ड क्लाइड बुरी तरह घबरा गया। होली तो राग-रंग का पर्व है, लेकिन प्रतिवर्ष होली में वीररस में पगे इस गीत को गाने का और क्या मन्तव्य हो सकता है, सिवा इसके कि इन गीतों द्वारा अपने बहादुर पुरखों को याद कर उन्हें भाव तर्पण दिया जाये।

ज़्यादा पुरानी बात नहीं, यही कोई चार सौ वर्ष पूर्व की कहानी है कि ओरछा, वर्तमान मध्य प्रदेश का निवारी ज़िला, मध्यकालीन भारत का एक विराट साम्राज्य था। जुझार सिंह वहाँ के राजा थे और चम्पावती उनकी रानी। उन दिनों लड़ाइयों से ही राजा और राज्य दोनों का वर्चस्व क़ायम होता था, सो जुझार सिंह का अधिकांश समय युद्ध भूमि में ही बीता करता। उनकी इच्छानुसार उनके छोटे भाई लाला हरदौल ओरछा का राज-काज सँभालते। दोनों भाइयों में ऐसा एका उनके राज्य के कुछ ईर्ष्यालु लोगों को रास नहीं आया और उन लोगों ने जुझार सिंह के कान भरते हुए लाला हरदौल पर अपनी भाभी, यानी निवर्तमान रानी से प्रेम-प्रसंग का लांछन लगा दिया। राजा तो राजा! जुझार सिंह ने बिना कुछ सोचे अपना निर्णय सुनाया और अपनी रानी को आदेश दिया कि वे हरदौल को अपने हाथ विष देकर मार दें। जब हरदौल को ये ज्ञात हुआ कि रानी किसी असमंजस में हैं, तब उन्होंने अपने सत्चरित्र की रक्षा हेतु स्वयं विषपान कर प्राण दे दिये। संयोगवश तभी राजा की भांजी का ब्याह पड़ा और भात-भराई की रस्म के लिए बहन अपने जुझार भाई को बुलाने आयीं। राजा ने आवेश में उनका निमन्त्रण यह कहकर ठुकरा दिया कि वे जायीं और अपने प्रिय भाई हरदौल को भात भरने के लिए बुला लायें। कहते हैं बहन रोती हुई हरदौल की समाधि पर गयीं और उनसे इस प्रयोजन हेतु प्रार्थना की। इस आर्द्र पुकार का चमत्कार कुछ यूँ हुआ कि हरदौल सशरीर अपनी बहन के यहाँ आये और सारी रस्मों का निर्वहन किया।

भात भराई का एक गीत है–

'महा शोर भयौ महा शोर भयौ मरे हरदौल भात दयौ महा शोर भयौ।
लाला की मरनी कछु बरनी न जाये मड़वा के नीचे सामान न समाय।
सुनियो हरदौल भैया मेरी चित लाय कन्या के जग्ग में करियो सहाय।
जैसी मोय करी आय ऐसी जगत खों दिखाय बात मान गये बात मान गये।
मरे हरदौल...

पूर्वजों की सर्वव्यापकता और उनके मूल्यों के प्रति अगाध श्रद्धा का परिणाम है कि विवाह के मण्डप में भी लाला हरदौल की 'मृत्यु' गायी जाती है।

ओरछा के राजा तो जुझार सिंह थे, लेकिन इतिहास के पन्नों ने अपना असली पूर्वज लाला हरदौल को दर्ज़ किया। उनके सत्य, त्याग और कर्तव्यपरायणता का यशगान आज भी बुन्देलखण्ड के घर-घर में होता है। आज भी बेटी का ब्याह हो या बेटे का, हर बुन्देली सबसे पहला आशीर्वाद लाला हरदौल का लेता है और उन्हें ही प्रथम निमन्त्रण देता है। बुन्देली ब्याह-संस्कार गीतों में केन्द्रीय नायक हरदौल हैं।

बिहार के भिखारी ठाकुर जी द्वारा विरचित 'बिदेसिया' भोजपुरी संस्कृति की महत्वपूर्ण थाती है और मेरी पसन्दीदा विधा है, जिसे मैं अक्सर मंच से गाया करती हूँ। लगभग डेढ़ सौ साल तक अंग्रेज़ी हुकूमत झेलने के बाद भारत को आज़ादी मिली। हमें यह आज़ादी असंख्य भारतीयों के बलिदान और त्याग से मिली है। तमाम मत-मतान्तर, सिद्धान्त और कार्यशैलियाँ एक लक्ष्य की प्राप्ति के लिए आहूत हुईं और अन्ततः हम स्वतन्त्र हुए। अपने वीर पुरखों की ऐसी गौरव गाथा बखानते हुए अशेष गीत रचे गये और प्रचलित लोकगीत बने। ऐसे ही एक बिदेसिया गीत की बानगी देखिए–

जहवां रहिन जन्मा बीर परताप सिंह
औरों चौहान से सपूत रे बिदेसिया
देसवा की खातिर सब मारी मेटी गैले
तबहुं न मथवा झुकाए रे बिदेसिया
गांधी, भगत, आजाद, सुभाष पूत
कई दीहे जान कुरबान रे बिदेसिया

इस गीत में भारतीय इतिहास के कमोबेश आठ सौ सालों का कालखण्ड समेटा गया है और उस पूरी वंशावली का स्मरण किया गया है जो पृथ्वीराज

चौहान से शुरू होकर महाराणा प्रताप से होती हुई भगत, गांधी और सुभाष तक पहुँचती हैं।

इस गीत को सुनते हुए मुझे ब्याह के समय कोहबर में पुरखे न्योतने की रीति याद आ गयी। घराने की सबसे पुरातन महिलाएँ सस्वर कई पीढ़ी पुराने पूर्वजों का आह्वान करती हुई समवेत स्वर में गा रही हैं–

फलाने बाबा तुम्हऊ नेवत मा आयो
अजिया सरेखे आयो...

हर पीढ़ी का सपत्नीक नाम लेने के बाद अक्षत छिड़कती हुई ये गायिकाएँ हमारी संस्कृति की ऐसी डोर हैं, जो विगत और आगत को जोड़े हुए हैं। पुरखों को याद करने की यह पुनीत परम्परा हमें बारहा चेताती रहती है कि–'वे थे, इसीलिए हम हैं' पूर्वजों को तर्पण का यह चक्र यूँ ही चलता रहे।

3

गंगा रेती पे बंगला छवा दा मोरे राजा आवे लहर जमुने की...

गंगा तव दर्शनात मुक्ति! कहते हैं माँ गंगा के दर्शन मात्र से मुक्ति मिलती है, लेकिन मेरे लिए बनारस में बहती धवल माँ गंगा मोक्ष का द्वार है। बनारस मेरे लिए मोक्ष का द्वार है।

जीवन के नित उगते संघर्षों की विश्रांति में नेह, दुलार, आश्वस्ति, आशीष पाने की स्नेहमयी ठौर है। कैसे कहूँ, कि बनारस आने में लम्बा अन्तराल हो जाये, तो व्यथित मन कैसे तो भीतर ही भीतर मथता रहता है, सूक्ष्म मन, निरन्तर फटकारता-सा रहता है, क्यों, कहाँ रह गयी...? जाना नहीं है!!

माँ गंगा धवल आँचल पसारे तुम्हें दुलारने बुला रही हैं, जल्दी चलो महादेव के धाम। महादेव तो गंगा के अनन्य प्रेमी ठहरे, तभी तो शीश पर विराजती हैं गंगा, इसीलिए मोह, माया, राग, द्वेष से धधकती मनुष्यता के लिए काशी अमृत का वह कटोरा है, जिसमें अनन्त डुबकी लगाते हुए वह कभी नहीं अघाता है।

बनारस की एक गन्ध है, जो प्रस्थान के साथ ही तन-मन को महकाने लगती है। ऋषियों, विद्वानों, कलाकारों की तपोवन स्थली काशी का तप सम्मोहिनी शक्ति-बाण बन साधकों को चुम्बक की भाँति अपनी ओर खींचने लगता है और फिर सब यन्त्रवत होता जाता है... बनारस पहुँचना, नगर परिधि प्रवेश करते ही हाथों का स्वतः जुड़ जाना। बाबा विश्वनाथ के दर्शन की व्याकुलता को न रोक पाना...

और एक बार फिर, बाबा के द्वार पहुँच गयी हूँ, वो जिनके अधीन समस्त सुर-आसुरी शक्तियाँ सभी समाहित हैं, जो समस्त चराचर जगत के स्वामी हैं, अनादि है, अनन्त है, अनाथों के नाथ विश्वनाथ बाबा को जलाभिषेक कराते हुए मेरे नैन झर रहे हैं, ओंठों पर मन्त्र हैं, मन में प्रार्थना है, सावन के सोमवार के अभिषेक में अन्तस के भीगे मोती भी शामिल हो गये हैं। बनारस में जीवन की

सार्थकता का जो बोध होता है, उसे शब्दों में बाँधना कठिन है। महादेव कृपा से महामना की बगिया में बागवानी का दायित्व मिला, महामना की बगिया में विद्वता के वटवृक्षों की छाया में ज्ञान साझा करना आत्मिक आनन्द देता है। आज विश्वविद्यालय में चौमासा की गोष्ठी में रहते हुए भी मेरे मन में गंगा मइया के दर्शन की व्याकुलता है और गोधूलि बेला होते ही मैंने अस्सी घाट की राह पकड़ ली है, माँ गंगा का मोह मुझे इसी तरह खींचता है। शाम ढल रही है और मैं अस्सी घाट पर पहुँच गई हूँ। सामने है माँ गंगा का विशाल श्वेत पाट...अहाहा...रे गंगा का सौन्दर्य!...देखकर ठिठक जाती हूँ, आँखों से निहारती हुई मैं आँखों को मूँद लेती हूँ, गंगा का यह भरापूरापन, यह सौन्दर्य मेरे नैनों में यूँ ही बसा रहे, दोनों कर प्रणाम करते हुए मस्तक से जुड़ गये हैं, मैं बिना रुके सीढ़ियाँ उतरते हुए एक छोटी बच्ची की अधीरता से गंगा के तीर आ खड़ी हुई हूँ।

आसपास भीड़ जुटने लगी है, कुछ लोग पहचान कर साथ तस्वीर ले रहे हैं। मैं एक नाव वाले से बात करने लगती हूँ, मेरे साथ आये लोग असमंजस में हैं। वे मोटरबोट और शानदार नाव की व्यवस्था करना चाहते हैं, कुछ लोग वर्षा के कारण बढ़ आयी गंगा के प्रवाह की आशंका से सावधान कर रहे हैं, लेकिन मुझे तो सामने दिख रहा है गंगा का ममतामयी आँचल। उनकी बात अनसुनी करते हुए मैं एक सहज सुन्दर छोटी-सी नाव में बैठ चुकी हूँ।

नाव खुलने लगी है, सूर्य अस्ताचल में लगभग उतर ही चुके हैं और हमारे केवट हमारी नाव को खेते हुए हमें गंगा के हृदय में उतार चुके हैं। अस्सी से आगे नाव बढ़ चुकी है, घाट पीछे छूटते जा रहे हैं। सावन की गदराई गंगा में मन्द गति से चलती नौका और आँखों के सामने बनारस के घाटों का वैभव! मन भर आया है और हम सब आह्लाद के इस भरे-पूरेपन में मौन हो इस सुख को जी भर कर जी रहे हैं।

आकाश में काले मेघ नित नयी छवि बना उमड़ रहे हैं, मैं मेघों को देख, ऋतु-चक्र के विषय में सोच रही हूँ। आषाढ़ को विदा देते, सावन के भरे हुए मेघ आसमान में उमड़ आये हैं। इन मेघों की चालढाल में आज कुछ अलग बात है, आकाश, मेघ, गंगा, नौका और कुछ ही दूर उस पार दीख रही रेत। आज मेरा मन है गंगा पार उतरने का। मल्लाह ने पतवार थाम ली है, नाव धीरे-धीरे रेत के पास पहुँच रुक गयी है, हम रेत में उतर गये हैं, सूर्य लगभग विदा हो रहा है, शाम घिर आयी है, चन्द्राकार टापू में ठण्डी रेत में बैठकर गंगा के उस पार बनारस की दिव्यता को अनुभूत कर रही हूँ, यहाँ बैठकर बनारस का यह कैसा रूप जग रहा है, दूर से कहीं किसी की स्वरलहरी सुनाई दे रही है। रेत पर बैठ

मुझे मेरा प्रिय दादरा याद आ रहा है, किसी मानिनी प्रेमिका ने ऐसी ही शाम को अपने प्रियतम से लहराकर कहा होगा—

गंगा रेती पे बंगला छवा दो मोरे राजा
आवे लहर जमुने की...

और मैं मुक्त कण्ठ से गा उठती हूँ

गंगा रेती पे बंगला छवा दो मोरे राजा
आवे लहर जमुने की...

न साज़, न माइक, न श्रोता न मंच! सिर्फ़ भाव। यही सच्चा गाना-बजाना है, जो अन्तर्मन से निकलकर ब्रह्माण्ड के कण-कण में फैल जाए...

माँ गंगा की तेज़ होती लहरों में उछलती मछलियाँ, उड़ती रेत पर दूर चला जा रहा ऊँट, हाँ उस शाम गंगा पार रेत पर ऊँट दिखा...काले मेघ, आकाश, माँ गंगा सब सुन रहे हैं मुझे।

मैंने चारों ओर देखा, हमारे दोनों खेवनहार भी रेत में बैठ गये हैं और मैं गाते हुए यह सोच रही हूँ, 'गंगा रेती पे बंगला...' क्या नायिका को रेत पर बने हुए बंगले की क्षणभंगुरता का एहसास है! रेत पर बना बंगला भी भला कभी टिका है? क्या नायिका जान-बूझकर एक छलावे में जीवन की पूर्णता की तलाश कर रही है? इस दादरे में किसी की दबी पीड़ा सिसकती हुई क्यों महसूस होती है... दूर एक सजा हुआ बजड़ा जाता दिखाई दे रहा है। पुराने ज़माने में ऐसी ही न जाने कितने बजड़ों में, कितनी ही महफ़िलों में अधूरे अरमान सुर बन निकले हैं। कितने राजाओं, रईसों ने चाँदनी रात में गंगा पर विचरण करते हुए कितनी ही बार सुना होगा—

गंगा रेती पे बंगला छवा दो मोरे राजा...
बंगला छवाया मोरे मन भाया,
एक अच्छी सी बगिया लगवा दो मोरे राजा
आवे लहर जमुने की...

मेरे प्रिय, मेरे लिए रेत पर बगिया लगा दो, मुझे मालूम है रेत पर कुछ नहीं टिकता, न सपने न महल। रेत पर दो महीने को फल वल्लरियाँ सजती हैं और फिर क्षीण होकर मुरझा जाती हैं। मैं जानती हूँ, यह निष्ठुर रेत कुछ टिकने नहीं देती, कुछ देर को सपना सजा भी लूँ, तो आने वाली जमुना की लहर इस

सपने को भी लील जायेगी, कुछ शेष नहीं रहना है, हाड़-मांस का बना यह शरीर, घर-द्वार, महल-राजवाड़े, वैभव सब क्षणभंगुर है मेरे राजा, बस यह प्रेम अमर है यही टिकेगा, प्रेम को जमुना की लहर नहीं मिटा सकती।

मैं प्रतिदिन कामनाओं की चिता पर चढ़ती हूँ, भस्म होती हूँ, पुनः इच्छाओं की अर्थी सजाती हूँ, स्वाहा होती हूँ, गंगा के उस पार सजन तुम हो, इस पार मैं जमुना की लहरों को गिनते हुए...

गंगा रेती पे बंगला..
ढह जाए, बिगड़ जाए मेरी तकदीर की तरह,
लेकिन दिल बहलाने को ग़लिब, ये ख़याल अच्छा है...

इसी बनारस में न जाने कितनी-कितनी गायिकाओं के अरमान, इच्छाओं ने गंगा की लहरों के इन्तज़ार पर बल खाकर दम तोड़ दिया। न जाने कितनी विभावरी गाते, जागते, ऊँघते-रूँधते मंगला आरती की घण्टियों पर तिरोहित हुई हैं। क्या इसीलिए गुनीजनों ने इस दादरे की धुन भी आधी रात में गाये जाने वाले राग गौरी, मिश्र जोगिया बैरागी में निबद्ध की।

कहते हैं कि भैरवी इस समय भैरव से मिलती हैं और गंगा अपने शिव से। एक लोकगीत में शिव और गंगा के प्रेम का सुन्दर बख़ान है। आधी रात में गंगा जब मूर्त रूप धारण करती हैं, शिव उन्हें देख मोहित हो जाते हैं, गंगा से प्रेम की भिक्षा माँगते हैं। गंगा द्वारा शिव को उनकी अर्धांगिनी पार्वती का स्मरण कराने पर शिव पार्वती के विषय में असत्य वाचन कर गंगा को रिझा लेते हैं। दोनों का प्रेम बढ़ने लगता है, तभी पार्वती के लौटने पर गंगा को सत्य का पता चलता है और वे पार्वती से क्षमा माँगती हैं। पार्वती कहती हैं–'इस भोला ने हम दोनों को ठगा है, लेकिन तुम दोनों का प्रेम सच्चा है और वे गंगा जी को शिव के जीवन में उदारता से स्वीकार करती हैं। लोक में गंगा, पार्वती की सौतन हैं, गंगा-शिव की उतनी ही हैं, जितनी उमा। लेकिन यह प्रेम रेत पर उमड़ती, उठती-गिरती लहरों जैसा है, जो रोज़ बनता है, रोज़ मिटता है।

गंगा आस हैं, विश्वास हैं। वे सबकी पीड़ा और विश्रान्ति को अपने अंक में माँ की तरह समेट लेती हैं–

ओ गंगा मइया तोहे पियरी चढ़इबे, सैयाँ से करई दा मिलनवा

यह पुकार जितनी निर्गुण है उतनी ही सगुण। अपने आँचल को पसारकर गंगा मैया से सुहाग के लिए आशीष माँगने वाली सुहागन भी और उस पार

जाने की साध मन में सँजोये साध्विनी, कण्ठ में आत्मा को गूँथकर गाने वाली गायिकाएँ अपनी अरज में घुलती हुई...

ना मोरे गुन धन ना मोरे जोबना, ना ही एको गहनवा राम
घूँघट खोलि जब पिया मुख देखिहें, करिबै मैं कौन बहनवा...

क्या यह अकारण था कि परम्पराओं को मस्तक पर तिलक की भाँति धारण करने वाले बनारस में प्राचीन दक्ष गायिकाएँ अपने गायन का समापन निर्गुण से करती थीं! राग, रंग, शृंगार, अन्तरंग में पगे जीवन का निर्मम सत्य भला उनसे बेहतर कौन जान सका था? संसार उतना सुन्दर भी न था, जितना सुन्दर उनका गायन, उसे निर्मित करता था। न कण्ठ रहेगा, न यौवन, न इच्छा, न कामना, सम्मान की चाह में वे प्रतिदिन जलती और भस्म होती थीं, मणिकर्णिका घाट पर नित्य जलती चिता की तरह...

उस दिन गोधूली वेला में गंगा को निहारते हुए, रेत पर बैठकर गाते हुए मैंने क्या-क्या अनुभव किया, वह शब्दों से परे है। उस अनुभूति ने मन की न जाने कितनी ही गुत्थियाँ सुलझाई हैं, उस अनुभूति ने ही अनगिनत ठुमरियों और दादरों की आत्मा में प्रवेश करने का द्वार मेरे लिए खोल दिया।

गंगा रेती पे बंगला छवा दा मोरे राजा
बंगला छवाया मोरे मन भाया
एक अच्छी सी बगिया लगा दा मोरे राजा
आवे लहर जमुने की...

हमारी गुरु की अन्तिम शिक्षा थी यह... दिल्ली में घर बैठकर सिखाते हुए, वे क्या मुझे निर्मोही संसार से विरक्त होने की शिक्षा का संकेत दे रही थीं।

नाविक ने हमें आवाज़ दी, मैं जैसे गहरी नींद से जागी। शाम और गहरा गयी है, मेरा मन तो वहीं इसी रेत में धँस सा गया है। आज यह क्या हुआ है, मैं आँख बन्दकर इस क्षण में जीवन जी लेना चाहती हूँ। इस वेला की आध्यात्मिक तरंग को मैं पढ़ने की कोशिश कर रही हूँ, ये तरंगे इतनी सशक्त हैं कि मुझे मेरा अस्तित्व शून्य प्रतीत हो रहा है, अनन्त ब्रह्मांड की एक सूक्ष्म धूल सा मेरा अस्तित्त्व दिखाई दे रहा है। अब मन में कोई विचलन नहीं, न कोई पीड़ा है, न कोई इच्छा, सिर्फ़ प्रेम, आनन्द, उल्लास है, जैसे सहस्त्रश्री आज अपने रहस्य उद्भासित कर अचानक अस्त हो गए, मैं उनके आगे समर्पित हो रही हूँ डूबी

हुई, मुझे आज यहीं कोई थाम ले! मैं लीन होकर अनन्त में विलीन हो जाना चाहती हूँ, आख़िर विलीन होना ही नियति है।

अँधेरा होता देख नाविक हमें लौटने का आग्रह कर रहा है, नाविक बोल रहे हैं, मौसम ठीक नहीं, घनघोर बरखा बरसने वाली है, पाल है नहीं, धार तेज है, गंगा जी बढ़ रही हैं। मैं सुनकर भी अनसुना कर रही हूँ, अभी भी जैसे सम्मोहन में हूँ, जैसे-तैसे नाव में बैठती हूँ, रेत का किनारा पीछे छूटता जा रहा है। वापसी की यात्रा में गंगा का आवेग और बनारस की छवि बदल-सी गयी है। घाट टिमटिमा उठे हैं, अलग-अलग घाट पर अलग उत्साह की आवाजाही दिखाई दे रही है। एक अजब उत्साहपूर्ण कोलाहल कानों में सुनाई पड़ रहा है, कहीं सितार की श्रुतियाँ कानों में पड़ रही हैं, तो कहीं दूर से आती भजन की स्वरलहरी, तभी गीली हवा में भीगे सुरों के आलाप के साथ ही बादल की डोर टूट कर बरसने लगती है, बारिश का आवेग देख लगता है, आज मेघ सारे बन्धन तोड़ने वाला है, सावन, सवना गया है। सावन में महादेव की गंगा वर्षा-जल में भीग रही प्रशस्त पुण्यसलिला किसी बल खाती हुई अल्हड़ मानिनी नायिका सी लग रही हैं—दिव्य सुन्दरी!

रात गहरा रही है, नाविक ने आगे बढ़ने में ख़तरा बताते हुए चेत सिंह घाट पर नाव लगा दी है, अचानक मैं भीगती हुई अस्सी घाट की ओर बढ़ती हूँ, तभी पीछे से ज़ोरदार आवाज़ आती है—बोल पार्वती पतयः हर-हर महादेव हर-हर महादे....व! देखा तो उल्लास से भरे कुछ लड़के हर-हर महादेव का जयघोष करते हुए हमारे पीछे कूदते, फाँदते, भीगते साथ-साथ आगे बढ़ने लगे हैं। अपना गिटार साज, साउण्ड सब सँभाले वे भी दौड़ रहे हैं, महादेव का जयकारा उत्साह भर रहा है।

तभी अचानक, दो लड़के आते हैं और बरसते पानी के बीच मुझसे सेल्फी खिंचाने का आग्रह करते हैं, वे लगातार ज़िद कर रहे हैं। मैं हतप्रभ हूँ। वर्षा का आवेग ज़्यादा है या युवकों की सरल धृष्टता, कह नहीं सकती। लड़के फ़ोन का कैमरा खोल फ़ोटो का इसरार कर रहे हैं, उनके फ़ोन पर बारिश की बूँदें गिर रही हैं, मैं उन्हें समझा रही हूँ कि इस अँधेरी बरसती रात में यह सेल्फी की ज़िद न करें, फ़ोटो आयेगी ही नहीं। लड़के नहीं मानते।

मैं कुछ और भीगती हुई उसके अनुरोध को मान कर तस्वीर खिंचवा रही हूँ। सेल्फी लेते बालक उत्साहित हैं, उनके फ़ोन के कैमरे पर लगातार बारिश की बूँदे गिर रही हैं, मैं फ़ोन के अक्स में खुद को देखती हुई सोच रही हूँ कि नाम शोहरत सब इन बारिश की बूँदों की तरह क्षणभंगुर हैं, आज है, अगले पल नहीं...

हम आगे बढ़ जाते हैं। हम सब पानी में सराबोर हैं, घाट की गीली और ऊँची-नीची सीढ़ियों पर चलते हुए, बायीं ओर हरहराती हुई गंगा अपने पूरे आवेग में प्रशस्त बह रही हैं। फ़िसलने के डर से पैर सँभालते हुए हम सब अस्सी घाट की ओर बढ़ चले हैं। मैं आज बेफ़िक्र हूँ, शायद भीगना ही चाहती हूँ। अँधेरी रात में घनघोर जलवृष्टि में गंगा किनारे घाट लाँघते हुए भीगने का सुख उत्सव को जीने जैसा है।

आस-पास का नज़ारा पेंटिंग सरीखा है। घाटों पर जमे लोग अस्त-व्यस्त हो गये हैं, कोई पेड़ की छाया के नीचे, तो कोई किसी छत की आड़ में दुबका हुआ है। मेरी नज़र नीचे पथरीले फ़िसलन-भरे रास्ते पर है, लेकिन बीच-बीच में कनखियों से गंगा जी को देखती जा रही हूँ कि तभी कानों में एक कजरी की आवाज़ सुनाई पड़ी—यहाँ ऐसे विचित्र वातावरण में पीलू का राग किसने छेड़ दिया? तभी सामने से एक फक्कड़ मलंग आदमी गाते हुए हमारी ओर चलता हुआ गुज़रा, 'बरसन लागी सावन बुंदिया' मैं रुक गयी हूँ। अहा—क्या गायिकी! उसका स्वर, रियाज़ और उससे बढ़कर, आत्मसुखाय गाने का मिज़ाज देख चकित हूँ! वह एक नज़र मुझ पर डालता है और फिर आसमान की ओर देख गाता हुआ जा रहा है। आदमी क्या—दीवाना था। इस आँधी-तूफ़ान, बारिश में लापरवाह भरपूर भीगता हुआ वह कौन था? क्या कभी जान पाऊँगी?

क्या महादेव ने आज एक ही दिन मुझे अपने सभी रूपों का दर्शन करा दिया है? कहते हैं, शिव ने गंगा के प्रवाह को काशी में अपना त्रिशूल गाड़कर रोक लिया था। विस्मित गंगा ने कारण जानना चाहा, तो महादेव ने तीन बातें कहीं। बोले—तुम काशी में शोर नहीं करोगी, इस क्षेत्र के अपने जल में भयंकर जीवों को शरण नहीं दोगी और कभी तट नहीं छोड़ोगी। जानते हैं न! मान गयीं गंगा। प्रिय को मना भी कैसे करतीं। गंगा के जल और इस मलंग को निहारते हुए यही एक लोक-कथा मस्तिष्क में एकदम से कौंध पड़ी है। शिव और गंगा। गंगा और शिव। अनिर्वचनीय आनन्द की अनुभूति हो रही है। स्तब्ध हूँ, शान्त हूँ। अस्सी घाट आ ही गया था। बारिश बन्द हो चुकी है, रात गहरा चुकी है, इन सबमें घुलती हुई शंख, घण्टे, आरती की आवाज़...यह नाद काशी का शृंगार है। दूर राजघाट के पुल के नीचे से गुज़रता हुआ, वही सजा हुआ बजड़ा दीख रहा है...मेरी नज़र पीछे छूट गये दूर रेत के उस टापू पर पड़ती है, कुछ नहीं दिखता सिवाय सफ़ेद रेत के...

दिखाई नहीं दे रहा, लेकिन सुर गूँज रहे हैं, वही मल्लाह, नाव को किनारे पर बाँधते हुए ज़ोर-ज़ोर से गा रहा है—'गंगा रेती पे बंगला छवा दा मोरे राजा...'

अचानक मुझे देख मैं हो जाता है, मैं चिल्लाकर कह उठती हूँ...अगली बार फिर चलेंगे उस पार...रेत पर घरौंदा बनाने...वह हँसते हुए कह रहा है– 'हर-हर महादेव...' पीछे गंगा का पाट छूट रहा है और बनारस के ही प्रसिद्ध हिन्दी कवि केदारनाथ सिंह की 'बनारस' कविता की ये पंक्तियाँ भी न जाने कहाँ से मन के साँकल को आवाज़ देती हुई भीतर उतरने लगती हैं–

यह आधा जल में है
आधा मन्त्र में
आधा फूल में है
आधा शव में
आधा नींद में है
आधा शंख में
अगर ध्यान से देखो
तो यह आधा है
और आधा नहीं है...

4

जादू की पुड़िया भर भर मारी...

लखनऊ का क़िस्सा है। वर्ष 2003 में हमारी गुरु अप्पा जी कार्यक्रम के लिए लखनऊ आयी थीं और हमारे घर पर ही उनका प्रवास था। अप्पा, प्राचीन गुरु-शिष्य परम्परा से सिखाने में ही विश्वास करती थीं और इसका परिणाम यह था कि संगीत के अतिरिक्त हम अपने गुरु के विचार, व्यवहार से भी क्षण-प्रतिक्षण सीखते जाते। अप्पा का घर पर रहना, गुरु-सेवा के सौभाग्य का दुर्लभ अवसर था, जिसका एक पल भी मैं व्यर्थ नहीं जाने देना चाहती थी।

उसी समय की बात है, एक शाम लगभग सात बजे अप्पा पान के पत्ते फेरती जा रही थीं और साथ-साथ इधर-उधर की चर्चा भी करती जा रही थीं। कुहू और कान्हा छोटे थे और बड़े कौतुक से अप्पा को पान के पुराने पत्ते छाँटते हुए देख रहे थे।

अचानक दरवाज़े की घण्टी बजी। मैंने जाकर द्वार खोला, तो पाया अवनीश दफ़्तर से लौटे थे। ये अन्दर आते ही अप्पा को प्रणाम करते हुए और मुझसे कुछ बात करते हुए भीतर कमरे में चले गये। मैं अप्पा जी के साथ बैठकर पूर्ववत अपना काम करती रही। पाँच मिनट बाद, अप्पा जी ने मुझे देखा, मुस्कुरायीं और कहा—'मालिनी, भइया थके हुए घर आये हैं, भीतर जाकर हाल-चाल पूछो, चाय-पानी दे कर आओ।' मैंने कुछ झिझकते हुए, कुछ मुस्कुराते हुए रसोई में चाय को कहकर पानी का गिलास लेकर इनके पास पहुँची—मुझे इस तरह आया देख ये भी हँसने लगे। मैं फिर वापस आकर अप्पा के पास बैठ गयी, इस बार मुझे न जाने क्यों लगा कि अप्पा फिर मुझसे कुछ कहना चाहती हैं, आख़िर उनसे रहा न गया, बहुत प्यार से मुझसे बोलीं—बेटा, दिन भर का थका आदमी घर आता है, जाओ भीतर बैठो उनके साथ, दो बोल-बात करो, हँसो-बतियाओ। जीवन में यह रस बना रहना ज़रूरी है। मैंने कुछ कहना चाहा, तो मुझे बीच में रोकती हुई अप्पा बोलीं—हम तुम्हारे गुरु हैं, वह सब ठीक है,

लेकिन हम तुम्हारी माँ की तरह भी हैं। हम तो यहीं हैं, हम कहाँ जा रहे हैं। जाओ बेटा अवनीश के पास जाकर बैठो और यह कहकर वे कान्हा और कुहू की ओर मुड़ गयीं, उनसे बच्चों की तरह बात करने लगीं।

अपनी गुरु का यह रूप देखकर मैं क्या कहूँ कि कैसी विह्वल हो गयी थी मैं। झुककर अप्पा के पाँव छू लिए मैंने। वे सच्ची गुरु थीं—'जीवन के सभी रहस्यों की गाँठ खोलने वाली उदारमना अनुभवी गुरु।'

कमरे में जाकर बैठी तो अप्पा की दिन में सिखाई ठुमरी के बोल जैसे कानों में गूँज उठे—

बाजूबन्द खुल खुल जाए
साँवरिया कैसा जादू डारा
जादू की पुड़िया भर भर मारी
मोरा अचरा उड़ि उड़ि जाए

'रसो वै सः
रसं ह्येवायं लब्ध्वानन्दी भवति'

तैत्तिरीयोपनिषद्, ब्रह्मानन्दवल्ली-37 में हमारे ऋषियों द्वारा कही गयी यह गूढ़ सूक्ति जीवन का सत्व है।

इसका अर्थ है 'वह रस का स्वरूप है'। वह अर्थात सृष्टि का स्वयंभू सुकृत सृजनकर्ता, जिसके द्वारा वह सब कुछ बहुत 'सुकृत' अर्थात् बहुत सुचारु एवं सुन्दर रूप से रचा गया है। यह वस्तुतः अन्य कुछ नहीं, इस अस्तित्व के पीछे छिपा हुआ आनन्द, रस ही है। जब प्राणी इस आनन्द को, इस रस को प्राप्त कर लेता है, तो वह स्वयं आनन्दमय बन जाता है। इसी आनन्द रस को शब्द रचना का प्राण तत्त्व माना गया है।

रस क्या है? रस बोध, रस का सम्प्रेषण...एक गायिका होने के नाते यह प्रश्न मुझे सदैव मथता है। किसी भी कला अथवा कृति की आत्मा रस है, इसीलिए किसी भी कलाकार की साधना का प्राप्य रस निष्पन्दन है। जहाँ रस नहीं, वहाँ गीत-संगीत जीवन कुछ नहीं। कलाकार के लिए रस क्या है? इस विषय में अभिनव गुप्त की स्थापना उल्लेखनीय है। अभिनव गुप्त जी के अनुसार—'कलाकार के द्वारा प्रस्तुत भावों से प्रेक्षक के मन में उठने वाले भावों को कलाकार के द्वारा प्रस्तुत भावों से तादात्म्य होने के कारण रस की प्राप्ति

होती है। कलाकार द्वारा प्रस्तुत अनुभूतियों को दर्शक या श्रोता अपने भावों में अभिव्यक्त देखता है। यह अभिव्यक्ति ही रसानुभूति है, जहाँ प्रेक्षक एवं कलाकार की मानसिक स्थिति में कोई दूरी नहीं रहती। अतः दोनों ही तादात्म्य की स्थिति में होते हैं। कलाकार की कलायात्रा इसी रस उत्पत्ति की खोज है। उसके प्रेक्षक इस रस में समाहित हो जायें यही उसकी साधना का अभीष्ट है।'

श्रुति परम्परा हो या स्मृति परम्परा या फिर काग़ज़ पर लिखे अक्षर, एक कलाकार जिस शब्द गीत को कण्ठ में साधने के प्रयास में सालों गुज़ार देते हैं, शनैः-शनैः उनके चित्र कलाकार की आँखों के सामने स्वयं बनने लगते हैं, हृदय में उतरने लगते हैं। गीत-संगीत का संसार ऐसा है कि सीखने, सुनने, समझने और आत्मसात करने की सलाहियत स्वतः आ जाती है। एक गायक की सुर-साहित्य के जिस माहौल में परवरिश होती है, उससे उसकी दृष्टि और समझ, आम इन्सान से कहीं गहरी बन जाती है।

मैं इस विषय पर विस्तार से इसलिए कह रही हूँ, क्योंकि कला में, गायन में शृंगार रस की जैसी व्याप्ति है, वैसी अन्य रसों की नहीं। भक्ति रस, वात्सल्य रस, शान्त रस सब है, किन्तु कला का जैसा शृंगार, प्रेम, अनुराग, रति, विरह, कामना, मिलन से अनुरक्त भावों में उत्कर्ष पाता है, अन्यत्र नहीं। कह सकते हैं कि जो कुछ है सब शृंगारपरक है, आख़िर कुछ तो कारण है कि हमारा दर्शन ही है 'सत्यं शिवम् सुन्दरम' अर्थात 'सत्य सुन्दर है और कल्याण।'

हमारा दर्शन, हमारी संस्कृति, हमारी कला, हमारा साहित्य, सभी में शृंगार-बोध है, प्रेम शृंगार की अनिवार्यता है, अपने इष्ट प्रभु से प्रेम, पुरुष का स्त्री या स्त्री का पुरुष के प्रति प्रेम, शृंगार वह सोपान है, जिस पर चलकर इन्सान आध्यात्म और भक्ति अन्ततः मुक्ति के द्वार तक पहुँच पाता है। यही कारण है कि हमने सुन्दर देवालयों का निर्माण किया, हमारे पूर्वजों ने हमारे आराध्य शिव, शक्ति, विष्णु, राम-जानकी, राधा-कृष्ण सभी की उपासना के लिए अत्यधिक सुन्दर आकर्षक दिव्य प्रतिमाओं का स्वरूप निर्धारित कर अत्यन्त भव्य एवं रमणीक देवालयों में उन्हें अत्यन्त आकर्षक वस्त्र, पोशाक, अलंकृत नाना आभूषण एवं सुन्दर मुकुट के साथ उन्हें विग्रह रूप में स्थापित किया। अपने इष्ट की छवि के सौन्दर्य से अनुराग, अनुराग से प्रेम और अन्ततः भक्ति का मार्ग, यही आम श्रद्धालु की भक्ति-यात्रा है। यह एक गूढ़ विषय है। आप स्वयं देखें कि आँख बन्द करते ही शीश पर मोरपंखी धारण किये पीताम्बर

पहने अधरों पर बाँसुरी लिए श्यामल कृष्ण की कैसी छवि मन में आती है। इस छवि में प्रकृति एवं परिवेश भी आकर्षण पैदा करने का कार्य करता है। कृष्ण त्रिभंगी मुद्रा में खड़े हैं, कहाँ खड़े हैं, यमुना जी के किनारे हरीतिमा के बीच कदम्ब के वृक्ष के नीचे खड़े हैं, चारों ओर श्वेत-श्याम गौ वृन्द, मयूर, हिरन सब उनकी वंशी को सुन रहे हैं। इस वातावरण के साथ घनश्याम की छवि की कल्पना कर हम भक्ति-भाव में लीन हो जाते हैं। किन्तु उसके मूल में श्रृंगार है।

देखो साँवरे के संग गोरी झूले री हिंडोला
जमुना के तीरे कदम्ब की छैया सखि झुलैले जिया मोर

यह एक गूढ़ विषय है। संगीत प्रकृति से प्रभावित होता है, आस-पास के परिवेश से प्रभावित होता है। प्रकृति और परिवेश का सौन्दर्य सृजन का ईंधन है। रचने, रचते रहने की कभी न चुकाने वाली प्रेरणा। जिस दिन व्यक्ति के जीवन में जीवन का सौन्दर्य देखने की दृष्टि शून्य हो जाती है, उस दिन उसके जीने की जिजीविषा भी समाप्त हो जाती है। ज़ाहिर है, जिस दिन कलाकार का सौन्दर्य-बोध क्षीण हुआ, उसकी रचनात्मकता भी क्षीण होती जाती है। इस प्रक्रिया में एक कलाकार को श्रृंगार-रस के सम्पूर्ण आयाम को बहुत निकट से समझने का अवसर मिलता है।

साहित्य हो या संगीत, गायन हो या नृत्य, इनकी प्रस्तुतिकरण में रससिद्धि तभी सम्भव है जब सौन्दर्य तत्त्व को परखने की दृष्टि हो। शास्त्रीय संगीत में ख़याल की बन्दिशें हों, ठुमरी, दादरा हो या देशज गीत, झूमर, कजरी, होली, श्रृंगार चहुँओर पसरा हुआ है। कलाकार की प्रस्तुति के आवरण की आधार-शिला सौन्दर्य-बोध पर टिकी हुई है। कहते हैं, जैसी दृष्टि वैसी सृष्टि! जिस कलाकार की जैसी दृष्टि होगी, वह अपने दर्शकों-श्रोताओं के लिए वैसी ही सृष्टि की रचना कर सकेगा।

गोस्वामी जी की स्तुति–*'श्री रामचन्द्र कृपालु भजु मन हरण भव-भय दारुणम'* गाते हुए जहाँ गोस्वामी जी प्रभु राम के व्यक्तित्त्व को बखानते हुए कहते हैं–

सिर मुकुट कुंडल तिलक चारु उदारु अंग विभूषणम्
आजानुभुज सर-चाप-धर, संग्राम-जित-खर दूषणम्

यहाँ पढ़ते या सुनते ही भगवान राम का भव्य वेश आँखों के सामने सजीव हो रहा है। शीश पर मुकुट है, कानों में कुण्डल धारण किये हुए हैं, मस्तक पर तिलक है, सुन्दर आभूषणों से सुसज्जित हैं, घुटनों तक लम्बी भुजा वाले राम कंधे पर धनुष को धारण किए हुए हैं। श्रीराम के ऐसे भव्य स्वरूप को अभिव्यक्त करते हुए कलाकार की सौन्दर्य की समझ ही प्रभु राम को वहाँ मंच पर अवतरित करेगी। यह एक प्रकार की यौगिक यात्रा है। इस पर फिर कभी...

अब आप प्रस्तुति की प्रक्रिया में भी ध्यान दीजिए तो, कलाकार के आकर्षक वस्त्र-आभूषण, केश-विन्यास और सबसे महत्त्वपूर्ण तो मंच-सज्जा, जिसमें यवनिका से लेकर दृश्य, शब्द, ध्वनि, संयोजन, सब में एस्थेटिक्स अर्थात सौन्दर्य-बोध की अनिवार्यता है। मुझे आज भी याद है, बनारस में जब अप्पा जी से सीखने गयी, तो उन्होंने पहली बैठकी में सबसे पहली ठुमरी हमें सिखाई राग भैरवी में। यही अमर रचना–

आ जा साँवरिया तोहे गरवा लगा लूँ
रस के भरे तोरे नैन
दिन नहीं चैन रैन नहीं निंदिया
नाही पड़े मै का चैन
रस के भरे तोरे नैन

और इस ठुमरी को सिखाते हुए वे हंसती हुई कहती जा रही थी, गा नहीं पाओगी, प्रेम नहीं किया तो गा नहीं पाओगी।

और दूसरी राग खमाज में–

'ठाड़े रहो बाँके श्याम'
गगरिया मैं घरे धरि आऊँ...

इसका अन्तरा इस तरह है–

गगरी मैं धरि आऊँ, चुनरी पहिर आऊँ
करि आऊँ सोलह सिंगार हो
ठाढ़े रहो बाँके श्याम...

राधा का अपने श्याम को सन्देश है, यहीं रुके रहना, मैं अभी घर पर जाकर, सिर पर धारण की हुई गगरी रख आऊँ और चुनरी ओढ़ लूँ, तुम्हारे लिए सिंगार कर लूँ, तुम यहीं मेरी प्रतीक्षा करना, वहीं खड़े रहना मेरे श्याम, बाँके श्याम...

ठुमरी, शृंगार को मन के नैनों से परखते हुए कण्ठ से बरतने की कला है। शर्त यह है कि कहन में इस ठुमरी का भाव रस-रस टपकता रहे और श्रोता उसी रस में भीजते रहें, भीजते रहें, ऐसे जैसे कि नायिका ने अभी तो पनघट से लौटते हुए अपने प्रेमी को वहीं ठहरने का वचन दे, घर की राह पकड़ ली है। सर की गगरी उतारनी है, चुनरी शीश पर तन पर पहननी है, जिससे कोई पहचान न सके, सोलह सिंगार धारण करने हैं, समय तो लगेगा, श्याम तुम चले मत जाना, वहीं खड़े रहना...

पुराने समय में बहू-बेटियाँ चादर ओढ़कर ही निकलती थीं। उत्तर प्रदेश, बिहार की बहू-बेटियाँ सम्भवतः इस रस्म से भली-भाँति परिचित होंगी। कभी यह चदरा, दुशाला भी कहा जाता था। नयी बहुएँ बनारसी दुशाला ओढ़ती थीं, अधिकांश मोटे कपड़े का चदरा ओढ़कर निकलती थीं, इसका बहुत बड़ा कारण था, पहचान सार्वजनिक न होने पाये और कोई चदरा ओढ़ने वाली का चेहरा, कद-काठी कुछ भी न पहचान सके।

यहाँ उसी ओर इशारा है—*चुनरी पहिर आऊँ कर आऊँ सोलह सिंगार रे*

सोलह सिंगार क्या-क्या हैं, क्या यह आप जानते हैं? तो सोचिए, जिसे यही नहीं जानकारी, वह कृष्ण के प्रेम में पगी इस नायिका में परकाया प्रवेश कैसे कर सकेगा?

सोलह शृंगार अर्थात् (1) उबटन, (2) स्नान, (3) वस्त्र-धारण, (4) केश प्रसाधन, (5) काजल, (6) सिन्दूर से माँग भरना, (7) महावर, (8) तिलक, (9) चिबुक पर तिल, (10) मेंहदी, (11) सुगन्ध लगाना, (12) आभूषण, (13) पुष्पमाल, (14) मिस्सी लगाना, (15) ताम्बूल और (16) अधरों को रंगना...

बारहवीं शताब्दी में वल्लभदेव ने, चौदहवीं शताब्दी में जायसी ने, सोलहवीं शताब्दी में रीतिकालीन कवि केशवदास की सोलह शृंगार पर भिन्नता मिलती है, किन्तु शृंगार की गणना सोलह शृंगार की मानी गयी है। देश और काल के अनुसार उसमें भिन्नता होती रही। लेकिन यह तो स्पष्ट है कि हमारी संस्कृति में सदा से शृंगार ही नहीं, सोलह शृंगार का माहात्म्य रहा है। कला, संगीत,

नृत्य में सोलह सिंगार का महत्त्व अकारण नहीं है। कला, संगीत सामाजिक परिदृश्य की ही निकासी हैं, सांस्कृतिक अभिव्यक्ति है।

शृंगार और नारी, दोनों को परस्पर भिन्नकर नहीं देखा जा सकता। नारी के अनुपम सौन्दर्य का ऐसा बखान हमारे प्राचीन ग्रन्थों में, महाकाव्यों में, हमारे गीतों में मिलता है कि कभी-कभी यह भी भाव मन में उठता है कि जैसा कालिदास ने 'कुमार सम्भवम्' में पार्वती जी के और 'अभिज्ञान शकुन्तलम्' में शकुन्तला के रूप का वर्णन कर दिया, वैसा शृंगार तो आज भी स्त्रियों के लिए कर पाना कठिन है। या फिर जैसी सुसज्जित नारियों के स्वरूप के दर्शन हमें अनेक मन्दिरों में उत्कीर्णित मूर्तियों में आज भी होते हैं, खजुराहो की एक मूर्ति में हाथ में आइना लिए अपनी छवि निहारती युवती की मूर्ति तो प्रख्यात है। जयदेव का 'गीत-गोविन्दम्' उठा के देख लीजिए या राजा रवि वर्मा का कोई चित्र, नायिका का शृंगार दग्ध रूप स्वरूप देख सुन, मन भाव-विभोर हो जाता है।

हमारे इतने गीतों में नारी के शृंगार का वर्णन हमने सुना है, पढ़ा है, गाया है कि मन में गीत के शब्दों के अनुरूप शृंगार कर रही कामिनी की छवि मन में बनती-बढ़ती जाती है। कभी अपने प्रेमी की प्रतीक्षा में बाल काढ़ती, नये वस्त्र धारण करती नायिका, कभी बेनी गूँथती हुई नायिका, कभी चूड़ियों की खनक को सुन पति की स्मृति को मन ही मन स्मरण कर लजाती नायिका, पति से मिलन की आतुरता को मन में समेटे सघन घनी अमराई की ओर मन्थर गति से चलती हुई, आँचल समेटती सबसे छिपती-छिपाती जाती हुई नायिका, सब गीतों में वर्णित चित्र हैं, जो जीवन से लिए गये हैं और भारतीय संगीत की प्राण शक्ति हैं। लोक-जीवन सहज-सरल है, वहाँ प्रेम एक नैसर्गिक भाव है और प्रेमी अथवा पति के प्रति प्रीति जाग्रत रखने के लिए सज्जा के प्रति आग्रह, यह बहुत निर्मल भाव से दिखता है। यही कारण है कि लोक-साहित्य और लोक-गीतों में नायिका के शृंगार का अत्यन्त सजीव वर्णन दिखता है। इन गीतों में नायिका की अपने सौन्दर्य के प्रति ऐसी आश्वस्ति दिखती है, जो अचरज में डाल देती है। नायिका को मालूम है कि वह रूपसी है, ग्रामीण-लोक के आलोक में रूप के प्रतीकात्मक बिम्ब चमत्कृत कर सकते हैं। बचपन में पूरब का यह दादरा मेरे कानों में जब पड़ा, तब मेरी अवस्था रही होगी यही कोई पाँच-छः बरस।

भैरवी के रंग में रचे इस गीत में नायिका का मान झलकता है। बिन्दिया सौभाग्य की निशानी है। उसका सौभाग्य दमक रहा है, यह इठलाता गीत उस सौभाग्य की सार्वजनिक अभिव्यक्ति है, इस बिन्दिया की दमक किसी की ईर्ष्या का सबब बने तो बने...

सूरजमुख ना जइबे ना जइबे
बिंदिया का रंग उड़ा जाए
लाख टका के मोरी बिंदिया
ननदी का जियरा ललचाए
हाय राम बिंदिया का रंग उड़ा जाए...

सजना-सँवरना किसे नहीं भाता? अच्छा दिखना किसे नहीं भाता? मनुष्य में सुदर्शन दिखने की कामना अमर है और उनमें भी स्त्रियों की रूप-सज्जा के तो कहने ही क्या! विश्व की प्राचीनतम सभ्यता देख लीजिए, स्त्रियों का शृंगार अनूठा दिखेगा। कहीं केश-विन्यास के रूप में, कहीं गोदना के रूप में, कहीं पंछियों के पंख, तो कहीं नासिका या कानों में लटकती बालियाँ।

स्त्री में सजने-सँवरने की प्रवृत्ति नैसर्गिक है या किस कारणवश, यह कहना कठिन है। जन्म लेते ही बच्चियाँ माँ को सजते देखती हैं, बुआ को, चाची-मामी को और सजने-सँवरने का संस्कार उसके बाल-मन में चुपके से प्रवेश कर जाता है, प्रकृति जैसे एक किशोरी के कान में शृंगार-बोध के रहस्य स्वतः गुनगुना जाती है, उसे इसका पाठ किसी से सीखना नही पड़ता।

मोतियन माँग सँवारो सजीले सैयाँ

या

पिया मेहंदी ले आई द मोती झील से

या

मोरी धानी चुनरिया इतर गमके

या

जुलुम करे गोरी के नैना जुलुम करे हो...

इतने गीतों में स्त्री के शृंगार का वर्णन मैंने सिर्फ़ पढ़ा और गाया ही नहीं, मैंने स्वयं अनुभव किया है, गाँव-क़स्बों में शाम होते ही घर की औरतें बन-सँवर

कर बाज़ार-हाट को निकलती हैं, सब एक से एक सुदर्शना। करीने से काढ़े बाल, सिन्दूर भरी माँग, सजीली साड़ी पहने शोभनीय स्त्रियों की चहल-पहल गाँव क़स्बों की ख़ास रौनक होती है। कोई भी घर देख लें। दिन भर बच्चों और काम में खटने वाली औरत शाम को हाथ में कंघी लिए ही मिलेगी। घर से बाहर वह जाये न जाये, साज-सिंगार उसे करना ही है। शायद इसके पीछे नयेपन का भाव है, जीवन की नीरसता को छिन्न-भिन्न करती हुई नित-नूतनता की कामना। दिन भर श्रम में स्वयं को झोंकने वाली स्त्री साँझ को स्वयं को सँवार कर विश्रांति में ताजगी की अनुभूति एक प्राकृतिक आवश्यकता है। सम्भव है कि एक भाव यह हो कि दिन भर का हारा-थका आदमी, दुनियादारी में खटने के बाद जब घर को आये, तो प्रतीक्षा में तैयार खड़ी अपनी सहचरी को देख वह दिन भर की थकन भूल जाये। समझदार माँओं की बेटी को एक यह भी शिक्षा होती है कि शाम को लौटने वाले पति के सामने दिन का रोना न रोना। कैसी अद्भुत सोच थी पुरखिनों की, जो पीढ़ियों से बेटियों को शाम को सजने के संस्कार दे गयी। आजकल की प्रगतिशील महिलाओं को शायद इसमें भी पितृसत्तात्मक सोच दिखे, किन्तु सत्य यही है कि स्त्री के बनाव-शृंगार, चूड़ी, सिन्दूर, महावर की रक्तिम ऊर्जा का असर बड़ा कारक था—यह रहस्य हमारी पुरखिनें जानती थीं।

अपनी ही एक बात बताती हूँ। कैसे माँ की कही एक बात ने मुझे इस ओर सोचने के लिए एक नयी दृष्टि दी। हमारा विवाह हुआ, प्रसन्नता के दिन थे, कोई ज़िम्मेदारी नहीं, गाने सुनना, किताबें पढ़ना, खाना बनाना, शाम होते ही अवनीश की वापसी की प्रतीक्षा और कहीं घूमने निकल जाना। हम भाग्यशाली थे, हमारे दोनों बच्चों का आगमन हमारे जीवन में बहुत जल्दी हो गया।

उसे इस तरह समझिए कि हमारे विवाह की तीसरी वर्षगाँठ पर हमारी गोद में दोनों बच्चे थे। तो बात जौनपुर की है। कुहू और कान्हा छोटे-छोटे थे। मैं उनके लालन-पालन में मगन व्यस्त! उन दिनों हमारी माँ हमारे पास आकर रह रही थीं। हमें बच्चों और काम के बीच अस्त-व्यस्त देखें और कहें, शाम को दिया-बाती के साथ मूड़-महावर ज़रूर कर लेना चाहिए। 'मूड़ महावर' यह शब्द सुनकर मुझे हँसी आ जाती। वे फिर टोकतीं—कंघी करो—कुछ नया पहन लो। मैं कह देती, यहाँ किसके लिए नया पहनना, तुम हो और अवनीश। अब यदि कहीं बाहर घूमने जायेंगे, तो बदल लेंगे, माँ कहते नहीं थकतीं, 'ब्याह के बाद 'मूड़-महावर' करी बहू-बेटियाँ अच्छी लगती हैं। पर मुझे तब यह बातें समझ

में कहाँ आती थीं, मूड़-महावर से उनका तात्पर्य शृंगार से था, यह बात ब्याह के बहुत बरसों बाद समझ में आयी। यह आज कितने समय बाद समझ में आयी कि माँ बहुत शालीनता से वैवाहिक जीवन में सँवरने का रहस्य संकेतों में समझाना चाह रही थीं। रीति-नीति सिखाने वाली माँ से उस दिन प्रीति का पाठ भी पढ़ा मैंने।

कितनी अजीब बात है ना? सदा अपनी रोबीली आवाज़ के अनुशासन में डाँटकर रखने वाली माँ का यह भी एक रूप था। न जाने क्यों कैसे सहसा अपनी गुरु में माँ और माँ में गुरु की छवि सब समदृश्य-सी हो गयी। आज भी उठते- बैठते गुरु की वही सीख सामने आ जाती है, जीवन में रस बना रहना ज़रूरी है। बना रहे रस, बहता रहे रस!

जादू की पुड़िया भर भर मारी
मोरा अचरा उड़ि उड़ि जाए...

5

चाँदनी छिप जइहो अटरिया...

मुझे आज भी याद है, वे जाड़े के दिन थे। अँगीठी की आँच तापते हुए मैं अपनी वृद्धा ननिया सास से अचानक पूछ बैठी, 'नानी, नाना कैसे थे? कैसे दिखते थे?'

नानी के चेहरे में लाचारी की मुस्कुराहट फैल गयी। उन्होंने उत्तर देने में एक क्षण का भी समय नहीं लगाया। उनके मुख से निकला, 'बहू, कबहुँ नजर भर देखा ही नहीं। का बतावें कैसे थे?' कभी देखा ही नहीं! नानी का जवाब सुन मैं चकित रह गयी। मैंने झट दाँत से अपनी धृष्ट ज़बान काट ली, क्या आवश्यकता थी यह पूछने की! नानी का मन दुःखा होगा। नानी का उत्तर मन को ले गया डेढ़ सौ साल पुराने समाज में...

बाँदा के बड़े सम्मानित परिवार की बहू थी हमारी ननिया सास। तीन पीढ़ियों से सुसज्जित भरा-पूरा परिवार।

नानी का नाम किशोरी था, प्रारब्ध ने किशोरावस्था में सुख छीन लिया, अल्पायु में पति का साथ छूट गया था।

ननिया सास ने जीवन काल का उत्तरार्द्ध हमारे साथ बिताया, विवाह के बाद अपनी माँ के बाद एक नानी थीं जिनसे दिल खोलकर मेरा संवाद होता, उनके जीवन की कहानी, उनकी आपबीती मेरे सामने एक ऐसे युग को ला खड़ा कर देती थी कि कितने ही लोकगीतों की होने की वजह समझ में आने लगती थी।

अँगीठी में चिमटे से कोयले की राख को नीचे झाड़ते हुए मैंने कहा, 'चलो नानी, कुछ और बात करते हैं।' लेकिन नानी अभी वहीं थीं, स्मृतियों में डूबी हुई, मुस्कुराकर बोलीं, 'सच मानो बहू, कछु यादे नहीं। पुरानी बात हुई गई, ओई जमाने दूसर रहे। बेटा बहुरिया एक साथ नाही रहत रहें। अरे बिटिया घर माँ दूनो को एक साथ कोई देख ले, तो खानदान भर मजाक उड़त रहे। सास-ननद जीना हराम कर दें। उ टैम अलग रहा। परिवार बड़ा रहा, ऐसे आज जैसे देखा-देखी, मिला-मिली नाही होवत रहे। घूँघट कै भीतर से देखें कि हिम्मत भी ना रही।

त ए बहु, का बताई मुन्नी के बाबू देखे में कइसे लागत रहें, साँचों, हम कबहुँ उनका नजर भर देखा नहीं। एक बेर छत पर टहिरत रहें, हम ना चीन्हि पाई, ननद ने आँखे दिखाईं, भीतर चलो, हम डिराय कै भीतर भाग आईं, फिर कबहुँ अटरिया की ओर चितबै नाही कीन्ह।'

न जाने क्यों, मैंने वृद्धा नानी को गले से लगा लिया। नानी की वेदना उन तमाम स्त्रियों की वेदना थी जिसकी कल्पना कर मैं मन ही मन विचलित हो उठी थी। मैं उस युग की सामाजिक वर्जनाओं के विषय में सोच रही थी, उस काल खण्ड में ही रचे गये होंगे ऐसे अनगिनत गीत जो पिया से मिलने की कामना का जप करते हुए मन्त्र से प्रस्फुटित हुए होंगे। मन में उस किशोरी की छवि तैरती रहती जो अटरिया की ओर निहार भी न सकी।

कुछ वर्ष बीत गये...

चाँदनी रात थी, छत पर महफ़िल लगी हुई थी, मुझसे गाने का इसरार हुआ। मैंने सोचा क्या गाया जाये और एक पुराने दादरे का स्मरण हो आया। विचारते हुए मेरी नज़र आसमान में विराजे सुन्दर चन्द्रमा पर गयी, मनुष्य और प्रकृति में कैसा अन्तरंग सम्बन्ध है। अपने मन की गहरी बात जो वह किसी हमसे नहीं कह पाता, प्रकृति उसे कितनी उदारता मनोयोग से सुन लेती है।

चाँदनी छिप जइयो अटरिया।

दिन की बैरन सास ननदिया
रात की जुन्हैया अटरिया

पैर दबाय मैंने सास सुलाय दिन्हो
ननदी है मनबढ़िया अटरिया

कंगना पहिनाय मैंने ननदी विदा की
जेठा बड़े हैं गवैया अटरिया

खाँस खँखार मैंने जेठा विदा की
देवरा बड़े हैं पढ़ैया अटरिया

घड़िया पहनाय मैंने देवरा विदा की
रोवन लागै ललनवा अटरिया
दूध पियाय मैंने ललना सुलाय दीन्हौ
बोलन लागीं चिरैया अटरिया

चाँदनी में भीगते हुए यह गीत सुनते हुए सबके चेहरों की लालिमा आज भी भूलती नहीं। वह क्या है न, कभी-कभी गायन में वह अनुभूति हो जाती है, जो समय परिवेश से परे जाकर मन को भर देता है। गीत का अर्थ यूँ है :

एक भरे-पूरे परिवार में नायिका को चाँदनी से शिकायत है। वह कहती है, ए चाँदनी, तुम कहीं जाकर छिप जाओ, तुम्हारी किरणों ने इस रात को इतना रौशन कर दिया है, दिन में तो सास-ननद का पहरा है और रात में तुम्हारी रौशनी का।

जो यहाँ नहीं कहा गया वही मूल चिन्ता है। जुन्हाई यानी चाँदनी रात पिया से मिलन में व्यवधान उपस्थित कर रही है। मिलन का गोपनीय होना अनिवार्यता है, चन्द्रमा के रहते यह कैसे होगा। अटरिया एकान्त का सूचक है।

सास की सेवा कर मैंने उन्हें सुला दिया है, लेकिन मेरी ननद बहुत मनबढ़ है (वह अटरिया पर जाग रही है)

ननद को कंगना पहना मैंने वहाँ से भेजा, लेकिन मेरे जेठ बड़े गवैया हैं इसी समय अटरिया पर गा रहे हैं। खाँस-खँखार कर मैंने जेठ को वहाँ से विदा किया, छोटा देवर वहीं छत पर पढ़ रहा है, उसे घड़ी का प्रलोभन देकर पहनाकर विदा किया, तब तक मेरा लाल रोने लगा, दूध पिलाकर उसे सुलाकर जैसे ही मैं पिया से मिलन को अटरिया आयी, चिड़िया बोलने लगी, संकेत है कि पिया से मिलन की जद्दोजहद में सुबह हो गयीं। इस गीत में संयुक्त परिवार की सुमंगल उपस्थिति का माधुर्य भी है और दुश्वारियाँ भी। प्रियतम को एकान्त में न मिल पाने की लाचारी परिस्थितिजन्य यथार्थ है। नायिका की उमंग पर कुठाराघात है। लेकिन सत्य का उद्‌भेदन यही है कि प्रतीक्षा में जो आनन्द है वह पाने में नहीं। इसीलिए राधा-कृष्ण को न पाकर भी पूर्ण हैं। सीता-राम से वियुक्त होकर भी संयुक्त हैं।

कुछ वर्ष पूर्व–

एक दिन फ़ोन की घण्टी घनघना उठी, प्रतिष्ठित संस्थान के आयोजक थे, मध्य प्रदेश के सतना में कार्यक्रम का न्योता था। मेरे मन में सीधे मैहर देवी की छवि आयी, विचारा कि बहुत दिनों से दर्शन नहीं हुए और मैंने मैहर वाली शारदा मैया को मन में रखते हुए कार्यक्रम के लिए सहमति भर दी।

यह कार्यक्रमों का चयन भी एक रोचक प्रक्रिया है। मेरे लिए स्थान, मंच और बुलाने वाले का भाव यह तीनों महत्त्वपूर्ण हैं, तय होने से कार्यक्रम होने तक हम कलाकार जैसे उस शहर, मंच, आयोजन से जुड़ से जाते हैं। तो तय दिन

हम सब लखनऊ से रीवा के लिए निकल गये। मुझे सड़क यात्रा बहुत प्रिय है, जलमार्ग पर जीवन साँस लेता हुआ दिखता है, नदियाँ, पेड़, तालाब, गाँव, बाज़ार—उत्तर प्रदेश की चहल-पहल से मध्य प्रदेश का शान्त निर्विकार भाव—शाम सजी, लकदक, उत्साही श्रोताओं को देख मन प्रसन्न हो गया। पता चला कि कारख़ाने में अधिकांश श्रमिक भाई बिहार, झारखण्ड से थे, बज़ाहिर उनमें मेरे कार्यक्रम को लेकर अलग उत्सुकता थी।

कार्यक्रम आरम्भ हुआ, एक घण्टे में जैसे ही महफ़िल पूर्ण उठान पर थी कि तभी मंच पर एक पर्ची लिखकर मेरे पास एक फ़रमाइश आयी—

मालिनी जी,

'बन्ना बुलाये बन्नी नहीं आये' यह सुनाइए—

मैंने मुस्कुराकर कहा—श्रोताओं की फ़रमाइश सिर माथे—मैंने गाना आरम्भ किया। गीत जैसे ही समाप्त हुआ कि मैंने देखा कि एक वृद्ध सज्जन मंच पर आये, देखने में लगभग अस्सी वर्ष के, सफ़ेद कुर्ता पायजामा पहने उन बुजुर्ग की चश्मे के पीछे की आँखों में उम्र के बावजूद तरुणाई की चमक थी—उद्घोषिका ने बताया कि वे कार्यक्रम आयोजक के पिता थे और वे मंच से कुछ कहना चाहते हैं। आमतौर पर कार्यक्रम के मध्य व्यवधान को रास नहीं आता, किन्तु यहाँ बात अलग थी। एक तो वरिष्ठ वयोवृद्ध सज्जन का आशीर्वाद मिलेगा, दूसरे मन में यह जिज्ञासा भी जागी कि वे क्या कहना चाहते होंगे, भला मैंने ससम्मान उन्हें प्रणाम किया और वे माइक लेकर मंच पर बोलने लगे, मालिनी जी, मैंने ही अपने बेटे से कहा था कि आपको कार्यक्रम में बुलाया जाये और मैंने ही आपसे इसे गाने की फ़रमाइश की थी। इमेजिन टीवी पर आपको जब यह गाते हुए देखा था, तभी लगा था कि आप जो यह गीत गा रही हैं, यह तो एक समय में मेरी आपबीती है और मेरी ही नहीं, उस युग में मेरे जैसे बहुतों की आपबीती है।' कहते हुए उनकी आँखों में चमक आ गयी।

वे कहते जा रहे थे, 'मैं बुलन्दशहर का रहने वाला हूँ, छोटे-से घर में दो कमरों में बड़ी-सी गृहस्थी का भरा-पूरा परिवार रहता था। ढेर सारे भाई-बहन, दादी, नानी, चाचा-चाची का भरा-पूरा परिवार। ऐसे में मेरा ब्याह हुआ, लेकिन नयी-नवेली पत्नी का मुखड़ा तक देखने को मैं तरस जाता था। नयी-नवेली पत्नी को आँखों में इशारा कर घर की छोटी-सी अटरिया पर आने का इशारा करते थे, किन्तु लाज-भरी आँखों से पत्नी सलोना-सा इनकार उन्हें गुदगुदा जाता था।

अस्सी बरस के वृद्ध सज्जन माइक लेकर बोलते जा रहे थे, 'मालिनी जी बारह बाई अठारह साइज़ की वह छोटी-सी अटरिया मेरे जैसे न जाने कितने विवाहित बेचैन विकल प्रेमियों के मिलने के लिए एकान्त की शरणस्थली थी, आज मैं बुज़ुर्ग हो गया हूँ, आज मेरे पास बड़े बंगले, बड़े घर हैं, लेकिन आज के मेरे ही बच्चे नहीं समझेंगे कि उस समय अपनी ही पत्नी से घर की अटरिया पर मिलने के लिए हमें कई बार सप्ताह भर प्रतीक्षा करनी पड़ती थी। ये गाने, गाने मात्र नहीं हैं, ज़िन्दगी के तजुर्बात हैं। आपको बहुत-बहुत साधुवाद कि आप इन गीतों के बहाने हमें हमारे गाँव से हमारी जड़ों से जोड़ रही हैं।'

मैंने उन्हें विनम्रता से प्रणाम किया, उनका कहा एक-एक शब्द कानों से होकर मेरे हृदय में अंकित होता जा रहा था। यह मेरे लिए संकेत था कि जिस उद्देश्य से लोकसंस्कृति साधना के निर्झर में उतर पड़ी हूँ, वह जल ऐसे ही सुधी हृदयों को स्पर्श करता हुआ अपनी निश्चल यात्रा अवश्य तय करेगा...

बन्ना बुलाए बन्नी नहीं आए, चली आओ बनरी रे
अटरिया सूनी पड़ी...

बन्ने के मनुहार पर बन्नी का उत्तर–

मैं कैसे आऊँ ससुर जी खड़े हैं
अँगना में सारा परिवार अटरिया सूनी रहे

इस पर पति का सयाना मशवरा–

पायल को उतार दे लम्बा घूँघट काढ़ ले
चली आओ बनरी रे अटरिया सूनी पड़ी...

भरे-पूरे परिवार के सामने अधीर पति का पत्नी को एकान्त में मिलने का नेह निमन्त्रण और लोकलाज के भय से पत्नी की भावभीनी अस्वीकृति, अद्‌भुत है यह गीत।

यक़ीन मानिए जब जब ऐसे गीतों को मंच पर उठाती हूँ, प्रेम, संकोच, मर्यादा की त्रिवेणी बन्दनवार बन मेरे मन में अंकित हो जाती है। ये गीत वास्तव में हमारे जीवन के लम्बे अनुभवों से अर्जित मोती हैं, जिन्हें जब-जब गाया और सुना जायेगा, श्रृंगार का मधुर रस निष्पन्दित होगा। लोग कहते हैं आज समय बदल गया, आज नयी दुनिया है, कोई पाबन्दी नहीं। हर तरह की आज़ादी है। शायद इतनी आज़ादी है कि मन बन्धन को तरसने लगा है। जब हर तरह की स्वतन्त्रता है, तो फिर सम्बन्ध में अस्थिरता की आशंका क्यों बनी रहती है?

पुराना समय मर्यादा की दहलीज़ पर आकर भीतर झाँकने की हिम्मत नहीं करता था, किन्तु आज तो छोटों का मन रखने के लिए बड़ों का सर्वथा समर्थन है, फिर प्रेम में वह आग क्यों नहीं दिखाई पड़ती? वह समर्पण, वह तड़प क्यों नहीं दिखाई देती? बड़े-बड़े दार्शनिक कवि कह गये कि मिलन तो क्षणिक है, क्षणभंगुर है, तासीर तो वियोग में है, मिलन की प्रतीक्षा की व्याकुलता में है। राधा-कृष्ण का प्रेम संयोग में नहीं, वियोग में पूर्णता प्राप्त करता है। जीवन के ऐसे अनुभवों का रसास्वादन किये बिना कविता नहीं बहती, तूलिका नहीं उठती। स्मरण में सहज यह कौंधता है, महाकवि कालिदास का लिखा 'मेघदूतम्' और 'अभिज्ञान शाकुन्तलम्', जहाँ सन्देश, प्रेम और विरह श्रृंगार की उदात्तता को विरह के रूपक में सँजोता है। फिर भवभूति का लिखा 'उत्तररामचरितम्' को भला कौन भूल सकता है, जहाँ करुणा और विरह एक-दूसरे के सहोदर बनकर उस रस की निष्पत्ति करते हैं, जो श्रीराम का भी आत्मनिर्वासन बनता है। इसी तरह, न जाने कितने वाग्गेयकारों ने बन्दिशों के माध्यम से तथा सन्तों, निर्गुनियों और रसिकों ने अपने पदों और गीतों में संयोग और वियोग की आदर्श आँख-मिचौली रच दी है। मैं इन्हें ही आत्मसात करके स्वयं के अनुभवों को अपना पाथेय बनाकर प्रस्तुति के लिए मंच पर जाती हूँ।

मंच पर मेरी हर अभिव्यक्ति मेरा अपना भोगा हुआ यथार्थ है।

सावन झर लागी न /धीरे/धीरे
खोलो मोर श्याम चन्दन किवड़ियाँ
चुनर मोरी भीजे न /धीरे /धीरे
सास ननद बैरन सुन लेंगी
पायल मोरी बाजे न /धीरे /धीरे...

हमारी ननद के ब्याह का जलसा था। महीनों पहले से जाने की तैयारी शुरू हो गयी। हमारे विवाह के बाद ससुराल में यह पहली शादी थी, लिहाज़ा उत्साह उतराया पड़ रहा था। सबसे ज़्यादा तो हमारा। क्या पहनें? क्या रखें? कितना सामान ले जायें? आदि। पति, तीन भाई थे, परिवार में बहन न होने के कारण मामा की बिटिया, बुआ की बिटिया सभी ननदों से सगी से बढ़कर प्रेम था, वही अधिकार भाव वे भी रखती थीं। फागुन का महीना था, होली भी ससुराल में ही पड़नी थी, सोचकर ही मुझमें उत्साह के साथ संकोच का भाव भी जाग रहा था, ब्याह से चार दिन पहले हम, हमारी सास, ससुर, देवर सब पहुँच गये। पति दो

दिन बाद आने वाले थे। वहाँ शादी के घर में क्या रौनक थी। सभी में ग़ज़ब का उत्साह था। चारों ओर हँसी-ठहाकों का माहौल।

कुछ भी कहिए, ससुराल का आनन्द अलग ही होता है। संकोच, डर, लिहाज़ से झुकी आँखों के साथ सिर पर भारी साड़ी, ज़ेवर पहन, सिर पर आँचल रख कर दौड़ते-भागते काम करना, आख़िर हम ठहरे ससुराल की इकलौती बहुरिया, (उस समय तक) सब बड़ों के शौक़, अरमान सब हम पर ही उतरते थे और सच कहूँ, तो मुझे यह प्यार भाता भी बहुत था। ससुराल की अपनी मर्यादा है, शिष्टाचार है। जीवन सुख से जीने का महामन्त्र यही है कि इन वर्जनाओं को बंधन नहीं, संस्कार समझ अंगीकृत करें, मन की सारी उलझी गाँठें बहुत सरलता से सुलझ जायेंगी।

छोटी बिटिया कुहू गोद में थी, लेकिन ब्याह में काम बहुत फैला पड़ा था, हमने थोड़ा-बहुत मोर्चा सम्हाल लिया। मैं दिन भर इधर से उधर दौड़ती रहती, कभी काम के लिए, कभी ननद की किसी ज़रूरत के लिए बाज़ार, तो कभी बेटी के लिए दूध के लिए रसोई तक व्यस्त रहती। ऐसे में एक दिन खाना परोसते समय हमारी मौसिया सास और ससुर ने मुझे रोक लिया, मुझे बहुत प्रेम से कहाँ—'देखो पायल तो हम सबके पास हैं, वो भी भारी-भारी, लेकिन सब लॉकर में। अब कहाँ कोई पहनता है, लेकिन तुम्हारी पायल की छम-छम आवाज़ बहुत अच्छी लगती है। जैसे ही छम-छम की आवाज़ आती है, हम सब जान जाते हैं कि बहू आने वाली है।' सुनकर मेरे गाल, कान, सब लाल हो गये। लाज से मैं दौड़कर कमरे में वापस आ गयी। थी तो प्रशंसा ही किन्तु न जाने क्यों मैं घबरा गयी, संकोच में दोहरी हो सोचने लगी, क्या इतनी भारी बजने वाली पायल नहीं पहननी चाहिए थी? क्यों पहनी मैंने?

अगले दिन मैंने भारी पाज़ेब उतार पैरों में हल्की पायल डाल दी, दुपहर में सबको खाना परोस रही थी। मौसी ने फिर सबके सामने टोका—'अरे, तुम्हारी बजने वाली पाज़ेब कहाँ गयी? पायल की झंकार के बिना कैसा सूना-सूना लग रहा है, सब मेरी ओर देखने लगे, इनकी नानी बोल पड़ीं—'बहू हमें तो वैसे ही अच्छी लगती हो रुन-झुन करती हुई।' सुनकर मैंने मुस्कुराकर सिर झुका लिया और कमरे में जाकर पैरों में ब्याह वाली भारी पाज़ेब डाल ली। पाज़ेब पहनते हुए, तैयार होते हुए न जाने कितने ही गीतों का मर्म समझ में आने लगा। बात सिर्फ़ श्रृंगार की नहीं थी, पायल का अपना समाजशास्त्र है, पुरखिनों ने कितने गीतों में पायल को लिखकर अपनी कहानियाँ सुनाई हैं, उस दिन भरे

परिवार में भारी पाज़ेब की रुनझुन को नायिकाओं ने बैरन क्यों माना यह भी समझ आने लगा।

जो बचपन में राग जौनपुरी की बन्दिश गाये हुए नहीं समझ पायी, वह अपने भीतर उतरने लगा।

पायल की झंकार बैरनिया
झन-झन बाजे कैसी मोरी
पिया के मिलन को जाऊँ अब मैं
बिरहा से तन ताप तपत है
अंग-अंग सब लाग रही
सदा रंगीले उठत जिय

आज समझ में आया, नकटौरा में झूमती-गाती स्त्रियों के चेहरे पर यह गाते हुए अर्थपूर्ण मुस्कान क्यों रहती है–

पायल मोरी बाजे दईया रे दईया

जिस युग में आज जैसे एसी, पंखे और सड़क पर चल रहे वाहनों का कोलाहल नहीं था, हवा में प्रकृति का प्राकृतिक नाद था, जो बहता रहता था। घरों में ध्वनि सुनाई देती, तो झूमती डालियों की पत्तियों की सरसराहट, हवा की साँय-साँय, दूर से आ रही बैलगाड़ी में बैल की घण्टियों की ध्वनि, पानी छलकने और भरने की मधुर ध्वनि, वहाँ नवोढ़ा के आने की दस्तक, उसकी चूड़ियों की खनक, पायल की छमक से खुद-ब-खुद ज़ाहिर हो जाया करती थी। ऐसे में प्रेम-क्षेम की गोपनीयता भला कहाँ संभव!

बहरहाल, विवाह उत्सव की तैयारियों के बीच अगले दिन हमारे वो भी पहुँच गये, इन्हें वहाँ पाकर मेरे तो जैसे पंख निकल आये हों, पैरों की गति बढ़ गयी, चेहरे की मुस्कान गाढ़ी हो गयी, ससुराल में सबसे नव-युगल होने के कारण बड़ों-छोटों सबका ध्यान हम दोनों पर ही केन्द्रित था, किसी न किसी बहाने से हम दोनों को बुलाया जाता रहता।

आगे जो कहना है, उसके लिए बताती चलूँ, कि हमारे ठहरने के लिए जिस बड़े कमरे में व्यवस्था की गयी, उसमें हमारी ननिया सास, सास-ससुर, देवर यानी लगभग बारह लोगों का बिस्तर लगा हुआ था।

उस समय ब्याह के उत्सव का आनन्द ही इसी व्यवस्था में उमड़ता था, जब सब एक साथ, ठहरते थे, देर रात तक जाग कर क़िस्सा-कहानियों का ख़ज़ाना खुलता, रात में बत्ती बुझने तक घर-परिवार के अतीत की गलियों के

न जाने कितने पुराने क़िस्सों का पुनःपाठ किया जाता, हँसी, क़हक़हों के साथ आँख कब नींद से बन्द हो जाती पता नहीं चलता। संयुक्त परिवार में उत्सव का सुख ही अविरल है।

दिन ऐसे ही निकल गया। ये इतने दिनों बाद आये थे, कितनी तो बातें करनी थीं, कितना कुछ कहना था, लेकिन यहाँ ससुराल में बड़ों की उपस्थिति के संकोच ने लाज के बन्धनों को जकड़ रखा था। रात हुई, सबका भोजन लगना आरम्भ हुआ, सब नीचे पंगत पर बैठ एक साथ खाते थे, वह नज़ारा भी देखने लायक होता था, मैं भोजन परोसने के काम में लग गयी, थोड़ी ही देर में बिटिया रो पड़ी, अम्मा ने कुहू को देखने का इशारा किया और उसे गोद में लेकर चुप कराती हुई, सुलाने का प्रयास करती हुई मैं ऊपर कमरे की ओर बढ़ चली। सीढ़ियाँ चढ़ते हुए मैंने आकाश की ओर देखा, भरपूर चाँदनी रात थी, चाँद को निहारते हुए मैं छत पर बने कमरे में घुसी, इधर, सबको भोजन में व्यस्त देख, सबकी नज़रों से बचते हुए, ये कमरे में घुसे, जब तक मैं समझती, नन्ही कुहू को गोद में उठाया, मेरे पास आकर जल्दी से मेरे हाथ में एक पैकेट थमाया और तेज़ी से वापस सीढ़ियाँ उतरने लगे, तभी वहाँ से गुज़रती हुई इनकी मामी की नज़र हम दोनों पर पड़ गयी, मामी ने व्यग्य से कहा, 'वाह भाई वाह, ऐसे ही नहीं हमारी ये जोड़ी फ़िल्मी है, एक दिन का चैन नहीं है।'

सुनकर मैंने घूँघट खींचकर लाज से सिर नीचे झुका लिया। मैंने पत्ते का पूड़ा खोलकर देखा, सामने बेला का गजरा और गुड़ के मीठे सेव देख दिल ज़ोर से धड़क उठा, आँख नम हो आयी।

मैं समझ गयी थी कि इतनी देर में ससुराल में सबको यह बात पता चल गयी होगी कि जब पूरा घर नीचे रसोई में भोजन पर बैठा था, तब नयी बहू-बेटा ऊपर छत पर एक साथ देखे गये...भले ही एक क्षण के लिए।

उस समय तो किसी के हावभाव से कुछ न लगा, लेकिन देर रात ढोलक के छल्ले कसती हुई उर्मिला चाची ने यह गाते हुए महफ़िल जमा दी—

बन्ना बुलाये बन्नी नहीं आये चली आओ बन्नी रे
अटरिया सूनी पड़ी
मैं कैसे आऊँ जेठ जी खड़े हैं अँगना में सारा परिवार
अटरिया सूनी पड़ी
*पायल को उतार दे **लम्बा घूँघट** काढ़ ले*
चली आओ बनरी रे अटरिया सूनी पड़ी

मैंने भी सुर में सुर जोड़ा, ग़ज़ब माहौल बन गया। बड़ी मौसिया सास ने जब—'आया आया अटरिया पे कोई चोर' पर अपने चिरपरिचित अन्दाज़ में हम दोनों की ओर इशारा करते हुए नाचना शुरू किया, सबके ठहाके छूट गये।

सबके इसरार पर नृत्य में हम दोनों भी शामिल हो गये। ये स्त्रियाँ भी! कैसे सब कुछ जोड़ लेती हैं, परिवार, नया रिश्ता, शिकायत हो या तंज़, संकोच हो या डर, कैसे सब-कुछ ढोलक की थाप पर सब बन्धन स्वाहा कर देती हैं।

आज कितने बरस हो गये इस गीत को गाते हुए, न जाने क्यों मुझे यह लगा कि इस बन्ने के इस नेह निमन्त्रण में बन्नी को आ जाना चाहिए, सुखान्त होना ही चाहिए अन्यथा गीत में पूर्णता नहीं आयेगी। विचार कर इस गीत की अन्तिम कड़ी मैंने इस तरह जोड़ी—

समझ गयी मैं बलम का इशारा
बलमा की बतियों ने जादू ऐसा डारा
ख़ुद को न पायी सम्हाल
अटरिया में मैं आ गयी

जब-जब गाती हूँ, उर्मिला चाची की छवि दिखाई देती है और लगता है कि अभी वो बुज़ुर्ग मंच पर आकर मुझसे कहेंगे—'मालिनी जी बारह बाई अठारह साइज़ की वह छोटी-सी अटरिया मेरे जैसे न जाने कितने विवाहित, बेचैन, विकल प्रेमियों के लिए मिलने के लिए एकान्त की शरणस्थली थी, लेकिन आज के मेरे ही बच्चे नहीं समझेंगे।'

इन सबके बीच इनकी नानी की आपबीती में व्यक्त वह युवा किशोरी, अपने पिया की छवि की प्रतीक्षा में छत की ओर निहारते हुए...

चाँदनी छिप जइहो अटरिया...

6

मोरे सेनूरा से तोरा भाग...

गुरु को गुरु क्यों कहा गया है, इसलिए क्योंकि गुरु हर अर्थ में भारी है, ज्ञान में, अनुभव में, पद में और गुरु अपने शिष्य को यह सब कैसे सिखाता चलता है, यह भी एक अद्भुत अदृश्य प्रवाह है।

एक दिन की बात है। एक कार्यक्रम के लिए अप्पा जी दिल्ली आयी हुई थीं, भोजन के बाद अप्पा जी कमरे में विश्राम कर रही थीं, हम और हमारी गुरु बहन सुनन्दा उनके चरण दबाते हुए उनके साथ संगीत पर चर्चा कर रहे थे। सुर से बात भाव पर आयी और बात चल निकली प्रेम पर। किस तरह ठुमरी, दादरे प्रेम में पगे हुए हैं और इनके पीछे अनुभवों की क्या थाती है!

अप्पा कहती जा रही थीं, हम लोग मंत्रमुग्ध सुनते जा रहे थे। पहली बार गुरु ठुमरी की बन्दिशों के जरिये सिखा रही थी प्रेम के विविध आयाम। प्रेम की विभिन्न स्थितियों, परिस्थितियों, अनुभवों पर बात होती रही। अचानक अप्पा के मुख से निकला, सच्चा प्रेम वही जो बदले में कुछ न चाहे, न माँगे। ऐसे-ऐसे प्रेम करने वाले हुए हैं, तभी तो बुजुर्गों ने ऐसी अर्थपूर्ण बन्दिशे रचीं, यह सुनो–

चाहे जहाँ रहो पिया सुख से बीते
हमारे भाग में यही लिखा था
मोरे सेनूरा से तोरा भाग...

किसी स्त्री का पति दूर चला गया है, वह कहाँ गया यह अज्ञात है। किन्तु पत्नी के अपने पति के प्रति प्रेम का भाव यह है कि उसका पति जहाँ भी गया हो, जहाँ भी रहे, सुखी रहे। उसके सिन्दूर के भाग्य से पति का भाग्य जगमगाता रहेगा। यह है सच्चा प्रेम। निरपेक्ष!

अप्पा बता रही थीं और उन्हें सुनते हुए मैं अतीत में चली गयी, ठुमरी के बोल मेरे कानों में गूँज रहे थे और मेरे सामने दमयन्ती बुआ का चेहरा तैर

रहा था। दमयन्ती बुआ की कहानी एक सच्ची कहानी है, अब यह मत पूछिए कहाँ की कहानी है।

बेहद साधारण शक्ल सूरत वाली थीं वे, लेकिन चेहरे पर एक अजब-सी दृढ़ता! उनकी आँखों में ऐसा कठोर भाव रहता था मानों वे इस दुविधा में हों कि जगत उनसे रूठा है या वे जगत से रूठी हैं। विधाता ने रंग-रूप तो नहीं दिया था, किन्तु बला की तेजी और फुर्ती प्रदान की थी। शायद विधाता उनका प्रारब्ध जानता था, इसीलिए उनके व्यक्तित्व में एक अजब फौलादी आभा थी।

हालाँकि रिश्ता दूर का था, हमारी सास के मायके की दूर की रिश्तेदारी थी, इस नाते उनके बारे में सुना था, सुना तो बहुत कुछ था। जिस युग में अधिकतर स्त्रियों के लिए बाहर निकलना-नौकरी करना एक क्रान्तिकारी स्वप्न था, उस समय में वे शहर के बड़े कॉलेज में पढ़ा रही थीं, यह बात मुझे बहुत प्रभावित करती थी और उनसे बिना मिले मैंने उनके बारे में एक अलग छवि बना रखी थी।

हमारे ब्याह के कुछ वर्ष बीत गये थे, 1996 की बात है, आकाशवाणी के कार्यक्रम के लिए हमारा बुलावा आया, उसी शहर में, जहाँ दमयन्ती बुआ का परिवार रहता था। मैं असमंजस में थी कि जाऊँ या ना जाऊँ, बच्चे अनन्या, अद्वितीय छोटे थे। हमारा रियाज और कार्यक्रम लगभग बन्द ही थे कुछ वर्षों से। फिर तय किया कि इसी बहाने रियाज हो जायेगा, सब कलाकारों से भेंट होगी। जाना तय हुआ। हमारी सास ने तुरन्त कहा, जा रही हो तो वहाँ जिज्जी के यहाँ ही ठहरना। उस समय परिवारों में आपस में इतना प्रेम और अधिकार हुआ करता था कि दूर का हो या नज़दीक का हो, कोई नातेदार-सम्बन्धी होटल में नहीं रुक सकता था।

ख़ैर, हमारे लिए चिट्ठी लिखी गयी, बहू आ रही है। और बहू पहुँच गयी। जब मैं वहाँ पहुँची, तो वहाँ सबको बहुत आत्मीयता से अपनी प्रतीक्षा करते पाया। मैं नयी बहू थी, अतः मेरे मन में ससुराल का स्वाभाविक संकोच का भाव था, लेकिन यहाँ सब इतने सरल, हँसमुख और विनोदी थे कि मेरा सारा संकोच दालान वाली खिड़की से तैरता हुआ बाहर विलीन हो गया। वहीं मिली थी दन्नो बुआ से पहली बार! परिचय भी कोई ऐसा वैसा! जैसा सुना था वैसा ही पाया।

मैं अपना सामान सहेज ही रही थी कि तभी आँधी-तूफ़ान की तरह

एक स्त्री कमरे में दाख़िल हुई, चेहरे पर निर्विकार शुष्क भाव लिए पर्स, साड़ी सहेजती हुई, ये कहते हुए, 'आ गयीं! चलो अब शाम को ही भेंट होगी।' ये थीं दमयन्ती यानी दन्नो बुआ! कितना सुना था इनके बारे में। मैंने झट से आगे बढ़कर उनके पाँव छुए। जब तक मैं सँभलती, वे बाहर का गेट बन्द कर जा चुकी थीं।

मुझे अज़ीब लगा तब तक छोटी मामी ने आकर बात सँभाल ली। उधर मैं आकाशवाणी को निकल गयी। शाम को लौटी तो देखा, बेहद लगभग कर्कश आवाज़ में बाहर खेल रहे बच्चों को दमयन्ती बुआ डाँट रही थीं। बालक था कोई दस बरस का। मुझे देखते ही उनके चेहरे पर वही हड़बड़ाहट का तेवर आया और मेरा हाल पूछती हुईं, बालक का हाथ लगभग घसीटती हुईं वे दालान से चली गयीं और मैं वापस अपने कमरे में।

घर में सभी लोग बहुत खुशमिज़ाज थे, लेकिन ये आख़िर दन्नो बुआ ऐसी क्यूँ थीं! हमेशा जल्दी में, जैसे सवालों से निगाहों से छिपती हुई सी। अगले दिन मेरी वापसी थी। खाना निपटने के बाद मैं मामी के साथ ही लेट गयी, इधर-उधर की बातें होने लगीं, बात-बात में मामी के मुँह से निकल पड़ा–

'शादी-ब्याह तो जुआ है, जिसकी तकदीर ने साथ दिया वह सुख से चमक गया नहीं तो घुप्प अँधेरा।' मैं मामी की ओर सवालिया निगाहों से देखने लगी, वे कहती जा रही थीं–

'दन्नो जिज्जी किससे कम थीं, पढ़ाई-लिखाई, सलीका सब में, लेकिन भाग्य देखो। ब्याह के बाद भी सुख नहीं बदा। तुमसे क्या छिपाना, तुम तो अब घर की हो, धीरे-धीरे सब जान ही जाओगी।' और फिर वे मुझे बीस साल पहले के समय में ले गयी।

'बीस बरस की थीं वे, जब दमयन्ती का विवाह तय हुआ। होने वाला पति बढ़िया कम्पनी में इंजीनियर था, अच्छी तनख़्वाह, लड़के का परिवार भी शालीन और आर्थिक दृष्टि से समर्थ! न्योता बँटने लगा, घर में शहनाई गूँज उठी और लड़कियों की तरह दमयन्ती भी अपने भाग्य पर इतरा रही थीं कि तभी अनहोनी घटी।

'विवाह से ठीक एक दिन पहले, एक लड़की आई और विक्षिप्त विलाप करती हुई सबसे यह विवाह तोड़ने का अनुनय करने लगी। परिवार वाले असमंजस में।

लड़की ने बताया कि वह दमयन्ती के होने वाले पति से प्रेम करती थी। इस विवाह को टाल दिया जाये, अन्यथा तीन-तीन जीवन बर्बाद होंगे। विवाह की तैयारी हो चुकी थी, न्योता बाँटा जा चुका था, ज़ाहिर है उस समय इस बात को किसी ने गम्भीरता से नहीं लिया। वह लड़की रोती हुई घर से वापस चली गयी और दमयन्ती विवाह कर ससुराल आ गयी।

'आख़िर वही हुआ जिसका डर था। विवाह की पहली रात ही पति ने कह दिया—'मुझसे प्रेम की अपेक्षा मत करना! मैं किसी और को प्रेम करता हूँ।' विवाह की पहली रात और ऐसा दुर्भाग्य! दमयन्ती बुआ पर क्या बीती होगी, उसकी तो शायद कल्पना भी नहीं की जा सकती।

'कुछ दिन वहाँ रहकर दमयन्ती मायके वापस आयीं, तो फिर कभी ना लौटने के लिए। दोनों ओर के परिवारों ने बहुत प्रयास किया कि बात सँभल जाये। ससुराल वाले सभी दमयन्ती से स्नेह करते थे। लेकिन सास-ससुर, जेठ-जिठानी का प्यार सम्मान इस समय अर्थहीन था, जिससे विवाह हुआ था, उसके हृदय में दमयन्ती की कोई जगह नहीं थी। बहरहाल समय बीता। दो वर्ष बाद पुनः ससुराल वाले आये और दमयन्ती को ले गये, शायद इस बार उन्होंने अपने बेटे को मना लिया था। दमयन्ती स्वाभिमानी थीं, लेकिन उनके सामने अपने स्वाभिमान से बड़ा अपने माता-पिता का व्यथित चेहरा था, परिवार-समाज के चुभते सवाल थे।

'इस बार ससुराल में पति का मिज़ाज बदला हुआ था। संकोच का बन्धन टूटा, प्रेम के अंकुर फूटे और दमयन्ती की बिगड़ी तकदीर सँवरने लगी। एक माह बीत गये, सब आनन्दपूर्वक चल रहा था कि अचानक एक दिन उनके पति इंजीनियर साहब के पास एक चिट्ठी आयी, इस पत्र में न जाने ऐसा क्या था, पढ़ते ही उनके माथे पर बल पड़ गये और जल्दी-जल्दी सूटकेस पैक कर घर से निकल गये। घर से ऐसे गये कि फिर कभी नहीं लौटे।

'दमयन्ती अवाक्! यह कैसा वज्रपात हुआ था! और वह भी इस समय जब उनके आँचल में एक नन्हे शिशु की आहट सुनाई देने लगी थी। दिन-सप्ताह- महीने बीतने लगे, घर से निकला निर्मोही पति कभी नहीं लौटा। गर्भवती दमयन्ती मायके लौट आयीं। ऐसे कठिन समय में उनके पिता बरगद का वृक्ष बन उनके साथ खड़े थे। कुछ समय बाद मायके में ही पुत्र का जन्म हुआ। बुआ ने पढ़ाई-लिखाई की और नौकरी कर अपने पैरों पर खड़ी हुईं।

उन्हें ख़बर मिलती रही, पति विदेश जा बसे थे। बेटे के जन्म की ख़बर सुन एक पत्र भेजा था और उसके बाद कभी कोई समाचार नहीं।'

मामी गहरी साँस भर आगे बोलीं—'दमयन्ती जिज्जी की एकाकी तपस्या का परिणाम यह हुआ कि बेटा बहुत होनहार निकला। अब सत्रह बरस का हो गया है, इस वर्ष बहुत अच्छे इंजीनियरिंग कॉलेज में उसका दाख़िला हो गया है। जिज्जी कॉलेज में पढ़ाने के बाद शाम को मुहल्ले भर के बच्चों को पढ़ाते हुए अपना समय काटती हैं। यह भी है कि जिज्जी करवाचौथ, हरितालिका, सौभाग्य का कोई व्रत नहीं छोड़तीं, बिन्दिया, सिन्दूर, बिछिया सब धारण करती हैं।' कहानी सुनाते हुए मामी का गला रुँध गया और मेरी आँखें छलक आयी थीं।

मैं सब सुनकर अचम्भित थी। आख़िर बुआ ने किस तरह परिस्थिति से समझौता किया होगा, जिसे सुनने में मेरा मन कष्ट से कचोट रहा है, उनके लिए यह सब जीना-सहना कितना कठिन रहा होगा।

बुआ के संघर्ष को सोचते हुए न जाने कितने भाव मन में आते जा रहे थे। शाम को मेरी ट्रेन का समय हो गया था। जाने से पहले उनका आशीर्वाद लेने गयी, तो मेरी निगाहें उनके माथे पर भरे चटक सिन्दूर की लाली पर जाकर टिक गई। अठारह बरस से जिसे देखा नहीं, जो धोखा देकर कभी लौटा नहीं। जिसे कभी अपनी पत्नी, अपने पुत्र की स्मृति भरमाई नहीं, ऐसे पति की सलामती की कामना है या वापसी की उम्मीद!

उन निर्भीक आँखों में वर्षों की प्रतीक्षा थी, मेरे सामने बुआ नहीं, देवी खड़ी थीं! इस बार उनके चरण-स्पर्श करते हुए मैंने उनसे समर्पण का आशीर्वाद माँगा और प्रणाम कर स्टेशन की राह ली।

मैं वापस लखनऊ लौट आयी थी, लेकिन सोच में, मन में, सिर्फ़ और सिर्फ़ दन्नो बुआ थीं। मन में अनायास मन्नू भण्डारी की कहानी 'अकेली' उमड़ने लगी थी, जिसमें सोमा बुआ की एकाकी ज़िन्दगी के दर्द को स्वर मिला है। कभी-कभी मुझे लगता है कि पिछली सदी के सत्तर और अस्सी के दशक में जिन कहानीकारों, ख़ासकर महिला कथाकारों ने स्त्री मन के दर्द को अपनी लेखनी में उतारा, वो सब दरवाज़े, खिड़कियाँ दन्नो बुआ जैसे किरदारों के मिलने पर ही सम्भव हुए होंगे। आज भी उनको याद करते हुए न जाने क्यों शिवानी, मन्नू भण्डारी, मालती जोशी और सूर्यबाला जी की कहानियाँ मन पर चलचित्र सरीखी चलने लगती हैं।

वर्षों बाद उस दिन अप्पा जी से ठुमरी के बोल सुनते ही मन गम्भीर हो आया। किसी से टूट कर प्रेम करना, प्रतिदान में कुछ कामना न करना और फिर अपने प्रेम को मुक्त कर देना, यह प्रेम नहीं किसी साध्वी का तप है, जहाँ प्रतीक्षा के लम्बे अन्धकार में सिन्दूर का अभिमान आशा का दीपक बन आज भी प्रदीप्त है।

मोरे सेनूरा से तोरा भाग...

7

काहे को ब्याही बिदेस

काहे को ब्याही बिदेस अरे लखिया बाबुल मोहे
हम तो बाबुल तोरे पिंजरे की मुनिया
जहँ कहि दो, उड़ी जायें
हम तो बाबुल तोरी बगिया की कलियाँ
घर घर माँगी जायें...
अरे लखिया बाबुल मोहे काहे को ब्याही बिदेस

आह! मेरा प्रिय गीत है यह! राग देश में तिलक कामोद का रंग सजाये इस कालजयी गीत का सुर मैं जैसे ही पकड़ती हूँ, इसके शब्द ऐसा भावपूर्ण चित्र उपस्थित कर देते हैं कि फिर मैं नहीं गाती, फिर गीत को आगे वही बिटिया ले जाती है, जो रचते समय ख़ुसरो के मन में थी, वही बिटिया जिसके मन में पीछे छूट गये मायके की टीस है, सुदूर परदेस में ब्याहे जाने का आक्रोश है और जुबान पर अपने पिता से सवाल–'क्यों ब्याह दिया इतना दूर, मेरे बाबा, उत्तर दो, क्यों ब्याह दिया परदेस?'

और यह गीत गुनगुनाते ही मन की आँखें पहुँच जाती हैं सघन वन में नर्मदा की अंचल में बसे शान्त सुरम्य मण्डला में। नैसर्गिक प्राकृतिक सम्पदा से समृद्ध मण्डला की बिटिया थीं, हमारी नानी, 'सीता जी' यही नाम था उनका। सबको अपनी नानी सबसे प्यारी लगती हैं, लेकिन हमारी नानी अलग ही थीं। सहज सरल नानी बला की ख़ूबसूरत थीं, बोलने, बात करने का ऐसा कौशल कि जहाँ बैठ जायें, उनके चारों ओर महफ़िल जम जाये। उनमें एक स्वाभाविक राजसी रुआब था। बोलने-देखने वाले पूछ बैठते, तुम्हारी नानी क्या किसी राज-परिवार से हैं? हम सब ने यही सुना था कि नानी बहुत वैभवशाली परिवार से थीं। नानी जब अपने बचपन की, अपने घर की कहानियाँ सुनातीं, तो वे जैसे हमें कहीं किसी परी-लोक में ले जातीं। चन्दा मामा की कहानियों से कम नहीं

होती थीं नानी की कहानियाँ। मेरे बाल-सुलभ मन में यह सोच कर बड़ा रोमांच आता था, मेरी नानी सुदूर जंगली इलाक़े में, ज़मींदारी के परिवेश में पली हैं! जिस दुनिया की वो बात करती थीं, वो दुनिया तो हम सब भाई-बहनों के लिए फैंटम के कॉमिक्स बुक और टार्जन की दुनिया की लगती। तब हम सब क्या ही जानते थे भला।

नानी बताती थीं कि उनके पिता मण्डला से थोड़ी ही दूर कोरगाँव के बड़े ज़मींदार थे, कहते हैं चौरासी गाँव की ज़मींदारी थी, घुघरी में उनकी बड़ी हवेली हुआ करती थी। नानी जब बताती थी कि वे अपने ख़ुद के बकरे की टमटम में बैठ कर स्कूल जाती थीं, तो हमें अकल्पनीय लगता था। जब वे बताती थीं कि बगल में बहती नर्मदा में शेर पानी पीने आता था, तो हम सब खिलखिलाकर हँस देते थे। जब वे बतातीं कि उनके पिता ने कई शेर मारे थे, तब हम दाँतो तले उँगलियाँ दबा लेते थे। उससे भी ज़्यादा अचरज यह सोच कर होता था कि नानी का विवाह इतनी दूर कन्नौज में हुआ, जो मण्डला की दुनिया से बिल्कुल ही अलग था और यह भी कि नानी अपने घर वापस नहीं जाती हैं।

नानी का बड़ा परिवार था। पाँच भाई-बहन थे, तीन पुत्र थे, किन्तु हमारी नानी के पिता अपनी बेटियों सीता और अहल्या पर प्राण छिड़कते थे। नानी के पिता समर्थ थे, धनवान भी और आसपास के इलाक़े में अच्छा-ख़ासा प्रभुत्व था। राजाओं जैसी हैसियत थी। लेकिन जब बेटी ब्याहने का समय आया, तो उन्होंने मण्डला से सैंकड़ों मील दूर अपनी दोनों बेटियों की ससुराल चुनी—कन्नौज! कन्नौज कान्यकुब्ज ब्राह्मणों का उद्‌गम माना जाता है, हमारी नानी के पिता को भी सम्भवतः यही लगा होगा कि जिस मूल से बिछड़ कर वे आजीविका की तलाश में मध्य प्रदेश के जंगल में बस गये थे, उस मूल से उनका रिश्ता जुड़ा रहे। उस मूल की मिट्टी की सुगन्ध को सँजोने के लिए, उन्होंने अपनी दोनों बेटियों अहिल्या और सीता (हमारी नानी) का विवाह कन्नौज के प्रतिष्ठित गोमती प्रसाद भट्टाचार्य जी के परिवार में पण्डित शिव नारायण भट्टाचार्य एवं बिन्दा प्रसाद भट्टाचार्य अर्थात हमारे नाना से तय कर दिया। धूमधाम से विवाह सम्पन्न हुआ और दोनों बहनें मण्डला से विस्थापित हो, कन्नौज आ गयीं। नर्मदा में खेली पली बढ़ी दोनों बहनें गंगा किनारे बसे कन्नौज आ तो गयीं, किन्तु मण्डला उनके हृदय से कभी न विस्मृत हुआ।

नानी के पिताजी को कन्नौज में भट्टाचार्य परिवार की सरलता, सज्जनता इतनी भायी अपना समधियाना इतना पसन्द आया कि उन्होंने अपनी दोनों बेटियों को कन्नौज में उसी परिवार में ब्याह दिया था। सम्भवतः सोच यही रही हो कि उनकी बेटियों को एक-दूसरे का साथ मिल जायेगा, तो मायके का बिछोह कम सालेगा, लेकिन क्या ऐसा हो सका? किसी बिटिया का मायका भी भला कब छूटता है। नानी के चित्त में भी मण्डला आजीवन बसा रहा।

उस युग में शादी-ब्याह छोटी उमर में ही हुआ करता था। घर में इत्र का कारोबार था और नाना सरकारी अफ़सर। नानी के पिताजी की सोच सही थी, उनकी बेटियाँ कन्नौज आकर बहुत सुखी थीं। लेकिन सीता जी, हमारी नानी, उनके मायके की ड्योढ़ी तो पीछे छूट गई, लेकिन मायके की डोर से वे कभी विमुक्त नहीं हो सकीं। अपने जीवन के संध्याकाल में जब वे मण्डला की स्मृतियों में डूबकर सब बताने लगतीं, हम सब बहुत तन्मयता से उनकी रोचक कथाएँ सुनते थे। लोग कहते हैं, नानी-दादी की कहानियाँ परी-कथाओं सी होती हैं, लेकिन मेरी नानी की कहानियाँ तो वाकई परी-कथाओं सी थीं। वे बताती जातीं, हम सुनते जाते, मन में कल्पनाओं के चित्र गढ़ते हुए...

कैसे वे लाँघदार धोती पहन नर्मदा पार कर जाती थीं, नर्मदा में इतने मगरमच्छ थे, लेकिन वे बिना डरे पानी चीरते हुए तैरकर निकल जाती थीं। दोनों बहनें टमटम में बैठकर स्कूल जातीं, घर में पढ़ाने अंग्रेज़ी मैम आया करती थीं। कैसे बड़े-बड़े हण्डों में चाँदी के सिक्के छनकते और दोनों बहनें उन सिक्कों में धँस कर सो जाया करती थीं। हाँ! एक क़िस्सा और, जो पूरे ख़ानदान में प्रसिद्ध था, कैसे नानी के एक भाई को जंगल में शेर खा गया था, यह क़िस्सा हम बार-बार सुनते। कुछ कहानियाँ अतिरंजित लगतीं। लेकिन, सब कुछ अक्षरशः सत्य था। वन्य जीवों से भरे मण्डला में तो आज भी रात-बेरात शेर के दर्शन हो जाया करते हैं, कान्हा टाइगर रिज़र्व अभयारण्य भी तो यहीं है।

जब मैं कुछ बड़ी हुई, जीवन समझ में आने लगा, एक दिन मैंने अपनी माँ से पूछा—माँ कैसा था तुम्हारा ननिहाल? कैसा था नानी का घर? क्या सच में ऐसा ही भव्य और सुन्दर था तुम्हारा ननिहाल, जैसा सुनते हैं। माँ ने उत्तर दिया— 'बेटा अब सिर्फ़ क़िस्से-कहानियाँ ही रह गयीं हैं। क्या बतायें, कैसा था हमारा ननिहाल! माँ बोलती जा रही थीं, नानी ब्याह के बाद सिर्फ़ एक बार अपने मायके मण्डला जा सकीं, अपने भाई के जनेऊ में। तब हमारी उम्र बहुत

छोटी थी कुछ याद नहीं है। विवाह के बाद तुम्हारी नानी की अपने मायके की वह पहली और अन्तिम यात्रा थी! उस दिन माँ का यह उत्तर सुन मैं सन्न रह गयी थी। पूरे जीवन में नानी सिर्फ़ एक बार अपने मायके आ सकीं! सिर्फ़ एक बार। आख़िर क्यों? ऐसी क्या परिस्थिति रही होगी, जिसके कारण वे फिर कभी अपनी प्रिय जन्मभूमि लौट न सकीं। माँ ने बताया, बेटा नाना-नानी रहे नहीं, वहाँ बुलाने वाला कोई न रहा और बेटा, तब का समय अलग था। दूरी बहुत थी और यहाँ घर की ज़िम्मेदारियाँ बहुत।

मैं सुनकर भी समझ नहीं पा रही थी, परिस्थिति चाहे कैसी भी रही हों, तेरह बरस की उम्र में मायका छोड़ने के बाद नानी ने दुबारा कभी अपने मायके की चौखट नहीं देखी! कैसे उन्होंने अपनी जन्म नाल खुद काट फेंकी होगी? कैसे इस पीड़ा के साथ जीवन निर्वहन किया होगा। पिता, भाई, सखी, सहेलियाँ, अपनी प्रिय नर्मदा का बिछोह! क्या इसीलिए नानी की बातों में, कहानियों में सदा मण्डला का उनके बचपन का ज़िक्र रहता था। क्या यही वह टीस थी, जिसके कारण नानी की बातों में, क़िस्से-कहानियों में सिर्फ़ और सिर्फ़ मण्डला की स्मृतियाँ बरसती थीं।

दूर से आवाज़ आ रही है, मानो नानी ही अपने पिता से कह रही हैं—

काहे को ब्याही बिदेस...अरे लखिया बाबुल मोरे...

समय का फेर देखिए, दो वर्ष पूर्व (2022) में मध्य प्रदेश शासन संस्कृति विभाग से 'नर्मदा-उत्सव' के लिए मुझे मण्डला में कार्यक्रम देने का न्योता आया। सुनते ही मैं भावुक हो उठी! मध्य प्रदेश में कितनी बार, कितने ही नगरों में कार्यक्रम देने गयी, किन्तु अब, जब न मेरी माँ थी, न नानी, पहली बार मण्डला में गाने का न्योता आया था। मैंने इस न्योते को नानी के आशीर्वाद के रूप में लिया, स्वीकृति देते हुए मन ही मन नर्मदा मैया को प्रणाम किया और मण्डला जाने को विकल हो उठी।

मन में माँ के ननिहाल मण्डला, कोरगाँव देखने और वहाँ की मिट्टी को अपने मस्तक पर लगाने की कामना बलवती हो उठी। मण्डला और कोरगाँव हमारे परिवार के लिए अनजान जगह थी, अतः मैंने वहाँ के ज़िलाधिकारी को फ़ोन कर अपनी इच्छा बताई, उन्होंने मुझसे स्थानीय जानकारी चाही, मेरे पास जो जानकारी थी, वह सब बहुत पुरानी, नानी के पिता के समय की थी, सकुचाते

हुए मैंने गाँव और परिवार का नाम बता दिया। हमारे बड़े भाई पुष्कर भैया हमारे साथ हो लिए, मण्डला हमारे लिए परी-लोक की कथाओं का रोमांचक संसार था, यह इतिहास में लौट जाने की भावुक कालयात्रा थी। मण्डला प्रवेश करते ही तेंदू पत्ता, सागौन और साल के छायादार वृक्षों से ढका घना जंगल देख नानी की कहानियाँ याद आने लगीं, जब आज मण्डला इतना शान्त और सुन्दर है, तो कल्पना की जा सकती है कि सौ वर्ष पूर्व मण्डला कैसा रहा होगा?

हमारी जानकारी में नानी के मायके में परिवार का कोई शेष नहीं रह गया था। इतना समय बीत चुका था कि हमें वहाँ कुछ दिखने-मिलने की उम्मीद भी नहीं थी। हम अँधेरे में रौशनी ढूँढ़ने जा रहे थे। किन्तु आश्चर्यजनक रूप से ज़िलाधिकारी के सहयोग से वहाँ की महिला पटवारी ने कोरगाँव में रामलाल जी की हवेली का पता-ठिकाना ढूँढ़ निकाला था! और हम इस बात को सुन अचम्भित थे! क्या हम वास्तव में इस स्थान का दर्शन कर सकेंगे? पुराना कुछ बचा होगा, इसकी सम्भावना शून्य थी। आशा और कौतुहल के बीच डोलते हुए एक घण्टे की यात्रा के बाद हम अपने ठौर पहुँच चुके थे, सामने था एक बड़ा दरवाज़ा और बाईं ओर था दुमंज़िला भवन। ताला-चाबी आयी और दरवाज़ा धकेलते ही सामने खड़ा था, घने पेड़ों और बाग़ के बीच गर्व से खड़ा नानी का वैभवशाली महल, महल के अवशेष...महल के सामने एक और विशाल हवेली। हवेली क्या? बस ढाँचा ही शेष था, जगह-जगह मलबा पड़ा था और चारों ओर सन्नाटा!

ऐसा उदास सन्नाटा! मैं अपने आँसू नहीं रोक पायी। मेरा तो वहाँ कुछ नहीं था, लेकिन मेरी माँ और नानी की आत्मा वहाँ बसती थी। थोड़ा सँभली और वरांडे के बाहर आयी, तब देखा अभिशप्त हवेली, जैसे गिरने के इन्तज़ार में खड़ी है। भीतर कमरों में पुरानी तस्वीरें, कृष्ण भगवान जी के चित्र, एक कोने में पड़ी पुरानी चकिया, दूसरी तरफ़ चारों ओर उग आयी लम्बी घास के बीच धँसा विशालकाय घड़ा! कुआँ, मन्दिर विशाल तालाब सब कुछ तो था. ..नानी सही नहीं कहती थीं, नानी ने जैसा बताया था...उससे भी कहीं अधिक भव्य था नानी का घर! जहाँ बीता था उनका बचपन! जहाँ गुड़िया खेलने, झूला झूलने की उम्र में विवाह कर वे अनजान जगह पहुँच गयीं, कभी वापस न लौटने के लिए। पाँच एकड़ में बसे इस भूमि का स्वामी आज कोई नहीं! समय भी कितना क्रूर है! मिट्टी से उठकर सब मिट्टी में ही मिल जाना है।

हम भाई-बहन वहीं एक चबूतरे पर बैठ गये, शून्य में ताकते हुए लम्बे समय तक हमने अपनी नानी और माँ को याद किया। उस दौरान हम एक ऐसे कालखण्ड में पहुँच गये थे, जहाँ हमारा कोई अस्तित्व नहीं था, सब शून्य...

दुपहर, शाम में तब्दील हो चुकी थी, कुछ ही देर में मुझे मंच पर पहुँचना था, मन न होते हुए भी भारी हृदय से हमने नानी की जन्मस्थली और माँ के ननिहाल को प्रणाम करके विदा ली। रास्ते में नर्मदा मैया का जल मस्तक पर लगा न जाने क्यों ऐसा लगा, मानो नानी तृप्त हुई हों।

मेरे लिए कोरगाँव, मण्डला की यात्रा एक तीर्थयात्रा से कम नहीं थी। यह एक बेटी का अपनी माँ की आत्मा को तर्पण था। यह नानी के मन की कसक से उपजा आशीर्वादों का अभिनन्दन था। यह अपनी जननी के, जननी के जन्मस्थल को, समस्त भट्टाचार्य और अवस्थी परिवार का चरणस्पर्श था।

भइया को दीन्हो बाबुल महला दुमहला
हम को दीन्हो परदेस अरे लखिया बाबुल मोहे...
काहे को ब्याही बिदेस

8

सैयाँ मिले लरकईयाँ...

मुम्बई से अस्सी किलोमीटर दूर करजट में इमेजिन एन.डी.टीवी का भव्य सेट लगा हुआ है, रियलिटी शो 'जुनून : कुछ कर दिखाने का' की शूटिंग का पहला दिन!

कार्यक्रम के प्रसिद्ध निर्देशक गजेन्द्र सिंह मुझसे कह रहे हैं—'मालिनी जी, यह रियलिटी शो है, आप फोक सुनाने जा रही हैं और याद रहे, यह एक कम्पटीशन है। अब आप आज ऐसा कुछ सुनाइए जो नया हो, पहले कभी किसी ने नहीं देखा हो, सब झूम उठें!' मैंने कुछ विचारा और कहा—'गज जी, यह रियलिटी शो है, तो मैं आपको रियलिटी ही सुनाऊँगी और मैं फोक नहीं लोक गीत सुनाऊँगी, प्रेम और परिवार के अन्तःसम्बन्ध का आदर्श चित्र!'

थोड़ी ही देर में 'लाइट कैमरा एक्शन...'

स्टेज रोशनी से जगमगा उठा और मेरी आवाज़ स्टेज में गूँज उठी।

हाय, बाली उमरिया में ब्याह के आई
मैं भोली बलमा नादान।
कैसी बिपत पड़ी मोरी गुईयाँ
कछु ना बुझे अजान..
हो सैयाँ मिले लरकईयाँ मैं का करूँ...

ढोलक की थाप के साथ आलाप लेकर जैसे ही मैंने गाना आरम्भ किया, स्टूडियो में उस एक लम्हे में जैसे जादू-सा हो गया। श्रोता झूमने लगे, वादक कलाकार झूमने लगे, निर्णायक झूमने लगे और मैं सहज भाव से गाते हुए मंच पर ऐसे थिरकने लगी, कैसे न जाने कब से इसी तरह नाचती हुई गाती रही हूँ...स्टूडियो में बह रहे इस गीत की ऊर्जा टीवी स्क्रीन से निकलते हुए जन-जन पर छा गयी।

सबकी जुबान पर यही गाना... *'सैयाँ मिले लरकईयाँ'*

बिहार के बक्सर में गढ़वा मेला का मंच, हम सबकी उम्मीद से कहीं अधिक भीड़। रात के साढ़े ग्यारह बजे, मैं मंच को प्रणाम करते हुए जैसे ही श्रोताओं के सामने नमस्कार करते हुए आ रही हूँ, मुझे देख पण्डाल का समवेत कलरव सुनाई दे रहा है 'लरकईयाँ लरकईयाँ...'

मंच पर उद्घोषक कह रहे हैं, मालिनी जी–'सब ओहि गनवा सुने बदे सँझा से राउर इन्तजार कर रहल बानी। तनी एक लाइन गुनगुना दीं, सैयाँ मिले लरकईयाँ...' अब तक श्रोताओं के सब्र का बाँध टूट रहा है, मैं माइक थाम कर कहती हूँ–

'पहिले माई के एगो गीत, ओकरा बाद रउवा लोगों के फ़रमाइश सर माथे पर' तालियों का जयघोष...सैयाँ मिले लरकईयाँ शुरू होने तक तालियाँ रूकती नहीं।

दिल्ली में दिसम्बर का महीना, ठण्ड में हमारे परिचितों के यहाँ फार्म हाउस में पार्टी! सघन तरुवर वृन्द के तले जलती-बुझती दीपशिखाओं में प्रदीप्त शाम... मद्धम संगीत की ध्वनि में मेहमानों के क़हक़हे गूँज रहे हैं, हमें प्रवेश करते देख हमारी चंचल मेजबान इठलाती हुई बोल पड़ीं–'लुक हू इज़ हेयर! द फेमस आर्टिस्ट मालिनी जी, शी इस अ डियर फ्रेंड!' यह सुनते ही मैं गाना सुनने के अनुरोध की सम्भावित आशंका से सतर्क हो ही रही थी और हमारी मित्र आगे बोलती जा रही थीं–'टुडे वी आर सेलीब्रेटिंग आर ट्वेंटी फिफ्थ मैरिज एनिवर्सरी, मालिनी जी, अ स्मॉल रिक्वेस्ट, केन यू सिंग जस्ट 2 लाइंस ऑफ सैयाँ मिले लरकईयाँ, आई विश टू डेडिकेट दिस साँग टू माई हसबैंड हु रिफ्यूजेस टू ग्रो अप!' सुनते ही समर्थन में तालियाँ गूँज उठीं, परिहास में कही गयी इस बात पर सबसे अधिक उनके पति प्रसन्न हुए, युगल जोड़ा अत्यन्त विनम्रतापूर्वक मेरे सामने हाथ जोड़ खड़े हो गये।

मैंने गाना शुरू किया और उधर सखी और उनके पति नृत्य करते हुए इस गीत के कथ्य में पात्र की तरह शामिल हो गये...सभी गाने में शामिल हो गये 'सैयाँ मिले लरकईयाँ...'

नवरात्र माँ सिद्धिदात्री का दिन और कार्यक्रम गुजरात के सुदूर कच्छ में। कार्यक्रम में हज़ारों की संख्या में पुरुष, महिलाएँ, स्त्रियाँ, बच्चे सब रात एक बजे तक रमे हुए बैठे हैं। हमारे उत्तर प्रदेश और बिहार के भाई-बहनों ने संस्कृति का बिरवा ऐसा लहलहा रखा है, ऐसा लगा ही नहीं कि अवध से सैकड़ों मील

दूर, अरब सागर के किनारे गा रही हूँ, कार्यक्रम समापन की ओर था कि तभी साफा बाँधे एक बुजुर्ग उठ खड़े हुए, मंच के पास आकर कुछ कहने लगे, मैंने संगीत रोक उनकी बात सुनने के लिए माइक उनके सामने लगा दिया, वो कहते जा रहे हैं—'दीदी, हम लोग बहुत साल से यहाँ समुद्री भूमि पर नमक की खेती करते हैं, यह समुद्र हमारी गंगा, जमुना, सरयू है और आप हमारे गाँव से आयी हो, हमारे लिए आप हमारा पूरा गाँव लेकर आयी हो, वो सैयाँ लरकईयाँ सुनना था दीदी, सुनाइए न।'

मेरा अठारह वर्ष का बेटा हॉस्टल से मुझे फ़ोन कर कहता है—'मम्मी सुनो, आई कांट बिलीव इट, तुम्हारे गाने पर यहाँ ये सब लड़के नाच रहे हैं, मैं उत्सुकता से फ़ोन पर ध्यान से सुनती हूँ, पीछे ज़ोर से गाना बज रहा है—'सैयाँ मिले लरकईयाँ...'

एक दिन अचानक अवनीश हमसे पूछ बैठे—'सुनो, एक बात पूछें, ये 'सैयाँ मिले लरकईयाँ' गाते हुए कभी ऊबी नहीं तुम?' इनके प्रश्न ने मुझे चकित किया, मैं मुस्कुराकर बोली—'नहीं! जब-जब गाती हूँ, हर बार तुम याद जो आते हो।' हम दोनो हँस पड़े।

'सैयाँ मिले लरकईयाँ....'

बाज़ीबख़त सोचकर बड़ा ताज्जुब होता है कि यह सदाबहार गीत आज एक तरह से मेरी पहचान बन चुका है। अवध का यह प्रसिद्ध लोकगीत मेरे व्यक्तित्व में इस तरह जज़्ब हो चुका है कि मुझे ऐसा लगता है कि यह गीत मेरी धमनियों में बहने लगा है। लखनऊ हो या लन्दन, कानपुर हो या कैलिफोर्निया, पटना हो या बलिया, मुम्बई हो या मॉरीशस, कोटा हो या कलकत्ता या फिर कोरिया, इस गीत में न जाने क्या है, मंच पर आते ही फ़रमाइशें गूँजने लगती हैं—'मालिनी जी, सैयाँ मिले लरकईयाँ...सुना दीजिए।' इस गीत की दीवानगी किस तरह श्रोताओं और दर्शकों के सिर चढ़कर बोलती है, उसे शब्दों में व्यक्त करना नामुमकिन है, इतने बरस बीत गये इसे गाते हुए, न लोगों की फ़रमाइशें रुकती हैं न मेरा सुनाना।

कसा हुआ खेमटा का ठेका और लय के अनुरूप उठता थमता लहराता पहाड़ी में यह देशज दादरा जब मंच पर उठता है, तो सम्पूर्ण विश्व एक लोक, एक समाज, एक परिवार बन सामने आ जाता है, जहाँ हर औरत आज़ाद मिज़ाज में इस हकबयानी में शामिल हो जाती है, क्या करूँ, 'सैयाँ मिले लरकईयाँ...'

आप कह सकते हैं कि यह अन्दाज़ शिकायत का है, लेकिन दरअसल यह ज़िन्दगी के तजुर्बातों की हिकायत है, जिसे इठलाती, मुस्कुराती हुई नायिका सुना रही है।

'सुनो मेरी कहानी, तुम्हें लगेगा कि यह मेरे पति की कहानी है, लेकिन नहीं! यह मेरी कहानी है, सुनो, धीरज के साथ सुनो।'

'सैयाँ मिले लरकईयाँ...' देखा जाये, तो तीन शब्दों में बात अपने आप में मुकम्मल है। यह पंक्ति अपने आप में सम्पूर्ण अभिव्यक्ति है, यह गीत नहीं, एक सार्वजनिक ऐलान है। जिसमें व्यंग्य है, व्यथा है, हर स्त्री की कथा है। गागर में सागर की तरह कहे गए इन तीन शब्दों पर कितने ही कोरे पन्ने रंगे जा सकते हैं, मौसम बदल जाने तक व्याख्या की जा सकती है मुझसे पूछिए, तो इससे मारक पंक्ति दूसरी कोई नहीं बनी। छोटी उम्र में हुए विवाह की दास्तान जिस चुटीले अन्दाज़ में बयान की गयी है, दुनिया उसी की दीवानी है, श्रोता मेरे साथ बार-बार इसी दोहराव में साँस लेता है हाय, मैं क्या करूँ, सैयाँ मिले लरकईयाँ...।

लरकईयाँ शब्द अवध का खाँटी शब्द है। लड़का से लरिका जिसका अर्थ है, लड़कपन या 'लरिकाई'। बालपन, नादान! बालक से नादान पति से ब्याह दिये जाने की रोचक कहानी है, सैयाँ मिले लरकईयाँ....

छोटी उम्र में ब्याह हो, तो एक बात है, विपदा उनकी है, जिनके पति आजीवन लरकईयाँ ही बने रहते हैं। गीत का स्वभाव और चलन कुछ ऐसा नटखट है कि लोगों को झूमने, नाचने पर मजबूर कर देता है, जब-जब इस गाने को सुनाना आरम्भ करती हूँ, कच्ची उम्र की एक बालिका की छवि आँखों के सामने तैर जाती है। छोटी उमर में ब्याह दी गयी एक बालिका की कहानी है सैयाँ मिले लरकईयाँ...। एक युग में लगभग हर घर की पुरखिन का शायद यही प्रारब्ध था—अबोध उम्र में विवाह। अबोध उम्र में विवाह हर लड़की के जीवन की किताब का ऐसा पन्ना है, जो मायके के बिछोह के आँसुओं की स्याही से लिखा तो गया, लेकिन उसका हर अक्षर बेला की अधखुली कलियों की तरह गमकता है।

हरसिंगार के सफ़ेद नारंगी नाज़ुक फूलों की तरह बिखरा निखरा एक ख़ूबसूरत पन्ना। बाल-विवाह निश्चित रूप से एक कुरीति थी, किन्तु कैसे, किन परिस्थितियों में बाल-विवाह प्रचलन में आया और इसने परम्परा का रूप धारण कर लिया इसका भेद, भारत के इतिहास के भीतर जाये बिना नहीं समझा जा सकता। हज़ार वर्षों की दासता ने उस समय के समाज को दासता ही नहीं, उपहार में अनेक बन्धन भी भेंट किये। अपमान, ताड़ना का वह कैसा भय

रहा होगा, जिसने कन्या जन्म को ही श्राप मान लिया। लूटपाट के भय से रात में विवाह होने लगे। आक्रान्ताओं के भय से एक समय आ गया जब छोटी उम्र में अपनी बेटी को ब्याहना माता-पिता की विवशता बन गयी। यह परि. स्थितिजन्य विवशता थी। आक्रान्ताओं के शासन में बेटी को सँभालकर रखना माता-पिता के लिए दु:साध्य था। कितने ही लोकगीतों, लोककथाओं में सिपाही द्वारा, मिर्ज़ा द्वारा बेटियों के जबरन अपहरण के प्रसंग पढ़ने को मिलते हैं, जैसे कुसुमा की कहानी।

लोकगीत है क्या, शब्द भाव अनुभूति, जिन्हें लोक अर्थात समाज ने स्वीकारा हो, छोटी उम्र में ब्याह की कहानी है। ब्याह होता है। यह ज़ाहिर है कि दुल्हन ही नहीं, दूल्हा भी बालक है। विवाह के दिन बीतने के साथ-साथ बालक, पति की नादानी, नासमझी और लड़कपन से कैसे तालमेल बैठाये हमारी नन्हीं नायिका। लड़कपन भी कमाल का लफ़्ज है और इसलिए इस भाव को व्यक्त करने के लिए विशुद्ध देशज विशेषण निकाल लायी हमारी नायिका—'लरकईयाँ' नादान, भोलापन, इनमें वह बात कहाँ जो लरकईयाँ में ठहरी और हमारी लावण्या नायिका कुछ-कुछ शिकायती और कुछ मजाहिया तेवर में कह उठती है—

सैयाँ मिले लरकईयाँ! मैं का करूँ...

यह एक पंक्ति अपने आप में कितनी सम्पूर्ण है। क्या करूँ मैं अब, हमारे सैयाँ तो लरकईयाँ ठहरे, इतनी-सी बात है। बस इतनी, लेकिन यह कहने के बाद कुछ और कहने की गुंजाइश ही कहाँ बचती है! अहा रे कैसा मारक उलाहना है!!

और नायिका यहीं नहीं रुकती, आगे वह जो कुछ कहती जाती है, वह कहानी नहीं, उसकी अपनी आपबीती है। हर स्त्री की सच्ची कहानी है—

बारह बरस की मैं ब्याह के आई
सैयाँ चले पैयाँ पैयाँ मैं का करूँ
पन्द्रह बरस की मैं गौने पे आई
सैयाँ उड़ावे कनकैया मैं का करूँ...

आज भी गाँव में ही नहीं, शहरों में भी गौने का ज़िक्र भर कर दीजिए, चेहरा लज्जा की रक्तिम आभा से प्रदीप हो उठता है। लोक की यह बड़ी शक्ति है। भाव ही प्रबल है और उस भाव के लिए एक शब्द ही काफ़ी है—गौना। प्रेम की प्रतीक्षा का अन्तिम सोपान है गौना। ब्याह तो बचपन में हो गया, लेकिन गौना यानी विदाई, अर्थात अब वह अपने पति के पास ससुराल जायेगी।

लम्बी प्रतीक्षा के बाद तो गौना हुआ, (गीत के हिसाब से तीन वर्ष बाद) ससुराल आयी, पिया के साथ समय बिताने का अवसर आया, लेकिन यह क्या? सैयाँ तो कनकैया उड़ा रहे हैं। खेल में मशगूल! मेरी ओर तो देखते तक नहीं। क्या करूँ मैं?

इस पर सितम यह है कि हमारी बालिका नायिका अभी किशोरी हो चुकी है, उम्र के उस पड़ाव में पहुँच रही है, जहाँ उसको सहयोग चाहिए, समझदारी चाहिए, साझेदारी चाहिए। किशोरी के मन में प्रेम के अंकुर फूट चुके हैं, वह प्रेम में है और अपने प्रियतम से उस प्रेम का प्रतिदान भी चाहती है। लेकिन सैयाँ तो लरकईयाँ ही ठहरे...

सोलह बरस की मोरी बाली उमरिया
सैयाँ छुड़ावें मोसे बैयाँ मैं का करूँ...

यह शिकायत है, सार्वजनिक शिकायत। लोक, कुल, समाज, परिवार में खुलकर कहने वाली शिकायत। नकटे में गाते हुए सब से कहने वाली आपबीती। किशोरी नायिका ने पति का आगे बढ़कर हाथ थामा है, इस अधिकार-भरे स्पर्श को, बढ़े हुए हाथ को किशोर पति छुड़ा रहा है, सम्भवतः बार-बार छुड़ा रहा है, तभी ना गीत में यह कड़ी जुड़ी होगी। प्रेम में सराबोर नायिका की पहल का तिरस्कार। इससे बड़ा दुःख क्या होगा।

बीस बरस की मैं होने को आई
सैयाँ पुकारे मैया मैया मैं का करूँ...

गीत का अन्तिम अन्तरा ही इस गीत का चरम है। जब भी इस गीत को गाती हूँ, मेरा हर बार का यही अनुभव है कि 'सैयाँ पुकारे मैया मैया' गीत की इस पंक्ति को सुनने के लिए ही श्रोता उत्सुकता से बैठे रहते हैं और इस गीत की पूर्णता भी इसी पंक्ति में है। नये जीवन में तालमेल बिठाने के संघर्ष की व्यथा को गीत के रूप में कह सकने का सामर्थ्य हमारी पुरखिनों में ही था। अपने भोगे हुए जीवन के यथार्थ को बाँचते हुए भी संयुक्त परिवार की कैसी सुन्दर आधारशिला रखी गयी है इस गीत में।

बीस बरस की परिपक्व उम्र हो आयी है हमारी नायिका की। वह पति का सान्निध्य, प्रेम एकान्त चाहती है, लेकिन वह क्या करे? सैयाँ तो ऐसे लरकईयाँ ठहरे, अब भी माँ को ही पुकार रहे हैं।

क्या सुन्दर शब्द और भाव है। ऊपर से देखिए तो एक सरल सीधी शिकायत लगेगी कि पति तो अभी भी माँ ही ढूँढ़ते हैं। कह सकते हैं—mammas boy।

माँ के आज्ञाकारी पुत्र अपनी पत्नियों के उलाहने सदा झेलते हैं। घर-घर की कहानी है, हर परिवार का मधुर सत्य। मधुर इसलिए क्योंकि इस गीत में नायिका ने अपनी सास को सर्वोपरि रखा है और अपने नादान नायक को सारे आरोपों से बरी कर दिया है। जीवन की पूर्णता इस जीवन-चक्र को जीने में ही है कि कभी जो एक लड़की यह शिकायत करती है, अपनी सास के अपने वैवाहिक जीवन में दखल-अन्दाज़ी या अधिकार क्षेत्र पर अतिक्रमण करते हुए उसकी सत्ता को चुनौती देती हुई यदि उलाहना देती भी है, तो दिन बीते देर नहीं लगती कि जब वह स्वयं सास के पद पर पहुँच जाती है। मुझे सदा से लगता आया है कि सैयाँ मिले लरकईयाँ...यह लोकगीत नहीं, यह प्रतीक है आदर्श भारतीय परिवार की पूर्णता का। जहाँ हँसी में ही सही, लेकिन घर की बड़ी पुरखिन का वर्चस्व और सम्मान क़ायम रखा गया है।

एक और महत्त्वपूर्ण बिन्दु। इस गीत का सबसे सशक्त पक्ष है नायिका का प्रणय निवेदन। एक ऐसे देश में हमारे ऐसे समाज में जहाँ पर स्त्रियों के द्वारा प्रेम की अभिव्यक्ति की स्वतन्त्रता एक टैबू रही है और यह माना गया है कि प्रेम की पहल पुरुष के द्वारा होती है, वहाँ इस गीत में बालिका/किशोरी के प्रेम का आवेग इतना प्रभावी है कि वह एकनिष्ठ प्रेम चाहती है, उसे उपेक्षा स्वीकार नहीं। स्त्री-मन की स्वतन्त्रता की आकाश छूती उड़ान का अनुपम प्रतीक है यह गीत। शृंगार का उदात्त प्राकट्य!

इस गीत को गाते हुए उम्र बीती जा रही है, लेकिन हर बार ऐसा लगता है मानो, नया है, पहली बार गाया है।

न जाने कितनी ही मातृशक्ति की आपबीती है सैयाँ मिले लरकईयाँ...कुछ कहती हैं अधिकतर मौन रहती हैं। जो कह दी गयी, वही कहानी हो गयी और जो दमदारी के साथ गाकर कह दी गयी, उस लोकस्वर में सहस्रों पुरखिनों के अनुभव भी शामिल हो गए, आख़िर सभी को मिले हैं लरकईयाँ वर। वे क्या करें।

इस गीत की यात्रा अनन्त है, क्योंकि इस गीत में जीवन का रस है, प्रेम है, शृंगार है, समर्पण है, हास्य बोध है और निरन्तरता से बहती एक अव्यक्त टीस.....

पीढ़ियाँ बीतती रहेंगी, लेकिन जीवन का यह रस कभी नहीं चुकने वाला, यह रस व्यतीत होता रहेगा।

9

कचौड़ी गली सून कइला बलमू

गुलाबी रौशनी से नहाया हुआ मंच, सामने अपार जन-समूह, हाथ में माइक थामे हुए मैं! महफ़िल जमी हुई है, मुझे गाते हुए अभी आधे घण्टे भी नहीं हुए हैं कि अचानक भीड़ में किसी की ऊँची तीखी आवाज़ आती है, मालिनी जी 'कचौड़ी गली' हो जाये! 'कचौड़ी गली'! धीरे-धीरे सारे श्रोता सहमति में सुर में सुर मिलाते जाते हैं, कचौड़ी गली, कचौड़ी गली...

कलकत्ता से बलिया, दिल्ली से मुम्बई तक... कचौड़ी गली, कचौड़ी गली की फ़रमाइश की मुझे अब आदत पड़ चुकी है। मैं मुस्कुराकर तनिक ठहरती हूँ, जाने कैसा जादू है इस गीत में। वह इसलिए कि यह गीत नहीं, कहानी है अधूरे अभागे प्रेम की।

आँख बन्द कर मैं सुर लगाती हूँ और उस अभागन के टूटे दिल की टीस को सुर में उकेरने की कोशिश करते हुए एक बार फिर गाना आरम्भ कर देती हूँ।

सेजिया पे लोटे काला नाग हो, कचौड़ी गली सून कइला बलमू
मिर्जापुर कइला गुलजार हो कचौड़ी गली सून कइला बलमू...

गाते हुए मैं एक बार फिर बनारस पहुँच चुकी हूँ...

बनारस का चौक, विश्व के व्यस्ततम और भव्यतम स्थलों में से एक है। सूई से दालमोठ तक, आचार से इत्र तक, फूल से मुंगौड़ी तक, ज़ेवर से लोहे की कड़ाही तक, क्या नहीं मिलता? कौन सा व्यापार यहाँ नहीं होता!

मीनादार साड़ियों का मन्दिर है चौक! जिधर भी निकल जाइये, चौक की चमक आँखों को चकाचौंध कर देती है। चारों ओर कोलाहल, लस्सी की दूधिया धार को नापते, गरम मालपुआ निकालते हलवाई, गर्म तवे पर गूँजती करछल की टंकार की ध्वनि सुन मुस्कुराते मगन चाटवाले, इधर से उधर सिर पर साड़ियों के डिब्बे धारण किये, सट्टी पर ग्राहकों को साड़ियाँ दिखाने जाते बुनकर, बीच-बीच में गूँजतीं मन्दिर की घण्टियाँ, कहीं विश्वनाथ जी के दर्शन को जा रहे भक्तों

की करबद्ध क़तार और वहीं संयत लयबद्ध चल रही एक शान्त शवयात्रा, दूर से माँ गंगा की आरती की मधुर ध्वनि के बीच-बीच 'राम-नाम सत्य है', सुनकर शिव की नगरी का तत्त्व-बोध होता है और इसी अद्भुत चौक के बीचो-बीच है कचौड़ी गली! बनारस का दिल!

संसार का सबसे दिव्य प्रसाद यहीं मिलता है, कचौड़ी गली में। विश्वनाथ बाबा के दर्शन कर आ रहे हों या मुर्दा फूँककर, कचौड़ी गली सबकी ठौर है। हर सनातनी की आन्तरिक इच्छा रहती है, काशी में मुक्ति मिले। इसीलिए कहा जाता है—'काशी मरणं मंगलम्....' अपने परिवार-जनों आत्मीयों को बैकुण्ठ धाम की प्राप्ति हो, इस साध को मन में लिए दूर-दराज से लोग काशी में दाह-संस्कार के लिए आते थे, आने-जाने में ही दस घण्टे तक लग जाते थे और ऐसे शास्त्रीय विधि-विधान को परे रख, यहाँ लोक की रीति स्थापित हुई। बाबा की काशी में दाह, पुण्यपाविनी माँ गंगा में तर्पण कर स्नान कर कचौड़ी गली में कुछ खाना बड़ों का आशीष और प्रसाद मान लिया गया, दुःख से सन्तप्त परिजन कचौड़ी गली में खा-पीकर अपने गन्तव्य को जाते हैं, यह परम्परा आज भी क़ायम है। दुःख-सुख सब में समान रस-रंग जीने का दर्शन सिखाती है काशी। सम्भवतः इसीलिए तो बुद्ध ने इसी पावन भूमि को समदर्शन का ज्ञान देने के लिए चुना।

बनारस की हर गली में कचौड़ी, जलेबी का कलेवा मिलता है, लेकिन बनारस का सबसे स्वादिष्ट कलेवा मिलेगा आपको कचौड़ी गली में। कचौड़ी गली की कचौड़ी, आलू और जलेबा नहीं खाया, तो जीवन में क्या कमाया! जी हाँ, सब जगह जलेबी मिलती है, लेकिन कचौड़ी गली में मिलता है जलेबा! रौनके-बनारस महबूब की गली कचौड़ी गली!

और यहीं से झाँकती हुई बनारस की वह जादुई सुरीली गली, जिसे दुनिया दालमण्डी के नाम से जानती है। आज दालमण्डी बनारस के व्यस्ततम बाज़ारों में से एक है, लेकिन एक समय था और यह कोई बहुत पुरानी बात भी नही है, जब दालमण्डी में नीचे रंगीन बाज़ार, ऊपर रंगीन कोठे हुआ करते थे। सूई से लेकर सुर-ताल तक, सब कुछ मिलता था दालमण्डी में, बेहिसाब दर्द और मुहब्बत भी। खोया गली हो या कुंज गली, दालमण्डी की रौनक के आगे सब फीके थे। दालमण्डी की असली रौनक तो उस ज़माने में थी, जब यहाँ की फिज़ा में सुर बहता था, यहाँ की धूल में बड़े-बड़े गवइयों, उस्तादों, साहित्यकारों, लेखकों का आशीर्वाद बसता था, रात दिन स्वरलहरियाँ गूँजती थीं। सुर, तान, साज में गुँथा हुआ बेहतरीन साहित्य खयाल, ठुमरी, दादरा, कजरी, चैती के रूप में अहर्निश दालमण्डी की खिड़कियों से बहता हुआ दूर-दूर तक जा पहुँचता था...

इस दालमण्डी की जगमगाती गली में न जाने कितनी अधूरी कामनाओं की अनकही कहानियाँ दफ़्न हैं। अपने उस्तादों से, बड़े बुजुर्गों से और गुणीजनों से, आगरा, फर्रुखाबाद, कानपुर, लखनऊ, बनारस से लेकर मुज़फ़्फ़रपुर तक की कितनी ही कहानियाँ सुनी हैं। कलाकारों के उत्थान और पतन की कहानियाँ, तालीम और कठिन रियाज़ की कहानियाँ, मुहब्बत और धोखे की दिलफ़रेब कहानियाँ, अपमान और जलालत की दुःखद कहानियाँ। कहानी कहीं की भी हो, किरदार तो सब एक से थे। तकदीर भी कमोबेश सबकी एक सी थी। ज़माने भर की नफ़रत और जलालत बर्दाश्त करते, फिर भी महफिल के लिए मुस्कुराते गुनगुनाते किरदार। तमाम दुनिया का रंज दिल में समेटे ऐसे किरदार, जिनकी आवाज़ में इतनी ताब और कशिश थी कि किसी अजनबी का ग़म भी उनकी आवाज़ की कशिश सोख ले। किनकी आवाज़ें थीं ये? कौन थे ये लोग?

यहीं रहती थी गौहर जान! यहीं पनपा था उसका इश्क़–असलम से। गौहर जान की अधूरी मोहब्बत की दास्ताँ किसी दन्तकथा की तरह आज भी बनारस में अमर है। उस दौर की बात अलग थी। आजकल वैसी आशिक़ी कौन करेगा। प्यार तो उस दौर में हुआ करता था।

नर्म मुलायम दिल बस किसी का हो जाना चाहता था और इस होने, किसी के हो जाने में ही दुनिया की तमाम ख़ुशियाँ न्यौछावर थीं। कभी किसी का ज़िक्र सुनकर ही इश्क़ हो गया, कभी किसी की शायरी से इश्क़ हो गया, कभी किसी की आवाज़ सुनकर इश्क़ हो गया, इस इश्क़ में एक-दूसरे से मुलाक़ात की कोई शर्त न थी। इस इश्क़ में कुछ पाने की हसरत नहीं, सिर्फ़ सच्ची आशिकी में ख़ाक हो जाने की हसरत ज़रूर होती। दीदार होना तो फिर बहुत बड़ी बात थी। उस दौर में आँखें मिल जाना, वही प्यार था। आशिक़ का इन्तज़ार, दीदार और फिर दीदार का इन्तज़ार, इसी में न जाने कितनी ठुमरियों की बन्दिशें रच गयीं।

गौहरजान भी अपने प्रेमी के दीदार को तरस गई थी...और यहीं से अपने महबूब आशिक़ के लिए इसके बोल फूटे थे–

मिर्जापुर कइला गुलजार हो कचौड़ी गली सून कइला बलमू...

यह बताती चलूँ कि यह गौहरजान कलकत्ता वाली मशहूर गायिका गौहरजान नहीं हैं, जिन्हे पहली बार ग्रामोफ़ोन पर रिकॉर्ड करने का मुकाम हासिल है। हालाँकि उन गौहरजान की माँ मलकाजान आज़मगढ़ से थीं, लेकिन वे बहुत कम

उम्र में अपनी बेटी को कलकत्ता ले गयी थीं, जहाँ वे बाद में नवाब वाजिद अली शाह के दरबार की गायिका बनी और बड़ा मुकाम हासिल किया।

दालमण्डी में रहने वाली गौहरजान की कहानी इसी गीत से जुड़ी है। यह कजरी न होती, तो कौन सुनाता यह कहानी। गोरखपुर में वरिष्ठ तबला-वादक थे बालकृष्ण कलाकार। वे दरभंगा के रहने वाले थे और पण्डित कण्ठे महाराज जी के गण्डाबन्ध शिष्य थे। लम्बे समय बनारस रहे, सीखे, ज़ाहिर है उनका अनुभव भी गहरा था। सबसे पहले उनके मुँह से सुनी थी मैंने यह कजरी, आज से पैंतालिस साल पहले...

सेजिया पे लोटे काला नाग हो, कचौड़ी गली सून कइला बलमू

गाते हुए वे भावुक हो जाते थे, रोने लगते। उनसे ही सुना, उनके ही शब्दों में, 'ग़ज़ब की गाने वाली थी गौहर'। असलम पहलवान था, रोबीला ख़ूबसूरत नौजवान। रोज़ शाम को कचौड़ी गली में असलम आकर इस इन्तज़ार में खड़ा रहे कि कभी तो गौहर के दीदार होंगे। गौहर को इसकी ख़बर हो गयी। वह अपनी पालकी में बैठ बनारसी रेशम की चादर लपेटकर निकलतीं। असलम को देख, आगे बढ़ जातीं, बस, यही था प्रेम। दोनों जानते थे और बस यही मायने रखता था कि वे दोनों जानते थे। असलम बड़े घर से था, कोठे पर जाने की इजाज़त न थी, लिहाज़ा वह नियम से शाम को वहीं चौक पर आता और गौहर उसका इन्तज़ार करती। और एक दिन अचानक असलम का चौक में दिखाई पड़ना बन्द हो गया। गौहर रोज़ शाम होने का इन्तज़ार करती, लेकिन असलम की कोई ख़बर नहीं मिली।

किसी ने बताया, बगल के जिले मिर्जापुर गए हैं।

गौहर गा उठी–

मिर्जापुर कइला गुलजार हो कचौड़ी गली सून कइला बलमू...

तो किसी ने कहा कि असलम क्रान्तिकारी था, इसलिए अंग्रेज़ों ने उसे पकड़कर कहीं दूर बतौर सज़ा भेज दिया है। गौहर की फ़िक्र, विरह, संशय सब बोल बन फूट पड़े...

एही मिर्जापुर से चलेला जहजिया
पिया चलि गइले रंगून हो, कचौड़ी गली सून कइला बलमू।
पनवा से पातर भइली, तोर धनिया
देहिया गलेला जईसे नून हो, कचौड़ी गली सून कइला बलमू।

कुछ दिनों बाद गौहर को दिल तोड़ देने वाली ख़बर मिली। उसका असलम अब कभी नहीं लौटने वाला था। अंग्रेजी सरकार ने असलम को फाँसी पर चढ़ा दिया था। गौहर टूट गयी, 'गोरों' के जुल्म के खिलाफ उसके रोष और क्षोभ की कोई सीमा नहीं थी। और तब उसने जो लिखा और गाया, उसने इस कजरी को कालजयी बना दिया। गौहर तवायफ़ थी, लेकिन उसने पहली बार सच्ची मुहब्बत पाई थी, वह वीरांगना थी, लेकिन एक वीरांगना के तेवर से उसके मुँह से निकला—

जो मोर हंथवा मां होत कटारिया
बहा देत गोरन के खून हो, कचौड़ी गली सून कइला बलमू...

गुरु समान बालकृष्ण कलाकार जी से बहुत छोटी उमर में मैंने यह सब सुना था, तब सिर्फ़ सुना था, समझा बहुत बाद में। गौहर और असलम की प्रेम-कथा की व्यथा को सहेजे इस कजरी को मैंने स्मृति और कण्ठ में सहेज लिया और बहुत सालों बाद मंच पर पहली बार सुनाया मिर्जापुर के कजरी मेले में।

एक झटके से मैं वर्तमान में आती हूँ, गुलाबी रौशनी से सजा गुलाबी मंच... जनता गाने के साथ-साथ ताल पर ताल मिलाती हुई साथ शामिल है।

'कचौड़ी गली सून कइला बलमू' गाते हुए मैं आलाप ले रही हूँ, सून कइला सून कइला...ऊँचे सुरों में गौहर की हूक को अन्तर्मन में महसूस करती हुई, मेरी आँखे बन्द हैं, मन बेचैन। सम के साथ तालियों की गड़गड़ाहट के बीच कजरी समाप्त होती है, मेरी मानसिक यात्रा विश्राम लेती है।

यह प्रेम कहानी बताये बिना मैं यह कजरी गा नहीं पाती। यह सामान्य कजरी नहीं है। मेरे लिए गौहर असलम के प्रेम विरह, नाउम्मीदी और दुःखान्त-भरी एक ऐसी दास्तान है, जिसे हर बार गाते हुए मैं मानो बनारस के उसी चौक की प्रत्यक्षदर्शी बन जाती हूँ, वह देखो कचौड़ी गली के सामने असलम मुस्कुराता हुआ बैठा है, वह देखो, दालमण्डी से गौहर की शानदार पालकी निकल रही है। गुलाबी रेशमी चादर ओढ़े गौहर...ढूँढ़ रही है आज भी...

कचौड़ी गली सून कइला बलमू...

10

सुहाग बरसे बन्नी तोरे अँगनवा

इस जीवन में दूसरों की मंगल कामना करना, मंगल गीतों को गाकर किसी और के मंगल का माध्यम बनने का अवसर भी बहुत पुण्य से मिलता है। यह मैं अपने जिए अनुभवों के आधार पर साझा कर रही हूँ। अपनों के लिए, अपने परिवार इष्ट मित्रों के शगुन में गाना गाकर मंगल जगाना यह बड़ी बात नहीं, असली सुख तो उनके लिए गाने में है, जिनका कोई नहीं! जिनके साथ विधाता ने, इस समाज ने अन्याय किया है।

इस जीवन में बड़े दिलचस्प अनुभवों के साथ-साथ, बड़े समृद्ध अनुभवों की थाती है मेरे साथ। यह पन्द्रह-सोलह बरस पुरानी बात है, मेरी पहचान अपनी माटी के पारम्परिक गीतों और संस्कार गीतों को जगाने के लिए बन चुकी थी। मुझे कई बार ब्याह-शादी में गाने का न्योता आता था और मैं हमेशा मना कर देती थी, लोग ज़्यादा धन का प्रलोभन देकर बुलाने का प्रयास करते, लेकिन मैं अपने इनकार के साथ अचल खड़ी थी।

एक दिन की बात है, मुझे पटना से फ़ोन आया, उधर से सज्जन ने अपना परिचय दिया है, कोई मधेशिया जी बोल रहे थे, उन्होंने बताया कि वे पटना में किसी विवाह समारोह के मांगलिक अवसर में मेरी प्रस्तुति चाहते हैं। इससे पहले कि मैं उन्हें मना कर पाती, उधर से आवाज़ आयी, देखिए, मेरी पूरी बात सुन लीजिए। मैं एक समाजसेवी हूँ, हमारा संगठन लोकहित के कार्यों में सक्रिय है। इस वर्ष हम लोग पटना में 21 अनाथ कन्याओं का सामूहिक विवाह करवा रहे हैं, यह सब जनसहयोग से सम्पन्न हो रहा है और हम सबकी इच्छा है कि इस पुनीत अवसर पर आप उपस्थित होवें और आपके मंगल-गीत, विवाह-गीत से इन कन्याओं को आशीर्वाद मिले। मैंने कुछ पल सोचा, अचानक मेरी आँखों के सामने, बरसों पूर्व बनारस के संकट-मोचन मन्दिर में सामूहिक विवाह का दृश्य घूम गया। पलक झपकते ही चौदह कन्याओं की छवि घूम गयी, कैसे एक-एक कन्या का साज और समान मैंने ही तो खुद तैयार किया था, सारी स्मृतियाँ एक-एक करके

साकार हो उठीं, ओह! मैं इन कन्याओं के सामूहिक विवाह के लिए कैसे न जाऊँ! मन ने निश्चय किया, यह दिव्य अवसर है, यह सामूहिक विवाह है, तो मुझे इस अवसर पर जाना ही होगा—यहाँ मेरा गायन सार्थक होगा। पुरखिनों के रचे मंगल-गीतों के आशीर्वाद से बेसहारा बेटियों का जीवन सँवर सके, इससे बड़ी कला की सार्थकता क्या होगी?

मैंने सहर्ष स्वीकृति प्रदान की। मधेसिया जी अचरज और हर्ष से मिली-जुली आवाज़ में बोल पड़े। 'बहुत-बहुत धन्यवाद! बहन जी बहुत-बहुत आभार।'

मेरे हृदय में इस सामूहिक विवाह में अपनी सहभागिता को लेकर भी उत्सुकता जाग उठी, और मैंने तय तिथि को पटना का जहाज़ पकड़ लिया, जहाज़ में बैठकर आँख बन्द करते ही मैं पुरानी स्मृतियों में पहुँच गयी, कितनी पुरानी भावुक स्मृतियाँ! बनारस की! जब मैंने, स्वयं चौदह निराश्रित बेटियों का सामूहिक विवाह करवाया था।

वर्ष 1999, पतिदेव बनारस ज़िलाधिकारी के पद पर थे, मैं सदा से सामाजिक क्रियाकलाओं में बहुत सक्रिय रहती थी। बनारस में सामाजिक संस्था 'आकांक्षा' के माध्यम से अनेक लोक-कल्याण के कार्यों में व्यस्त रहती थी। उसी दिशा में हमारा वहाँ के सरकारी महिला संरक्षण गृह, नियम से जाना होता था। समाज से उपेक्षित, दुर्भाग्यपूर्ण परिस्थितियों की शिकार न जाने कितनी ही बेसहारा युवतियाँ वहाँ अपना जीवन व्यतीत कर रही थीं। सिलाई-कढ़ाई करने के साथ-साथ वे अब जीवन में हमसफ़र चाहती थीं। मैंने संस्था की बैठक में साथी महिला सदस्यों के साथ बात करके इन युवतियों को नया जीवन देने का प्रण ठान लिया। विचार तो अच्छा था, लेकिन ज़िम्मेदारी बहुत बड़ी थी। मेरी उम्र ज़्यादा न थी, रही होगी यही कोई बत्तीस वर्ष की, किन्तु संकल्प बड़ा था, यह तय हुआ कि इस मामले में अनुभवी महिलाओं का परामर्श लिया जाये और पूरी तरह से सावधानीपूर्वक सरकारी नियम के अनुसार चलकर काम किया जाये।

फिर क्या था, समाज कल्याण विभाग के अधिकारी से बात कर अख़बार में इच्छुक वरों के लिए इश्तिहार निकाला गया, उम्मीद से बढ़कर आये प्रत्यावेदन देखकर हम सबकी ख़ुशी का ठिकाना न रहा। स्वयं बैठकर एक-एक भावी वर का इंटरव्यू लिया गया, हम सबने स्वयं बात की, पुलिस वेरिफिकेशन हुआ, इन सम्भावित वरों में कोई कालीन बुनकर था, कोई अस्पताल में वार्डब्वॉय, तो किसी का साड़ी के डिब्बे बनाने का काम! इधर रिश्ता तय होते ही, हम महिलाएँ जुट गयीं विवाह की तैयारी में!

प्रशासनिक अधिकारियों की पत्नियों का समाजसेवी संगठन 'आकांक्षा' बनारस में बहुत सक्रिय था। हमारे संगठन में अनुभवी महिलाएँ भी शामिल थीं, जिनमें बनारस के तत्कालीन मुख्य चिकित्सा अधिकारी की पत्नी प्रज्ञा द्विवेदी भी शामिल थीं, वे बनारस की रहनेवाली थीं। उनका सभी स्थानीय लोगों से सम्पर्क था, उन्होंने फ़ौरन साड़ी के पुराने प्रतिष्ठानों से सम्पर्क किया, ऋतु द्विवेदी भाभी ने एक स्वर्णकार को फ़ोन लगाया, रेणुका पाठक जी ने बर्तन वाले के यहाँ जाकर सामान जुटाया। देखते ही देखते कन्याओं की गृहस्थी का सामान जुटने लगा, अख़बार में समाचार बना, लोगों में चर्चा प्रारम्भ हुई...सहयोग को लोग उमड़ पड़े। उत्सवधर्मी बनारस इस महायज्ञ को सम्पन्न कराने उमड़ पड़ा। इधर गली-गली घूमकर हम सब महिलाएँ तैयारी में अस्त-व्यस्त...कहीं कोई कमी न रह जाये। हम सबका आनन्द ही कुछ और था और सोचिए महादेव की कृपा से उन कन्याओं का भाग्य!

यह सामूहिक विवाह कहाँ, किस स्थल पर सम्पन्न हो, हम सब इस दुविधा में ही थे कि विश्वप्रसिद्ध संकटमोचन मन्दिर के महान्त जी आदरणीय वीरभद्र मिश्र जी ने आगे बढ़कर हमसे कहा, 'आप इतना बड़ा कार्य कर रही हैं, समाज की ठोकर से टूटी हुई लड़कियों को नया जीवन प्रदान कर रही हैं, संकटमोचक बन उनका जीवन सँवार रही हैं, आप यह सामूहिक विवाह यहीं संकटमोचन मन्दिर में हनुमान जी के समक्ष कीजिए।' मैं अपने कानों पर विश्वास नहीं कर पायी, मैंने कृतज्ञता में हाथ जोड़ लिए। वाह री राम-जानकी मैया जी की कृपा! इससे सुन्दर और क्या हो सकता था? संकटमोचन मन्दिर में सामूहिक विवाह!

तय तिथि को पूरा बनारस इस अनूठे विवाह समारोह को देखने संकटमोचन मन्दिर में उमड़ पड़ा। इधर कन्याएँ सज-धज कर सामने आयीं और उधर इन्द्रदेव ने जमकर मेघ बरसाये...मानो देवता नव-युगलों के ऊपर आशीर्वाद बरसा रहे हों

बाबा के अँगनवा बरस गइले मेघ हो
मईया के अँगनवा बरस गइले मेघ हो
भीजेले कवन दुल्हा, मौरी समेत
भीजेली कवन दुलहिन चुनरी समेत
बाबा के अँगनवा बरस गइले मेघ।

धूमधाम से चौदह बेटियों के विवाह सम्पन्न हुए, समारोह में अपना विशेष आशीर्वाद देने लखनऊ से 'आकांक्षा' की अध्यक्षा, उस समय के मुख्य सचिव योगेन्द्र नारायण जी की पत्नी नीना नारायण जी स्वयं आयीं और अभूतपूर्व आयोजन को देख मुझे गले लगा लिया।

बनारस से हमारे आने के बाद भी हम उन लड़कियों के सम्पर्क में रहे। कार्यक्रम देने जब हम बनारस आते, कोई न कोई नवविवाहित युगल-जोड़ा बहुत अधिकारपूर्वक सबसे यह कहते हुए आगे बढ़कर हमसे मिलने आते कि वे हमारी बिटिया और दामाद हैं। भीड़ उन्हें अचरज से देखती और मैं निहाल हो उनकी बलैयाँ ले लेती। आज भी उन सबसे सम्पर्क बना हुआ है, अपने जीवन के दुःख-सुख की सूचना जब-तब साझा करती रहती हैं हमारी बेटियाँ।

उन्हें प्रसन्न देख यही लगता है कि उनके जीवन में नई उम्मीद का माध्यम मैं बन सकी, यह राम जानकी कृपा है। विमान के पहिए भूतल से टकराते ही मैं जैसे नींद से जागी। पटना आ गया था। विमान से उतरते ही मैं वर्तमान में लौट आयी, आयोजकों से भेंट हुई, मैंने उनकी सोच की, इस प्रकल्प की बहुत सराहना की।

दो घण्टे बाद मैं कार्यक्रम स्थल पर पहुँच गई। शहनाई और ऑर्केस्ट्रा की धुन से गुंजायमान प्रांगण में भारी हलचल के बीच गेंदे और केले के पत्तों से सजे बड़े मण्डप में लाल-लाल जोड़े में लिपटी एक साथ इतनी सारी नव-वधुओं की सुन्दर छवि देख मेरा मन पसीज गया।

जिनका कोई अपना नहीं था, ऐसी निराश्रित कन्याओं के जीवन की डोर समाज के ज़िम्मेदार लोगों ने थाम ली थी। कोट-पैंट पहने बाँके दूल्हा वृन्द कभी अपनी माला सँभालें कभी मौरी! मधेशिया जी के साथ उनके सहयोगी मुझे उन बेटियों के पास ले गये, परिचय कराया। किसी के पिता ने दूसरा विवाह कर बिटिया को बचपन में छोड़ दिया था, तो किसी ने बाढ़ की त्रासदी में अपने परिवार को खोया था, किसी की माँ ने आग में स्वाहा होकर इहलीला समाप्त कर ली थी, किसी का पिता दिन-रात मदिरा में डूबा रहता। सभी की हृदयविदारक जीवनगाथाएँ। मैंने उन सबको देखा, सबकी आँखों में उत्साह और आशा के दीप जल रहे थे, मानो आज एक नये आरम्भ की उम्मीद के दिए जल रहे थे, उन आँखों में, लाल जोड़े में सजी-सँवरी इन बेटियों के हाथ पकड़ मैंने अपने अंक में भर लिया। आगे बढ़ मैंने मंच सँभाला और गीत प्रारम्भ किये, गणपति भजन, हल्दी, ब्याह सुहाग... उधर पवित्र अग्नि को साक्षी मान बेटियाँ वरों के साथ फेरे ले रही थीं, इधर मैं कन्यादान के गीत गा रही थी, बन्नी-बन्ना, ब्याह सभी कुछ, यह एक बहुत दिव्य अनुभव था।

अम्मा सगुन मनाओ, वर ब्याहन आये...

उस दिन मंच से विवाह-गीत गाते हुए सामने बैठी वधुओं के सन्तुष्ट स्मित चेहरे देख मुझे अपना जीवन बहुत सार्थक लगा।

कला क्या है? कला का लक्ष्य क्या है? कलाकार के जीवन का उद्देश्य क्या है? कला आध्यात्मिक आनन्द की साधना का चरमोत्कर्ष है, कला आत्मा-परमात्मा का मिलन है, किन्तु मेरी समझ में कला सम्प्रेषण की वह शक्ति है, जो लोगों को संकीर्ण सीमाओं से ऊपर उठाकर उसे उदात्त ऊँचे स्थान पर पहुँचा दे, जहाँ मनुष्य केवल मनुष्य रह जाता है। कला, व्यक्ति के मन में बनी स्वार्थ, परिवार, क्षेत्र, धर्म, भाषा और जाति आदि की सीमाएँ मिटाकर जीवन को वह विस्तार और व्यापकता प्रदान करें कि व्यक्ति 'स्वः' से निकलकर 'वसुधैव कुटुम्बकम्' के भाव से जुड़ सके। जब कलाकार विश्व की संवेदना को आत्मसात कर अभिव्यक्ति का साधन बन जाए, माध्यम बन जाये लोकमंगल का! यही कला की सार्थकता है। संगीत की सच्ची पुकार वही है जो दूसरे इन्सान की मनुष्यता को आमन्त्रित करे। इसी दृष्टि से लोकमंगल गीत रचे गये और सामूहिकता का आत्मिक आनन्द लेते हुए अपने आशीर्वाद का स्वर ब्रह्माण्ड में विलीन करते गीत मुखरित होते रहे हैं।

ऐसी अपूर्व दृष्टि थी, हमारी पुरखिनों की, हमारे संस्कार-गीत, लोक-मंगल के लिए ही बने हैं, शुभता का भाव जगाने के लिए, घर में ब्याह-शादी में परिवार संग बैठ गाना एक बात है किन्तु आज उनके लिए गाना, जिन्हें आज इस आशीर्वाद की सबसे अधिक ज़रूरत है, मैं बावली सी गा रही थी, गाये जा रही थी, कण्ठ और हृदय एकसार हो गये, गीतों की लड़ी के रूप में मन ही मन आशीर्वाद की झड़ी लग गयी...भरा-पूरा संसार रहे इन बिटियों का।

सुहाग बरसे बन्नी तोरे अँगनवा
माई के अँगना सुहाग बन्नी मंगे
अमर करे राम बन्नी तोर सेनुरवा...

विदा होती इन बेटियों की आँखों के कोर भीजे थे, लेकिन भीगी आँखों में आत्मविश्वास का नया भाव था, अपने जीवन-साथी के साथ जाती इन वधुओं को देख मैं कह उठी–

जब लगि गंग-जमुन जलधारा
अचल रहे अहिवात तुम्हारा....

11

छापक पेड़ छियुलिया

वर्ष 2000, मॉरीशस!

सम्पूर्ण विश्व भोजपुरी सम्मेलन का पहला दिन...

मेरे लिए नया अनुभव! हिन्द महासागर में उजले मोती समान निर्मल अनुपम मॉरीशस में सम्पर्ण विश्व से भोजपुरी भाषा के अध्येता और विद्वान की अपूर्व जुटान सजी थी। भव्य उद्घाटन कार्यक्रम और सेमिनार सत्रों के समापन के बाद बड़ों की अगुवाई में तय हुआ मॉरीशस दर्शन। उस दिन, मॉरीशस दर्शन को निकली उस बस यात्रा में कुछ ऐसा घटा, जिसने मेरे चिन्तन की दिशा को सदा के लिए बदल दिया।

समुद्र, हरियाली और पहाड़ियों की नयनाभिराम दृश्यावलियों को पीछे छोड़ते हुए, हमारी बस तेजी से आगे बढ़ी चली जा रही थी। हिन्दी के अद्वितीय विद्वान पण्डित विद्यानिवास मिश्र जी, हम सबके लिए हमारे 'बाबूजी' सबसे आगे की पंक्ति में अम्मा के साथ बैठे हुए थे। मॉरीशस के सौन्दर्य से अभिभूत मैं, उषा किरण ख़ान जी, विद्या बिन्दु सिंह जी और यतीन्द्र मिश्र चारों पीछे की सीट पर एक साथ बैठे अपनी ही दुनिया में किसी रोचक चर्चा में मगन थे।

अचानक बाबूजी ने पीछे मुड़कर गम्भीर स्वर में मेरा नाम पुकारा–'सुनो मालिनी! ज़रा यहाँ सामने आओ।' मैं तुरन्त आगे आयी और उन्होंने साथ बैठने का इशारा किया। बोले–'क्या गा रही हो कल उद्घाटन सत्र में!'

मैंने मन ही मन सोचा, बाबूजी साहित्य के प्रकाण्ड पण्डित हैं, लेकिन यहाँ मुझसे गायन के विषय में पूछ रहे हैं, आख़िर क्यों? लेकिन अपने प्रश्न को मन में ही रख मैंने उत्तर दिया–'बाबूजी, आधा घण्टा ही समय दिया गया है, एक सोहर, एक झूमर और होली फाग! यही गाऊँगी।'

गम्भीर स्वर में पुनः प्रश्न आया–'कौन सा सोहर?'

कौन नहीं जानता था, कि बाबूजी संस्कृत और हिन्दी के ही नहीं, अपितु

अवधी और भोजपुरी साहित्य के भी निष्णात विद्वान् थे, अतः मैंने शिष्यवत उत्तर दिया—'आप बतायें, जो आप का आदेश हो।'

तुरन्त जवाब आया—'वैसे जो इच्छा हो गाओ, लेकिन एक गीत बता रहे हैं, ज़रा यह गीत लिखो, इसे तैयार करो और कल गाओ।'

बिना उत्तर की प्रतीक्षा किये उन्होंने बोलना प्रारम्भ किया और मैंने लिखना।

छापक पेड़ छिउलिया त पतवन गहिबर हो रामा
तेहि तर ठाढी हरिनिया त पानी बिनु अनमन हो।

दो पंक्तियाँ लिखाते हुए अचानक वे भावुक हो उठे, चश्मा उतार अपनी नम हो आयी आँखों को अँगुलियों के पोर से दबाया, कुछ सोचा और चश्मा वापस पहनने के बाद उनका धीर स्वर प्रखर हो गूँज पड़ा—'यह कोई सामान्य गीत नहीं, इसे सिर्फ़ मालिनी ही नहीं, तुम सब सुनो। बार-बार सुनो और बार-बार कहो, इसी उद्देश्य से इन्हें कहा गया है।

यह सोहर है, शिशु आगमन के समय गाया जाने वाला मंगल गीत। लेकिन इस मंगल गीत में उत्सव का भाव नहीं, इसकी कथा करुण है, इस कथा में सन्देश है और करुणा के बिना जगत को कोई सन्देश नहीं दिया जा सकता। गीत में हिरनी की व्यथा की कथा है। प्रसंग मार्मिक है, हिरनी की पीड़ा का वर्णन है, लेकिन फिर भी शिशु की छठी के शुभ दिन यह गीत घरों में बड़ी-बूढ़ी औरतों द्वारा अनिवार्यतः गाया जाता है। इस गीत में भी राजा की छठी है, किन्तु वहीं छठी का उत्सव हिरनी की पीड़ा का कारण बना। यह लोक अपने हर्ष के शोर में हिरनी का विलाप न भूले, इसीलिए यह कथा कही जाती है। जब जब घर में शिशु के जन्म का मंगल अवसर आयेगा, हिरनी का दुःख सुमिरन किया जायेगा। पूरा गीत सुनो और लिखो।

बाबूजी सोहर पर बोलते जा रहे थे, वे व्याख्या में और हम सब सुनने में इतने लीन हो गये, वे बोल रहे थे, बोलते हुए वे हम सबको अपने साथ एक समय यात्रा पर ले गये, जहाँ पलाश के सघन वन में हिरनी की पीड़ा को हम सब स्तब्ध मानो साक्षात देख रहे थे।

छापक पेड़ छिउलिया त पतवन धनवन हो
तेहि तर ठाढ़ हिरिनिया त मन अति अनमन हो।।

चरतहिं चरत हरिनवा त हरिनी से पूछेले हो
हरिनी! की तोर चरहा झुरान कि पानी बिनु मुरझेलु हो।।

नाहीं मोर चरहा झुरान ना पानी बिनु मुरझीले हो
हरिना! आजु राजा के छठिहार तोहे मारि डरिहें हो।।

मचियहिं बइठल कोसिला रानी, हरिनी अरज करे हो
रानी! मसुआ त सींझेला रसोइया खलरिया हमें दिहितू नू हो।।

पेड़वा से टाँगबो खलरिया त मनवा समुझाइबि हो
रानी! हिरी-फिरी देखबि खलरिया जनुक हरिना जियतहिं हो

जाहु हरिनी घर अपना, खलरिया ना देइब हो
हरिनी! खलरी के खँजड़ी मढ़ाइबि राम मोरा खेलिहेनू हो।।

जब-जब बाजेला खँजड़िया सबद सुनि अहँकेली हो
हरिनी ठाढि ढेकुलिया के नीचे हरिन के बिसूरेली हो।।

गीत सुन वातावरण भारी हो आया था। उस मौन को तोड़ते हुए बाबूजी की आवाज़ आयी—'इसका अर्थ समझ में आया? बन में छतनार ढाक का एक पेड़ है, जिसमें घने पत्ते हैं। उसी के नीचे खड़ी एक हिरनी मन ही मन दुःखी है। उसे दुःखी देख, उसका हिरण पूछता है—'हिरनी, क्या तुम्हारा चारागाह सूख गया, वन उजाड़ हो गया या तालाब सूख गया इतनी उदास क्यों हो।' हिरनी कहती है—'आज राजा के यहाँ छठी का उत्सव है, मैं दुःखी हूँ, क्योंकि राजा के शिकारी आ रहे होंगे, वे तुम्हें मार डालेंगे।' इसके बाद स्पष्ट है कि हिरण का वध हो चुका है। शोकाकुल हरिणी रानी कौशल्या से विनती करती है कि मेरा हिरण तो नहीं रहा, किन्तु अब उसकी खाल ही मुझे दे दो। उसे पेड़ पर टाँग कर देखती हुई मैं अपने मन को यह सन्तोष दूँगी कि मेरा हिरण अभी जीवित है। यह सुनकर आसन पर बैठी हुई कौशल्या दम्भपूर्वक उत्तर देती हैं—'हे हिरनी जाओ। अपने घर को वापस जाओ। मैं यह खाल नहीं दूँगी। तुम्हारे हिरण की खाल से मै खंजड़ी मढ़वाऊँगी और मेरा राम इस खंजड़ी से खेलेगा।' इस सोहर का चरम इन शब्दों में है कि जब-जब इस खंजड़ी के शब्द हिरनी के कानों में पड़ते हैं, हिरनी ढाक के नीचे खड़ी होकर अपने हिरण की स्मृति में विह्वल होकर बिसूरती है।'

यह है पूरा गीत! ज़रा सोच कर देखो, घर में बच्चे के जन्म के समय हर्ष का वातावरण है, उस समय इस गीत का पाठ आख़िर क्यूँ किया जाता है?

यह गीत भोजपुरी में है, लेकिन इस सोहर का मूलपाठ भोजपुरी, अवधी, बघेली, मगही, मैथिली सब में तनिक तनिक बदलाव के साथ मिलता है।

मेरी क़लम कब की थम चुकी थी और बस में बैठे सभी लोगों का स्वर भी। गूँज रहा था, तो सिर्फ़ बाबूजी का अद्भुत शब्दभाव प्रवाह, कभी हरिणी की पीड़ा का भाव लिए, तो कभी आसन पर बैठी कौशल्या के अहंकार से दीप्त, सोहर का वर्णन अनायास एक व्याख्यान में बदल गया। मॉरीशस की सड़कों पर दौड़ती बस एक पाठशाला के रूप में परिवर्तित हो चुकी थी और बाबूजी इस सोहर के माध्यम से हमें स्वयं से जोड़ रहे थे, अपने होने का अहसास करा रहे थे। मैं, मन ही मन उनकी असाधारण लोकदृष्टि को नमन कर रही थी। क्या सूक्ष्म दृष्टि थी और क्या पाण्डित्य! नवागत के स्वागत के उत्सव में हिरनी का शोक आज भी इतना प्रभावी...कैसी अद्भुत संस्कृति है हमारी। सोहर पर जितना सोचती जाती उतना उसका मर्म, उसका संकेत, उद्देश्य सब उसी तरह स्पष्ट होता गया जैसे घने कुहासे को भेदता हुआ सूर्य का ताप। सूर्य आराम करने को अस्ताचल में डूब रहे थे।

शाम हो आयी थी, हमारे संगी-साथी मॉरीशस की सुन्दर छवियों को देखने में लीन थे और मेरा मन अवध के वन में अटका हुआ था। सूर्यास्त के साथ ही वैसी हुई और मैं बाबूजी के पीछे-पीछे अभिमन्यु अनत जी के घर की ओर। वहीं प्रवास था उनका। मैने संकोच के साथ पूछा–‘बाबूजी यह पारम्परिक गीत है, मैं चाहती हूँ कि इसकी पारम्परिक लोक धुन में ही इसे गाया जाये, इसकी धुन यहाँ मॉरीशस में कैसे पता चलेगी यह सुनते ही अत्यन्त प्रसन्न मन से स्नेह से भीगे स्वर में उन्होंने अन्दर अपनी पत्नी को आवाज़ लगायी, अरे सुनिए राधिका जी इधर आइए, मालिनी को इस सोहर की धुन गाकर सुनाइए, मुस्कुराती हुई अम्मा आयीं और उन्होंने गुनगुनाना आरम्भ किया, और मैंने मन में उतारना...

अगले दिन कार्यक्रम हुआ और ऐतिहासिक रूप से सफल रहा।

उस दिन बाबूजी ने मुझसे कहा, ‘देखो मालिनी, हमारी लोकपरम्परा की सच्ची ध्वजवाहिका स्त्रियाँ ही हैं। उन्होंने ही सदियों रक्षा की है इस धरोहर की। तुम गायिका हो, तुमने संस्कृत का अध्ययन किया है, सब जानती-समझती हो, तुम गाकर लोगों को बताओ, क्या थी हमारी संस्कृति!’

मैंने इसे ही गुरुमन्त्र मान कर अपने जीवन में और गायन में उतार लिया। उस शाम भारतीय दर्शन का पुनर्दर्शन हुआ, हिरनी की पीड़ा को विस्मृत न होने देने की उत्कट जिजीविषा ने हमारी लोकसंस्कृति को मेरे लिए पुनःपरिभाषित कर दिया। एक गीत ने मेरी दृष्टि सदा के लिए परिवर्तित कर दी थी। समय बीता...जीवन आगे बढ़ा...व्यस्तता बढ़ी और समझ भी।

मेरे हृदय से हिरन का क्रूर वध और हिरनी के विरह की पीड़ा कभी व्यतीत नहीं हुई। कभी पण्डित रामनरेश त्रिपाठी जी का अद्‌भुत संकलन 'ग्राम गीत', तो कभी पण्डित विद्यानिवास मिश्रा जी की दिव्य 'चन्दन चौक' या कृष्णदेव उपाध्याय की भोजपुरी लोकगीत...कितने ही लोक-संग्रहों से झाँकता हुआ हिरनी का यह सोहर जैसे मुझे उद्वेलित करने के लिए ही बार-बार एक छायाचित्र सा रच कर रख देता था। मैं मन्त्रवत, उस ओर अपनी दृष्टि, कल्पना, तर्क, दर्शन सब मोड़ देती। ऐसे ही कुछ वर्ष बाद विद्या बिन्दु सिंह जी की किताब 'सीता सूरजवा की ज्योत' हाथ में आयी।

मैंने देखा, किताब के पन्नों से हिरनी एक बार फिर मुझे झाँक रही थी, लेकिन यह सोहर कुछ अलग था। मैने पढ़ना आरम्भ किया, इसमें हिरन के भीतर रामजन्म की छठी के अवसर पर मारे जाने के सत्य के प्रति न सिर्फ़ स्वीकार्यता का भाव था, अपितु आश्चर्यजनक रूप से राम की सेवा में समर्पित होने और कृतार्थ होने का भाव था। इस सोहर में यह भी रूपान्तर था कि यहाँ हिरनी, हिरन के बदले स्वयं को बहेलिए के सामने प्रस्तुत करती है और वधिक क्रूरता की सीमा को पार करते हुए हिरन के मांस को हिरनी से स्वाद में उत्तम बताता है। हिरनी के सोहर का यह अलग रूप था।

इसे पढ़ते ही मैंने विद्या दीदी को फ़ोन किया, उनसे कहा, छापक पेड़ छिउलिया इस प्रसिद्ध सोहर को मैं गाती हूँ, कई विद्वानों ने इसे उद्धृत किया है, लेकिन यहाँ आपकी किताब में कुछ नयी पंक्तियाँ दिखीं, नया भाव दिखा, यह गीत आपको कहाँ से मिला? विद्या जी ने बताया, मालिनी, अयोध्या जी में यही पाठ गाया जाता है, मैंने अपने गाँव में इसे सुना था। सुधी पाठकों के लिए उस गीत को यहाँ उद्धृत कर रही हूँ।

छापक पेड़ छिउलिया त पतवन गहवर,
हो अरे रामा! तेहि तराँ ठाड़ी हरिनियाँ
त मन मा विरोग भरी।
चरतइ चरत हरिनवाँ त हरिनी से पूछइ हो
हिरनी! किय तोर चरहा झुराने
कि पानी बिनु मुरझउ हो।
हो मोरी हरिनी! किय तुहरा बन भये खाँखर,
मन मा विरोग भरी।
नाहि मोर ताल झुराने न चारा मोरा थोर भये

हो मोरे हरिना! नाही मोरा वन भये खँखार
न पानी विनु मुरझउ हो।
भागउ ए हरिना! भागौ, जियरा बचावहु हो,
हो मोरे हरिना! आजु रमैया जी के छठिया,
तुहें मारि डरिहैं,
जाहु न हरिनी अपने घर हमें नाहीं भावौ,
हो मोरी हरिनी! परबै रमैया जी की बरही (या छठिया) तरन तरि जाबै हो।
कर जोरि विनवे हरिनिया, सुनहु हो बहेलिया।
हो मोरे भैया!
हमही के मारि गिरावा, हरिना जिनि मारहु हो।
हरिनी के माँस गुमसाइन और भकसाइन,
हो मोरी हरिनी! हरिना के माँस सुमाँस हरिना हम मारब।
एतना वचन हरिनी सुनी, त सुनहू न पावैं,
हो मोरी हरिनी! पछवाँ उलटि जब चितवैं, हरिना मोर जूझि गये।
कर जोरि विनवे हरिनिया सुना हो रानी कौसिल्या!
हो मोरी रानी! मासु त सीझिउ जेवनरवाँ (रसोइयाँ) खलरिया हमरी बकसउ।
पेड़वा से टंगबै खलरिया त मन समुझैबै,
हो मोरी रानी! देखबै हरिन के खलरिया,
जनुक हरिना जीयत हो।
जाहु जाहु हरिनी घर अपने त अपने वृंदहिबन,
हो मोरी हरिनी! खलरी के खँझड़ी मढ़ेबै,
रमैया हमरा खेलिहैं।
जब जब बाजइ खँझड़िया, सबद सुनि अनकइ,
हो मोरी हरिनी!
ठाढ़ी ढकुलिया के तरवाँ, हिरन के विसूरइ।

इस गीत में नये बिन्दु जुड़े दिखते हैं। वन में छतनार ढाक का पेड़ है, जिसमें घने पत्ते हैं। उसी के नीचे खड़ी हिरनी मन ही मन दुःखी है। उसे दुःखी देख, चरते-चरते हिरण पूछता है—'हिरनी, क्या तुम्हारा चरागाह सूख गया, वन उजाड़ हो गया या तालाब सूख गया इतनी उदास क्यों हो।' हिरनी कहती है—'आज राम की छठी का उत्सव है, मैं दुःखी हूँ, क्योंकि राजा के बहेलिया आ रहे होंगे, वे तुम्हें मार डालेंगे।' हिरन कहता है—'राम की बरही के पर्व में स्वयं को उत्सर्ग करना पड़े तो मैं धन्य हो जाऊँगा' बहेलिया (शिकारी) के आते ही हिरनी बहेलिए को भाई कह सम्बोधित करती है और हिरन के बदले स्वयं को

मारने के लिए प्रस्तुत करती है। इस पर बहेलिया कहता है कि हिरन का मांस सुमांस है और वो हिरन को मार डालता है। यहाँ हिरण के वध का करुण वर्णन है। शोकाकुल हिरनी कौशल्या से विनती करती है कि मेरा हिरण तो नहीं रहा किन्तु अब उसकी खाल ही मुझे दे दो। उसे पेड़ पर टाँगकर देखती हुई अपने मन को यह सन्तोष दूँगी कि मेरा हिरण जीवित है। आसन पर बैठी हुई कौशल्या दंभपूर्वक उत्तर देती हैं–'हे हिरनी अपने घर को वापस जाओ तुम्हारे हिरण की खाल से मैं खंजड़ी मढ़वाऊंगी और मेरा राम इस खंजड़ी से खेलेगा।' सोहर का चरम इन शब्दों में है कि जब-जब इस खंजड़ी के शब्द हिरनी के कानों में पड़ते हैं, हिरनी ढाक के नीचे खड़ी होकर अपने हिरण की स्मृति में विह्वल होकर रोती बसूरती है।

दोनो गीतों का मूल भाव एक ही है। दोनों में सजीव दृश्यात्मक वर्णन है, ऐसे जैसे सारा घटनाक्रम आपके सामने घटित हो रहा है और आप इस असहायता के दुःख के साथ-साथ व्यतीत हो रहे हैं। हिरनी की पीड़ा आपको चीर डालती है किन्तु आप हिरनी के साथ घट रहे घटनाक्रम में विवश मूकदर्शक हैं, जिसके भाग्य में इस दुःख को अन्तर तक समेटने के अतिरिक्त और कुछ नहीं है। इस गीत में जो कहा गया, उससे कहीं अधिक इसमें ग्रहण करने वाला वह भाव है, जो अनकहा रह गया। उस अनकहे की व्यंजना समाज आज तक कर रहा है।

भारत की लोक-संस्कृति की आत्मा में राम रमते हैं अतः यहाँ कथा का सन्देश देने के लिए रामजन्म निमित्त बना है। यह सोहर हिरनी के शोक की कथा है, अपने प्रिय को खो देने के बाद वियोग की उमड़ती भावनाओं की असमाप्त शृंखला की कथा है। संवेदनाओं के झंझावात में अन्तर्मन को झकझोर देने वाली व्यथा की कथा है। लोक हिरनी की कथा को कह रहा है संसार सुन रहा है, यह जिज्ञासा उठ सकती है कि गीत में नायक हिरण क्यों नहीं, हिरनी ही क्यों, उसका उत्तर इसी में निहित है, क्योंकि सोहर स्त्रियों ने रचे, पुरुषों ने नहीं। इस सोहर को एक स्त्री ने अपनी पीड़ा से सींचा है, इसीलिए नायिका हरिणी है, हिरनी की अभिव्यक्ति एक स्त्री की अभिव्यक्ति है, जिसे दशरथ से नहीं एक स्त्री से ही अर्थात कौशल्या से करुणा की अपेक्षा है, शायद वह हिरनी के दुःख को अनुभूत कर सके, यहाँ कौशल्या का विरक्त निष्ठुर भाव इस सोहर का ऐसा चरम सोपान है, जिसे सुनकर मन दुःख से आर्तनाद करने लगता है। इसी सोहर के दूसरे पाठ में जहाँ हिरनी द्वारा बहेलिया को भैया कहकर पुकारने में हिरन को जीवनदान देने की याचना में विश्वास की एक आशा दिखती है, लेकिन ऐसा होता नहीं।

यह कालजयी सोहर अत्यन्त प्राचीन है सम्भवतः कई सौ वर्ष प्राचीन। जब हम पराधीन थे। गीत में पराधीन समाज की व्यवस्था का संकेत है, जहाँ कौशल्या निर्मम सत्ता और हिरनी शोषित प्रजा की प्रतीक हैं। हिरनी की कोई सुनवाई नहीं, पति वियोग मिला, किन्तु हिरनी को उसके हिरन की खाल तक नहीं दी गयी यह शोषण का चरम है। हिरनी का प्रेम राजा ने छीन लिया है। हिरन-हिरनी के निर्मल प्रेम के क्रूर संहार की कथा उसी प्रकार उद्वेलित करती है जिस प्रकार कभी बहेलिए द्वारा प्रेमरत क्रौंच पक्षी के जोड़े के वध की दारुण पीड़ा ने वाल्मीकि को महाकवि वाल्मीकि बना दिया।

तमसा नदी के तट पर प्रेम लीन क्रौंच पक्षी युगल को जब एक बहेलिये ने अपने बाणों से बींध दिया, उस समय मादा क्रौंच के करुण क्रन्दन को सुनकर महर्षि वाल्मीकि के मुख से एक श्राप निकल पड़ा था—

मा निषाद प्रतिष्ठां त्वमगमः शाश्वतीः समाः।
यत्क्रौंचमिथुनादेकम् अवधीः काममोहितम्।।

अर्थात हे दुष्ट! तुमने प्रेम में मग्न क्रौंच पक्षी को मारा है, इसीलिए जा तुझे कभी भी प्रतिष्ठा (शान्ति) प्राप्त नहीं होगी एवं तुझे भी इन्हीं की भाँति वियोग झेलना होगा।

यह श्लोक काव्य जगत की प्रथम रचना मानी गयी है, जिसके मूल में करुणा का भाव है। रामायण रामकथा है और यह अकारण नहीं कि राम करुणा के सागर हैं। राम के चरित्र के मूल में करुणा का भाव ही निहित है। सत्य है, कि भारतीय जीवन मूल्य की आत्मा है संवेदना। लोक ने सभी गुणों में संवेदना और दया के भाव को सर्वोपरि माना है। यहाँ इस गीत में कौशल्या ने हिरनी को दुःख दिया, इसके लिए लोक ने उन्हें आज तक क्षमा नहीं किया, इस गीत की पुनरावृत्ति इसका प्रमाण है, लोक हिरनी के साथ हुए अन्याय को बिसरने नहीं देना चाहता। शायद यही कारण है कि कहीं-कहीं लोक अपेक्षित हस्तक्षेप कर हिरणी का प्रतिशोध लेते हुए दिखता है। इसी सोहर का एक अन्य रूपान्तर मिलता है, जिसमें हिरनी कौशल्या को श्राप देती है कि जिस प्रकार मैं आज अपने हिरण के वियोग में सन्तप्त हूँ, वैसे ही तुम्हें भी अपने पति के वियोग में तड़पना पड़ेगा, राम वन को चले जायेंगे और उनके विरह में दशरथ प्राण त्याग देंगे।

अरे अरे रानी कौसिल्या जइसे हम तड़पेन हो,
रानी तुहरा रमैया बन जैइहैं, तड़पि राजा मरिहैं,
तुहूँ दुःख पइबू हो।

यहाँ वाल्मीकि की प्रेरणा और इस सोहर में अद्भुत साम्यता दिखती है। वाल्मीकि का श्राप फलीभूत हुआ या नहीं, कौन जाने, किन्तु हिरनी का श्राप कौशल्या के जीवन में शूल सा जा लगा। कौशल्या को प्राणों से प्रिय पुत्र राम का वनवास और पति दशरथ की मृत्यु दोनों रूप में वियोग का वनवास मिला। कैसी अद्भुत साम्यता है दोनो में।

किन्तु लोक-संस्कृति उदार है, क्षमाशील है। एक और रूपान्तर मिलता है, जिसमें कौशल्या हिरनी से क्षमा माँगती हैं और हिरणी उदार मन से उन्हें यह कहते हुए क्षमा करती है, यद्यपि तुमने मुझे मेरे हिरण से दूर किया है, लेकिन तुमने क्षमा माँगी है, इसलिए चौदह वर्ष बाद तुम्हारा राम तुम्हारे पास अयोध्या वापस लौटकर आयेगा।

सामान्य शंका हो सकती है कि शिशु के जन्म के मांगलिक अवसर पर तो हर्षोत्फुल्ल बधाई सोहर जच्चा गाये जाते हैं। आख़िर क्या कारण है, जो हमारी पुरखिनें आज भी शिशु जन्म के आनन्दोत्सव में हिरनी के दुःख को भूलती नहीं! अनेक सोहर गीत हैं, जिनमें मानव जीवन का करुण पक्ष सामने रखा गया है। मानव के जीवन का ही नहीं, वरन् पूरे अन्तर्मन को विचलित कर देने वाले हिरनी के प्रसंग को गाती हुई वे हमें क्या कहना चाहती हैं? वे कहना चाहती हैं, सन्देश देना चाहती हैं, 'ध्यान रहे! यह सृष्टि सबकी है, हमारा मूल दर्शन है वसुधैव कुटुम्बकम्! हमारी चेतना है 'सर्वे भवन्तु सुखिनः' हमारा विश्वास है 'अहिंसा परमो धर्मः' वह मनुष्य, मनुष्य नहीं, जिसके हृदय में करुणा न हो! साथ में यह चेतावनी भी। स्मरण रहे। तुम्हारा मंगल, मंगल नहीं, यदि किसी अन्य का अमंगल कर मने। हिरनी की पीड़ा आज भी लोक-संस्कृति के गर्भ में उसी तरह क्रंदन कर रही है, मनुष्यता बनी रहे, यही गुहार लगा रही है।

मैं सोचती हूँ, लोक-साहित्य को गम्भीरता से न लेने वाले बड़े अभागे हैं, भारत की लोक-संस्कृति के अमृतकलश के ऐसे मोतियों का दर्शन वही कर सकता है, जिसके हृदय में भारतीय जीवन-दर्शन को जानने की व्याकुलता है।

यह गीत कोई सामान्य गीत नहीं, वेद की ऋचा है, ज्ञान परम्परा का विस्तार है, अपने आप में एक महाकाव्य है, जिसका उद्देश्य मनुष्य को धर्म एवं नीति के अनुसार जीवन व्यतीत करने की शिक्षा देना है। वेद, पुराण, महाकाव्य की रचना का वृहद् लक्ष्य समाज का उन्नयन था। मनुष्य के कर्मों का विश्लेषण कर उन्हें दुष्कर्म करने से रोकना। यह लोकगीत उसी प्राचीन भारतीय ज्ञान परम्परा की निधि है जिसके माध्यम से समाज का मार्गदर्शन होता आया है। वेद मन्त्र

की तरह यह और ऐसे अशेष गीत हर युग में मानवीय चेतना को जाग्रत करने का काम करते आये हैं। जिस हृदय में करुणा नहीं, दया नहीं, जीव का सम्मान नहीं, ऐसा मानव जीवन व्यर्थ है।

जब-जब इस गीत को उठाने का प्रयास करती हूँ, बाबूजी की छवि नैनों के सामने तैर जाती है, भारत की गुरु-शिष्य परम्परा में अर्जुन ने भी विद्या ग्रहण की और एकलव्य ने भी। मैने स्वयं को एकलव्य मान पण्डित विद्यानिवास मिश्र जी के समृद्ध ज्ञान-कोष से नित सीखा है। बाबूजी के साथ दो दशकों के बीच हुए संवाद की निधि मेरी धरोहर है।

'छापक पेड़ छिउलिया' गाते हुए कानों में उनकी वाणी गूँज उठती है–'देखो मालिनी, तुम गायिका हो और तुमने अध्ययन किया है, तुम गाकर लोगों को बताओ, क्या थी हमारी संस्कृति!'

कितनी अद्‌भुत है हमारी संस्कृति जहाँ ऐसे संस्कार गीत का बारम्बार पुनःपाठ कर उनसे ग्रहण करने की परम्परा है और इस परम्परा के अनुसरण के दायित्व बोध की गम्भीरता समझने का कैसा अद्‌भुत कौशल हमारी पूर्वजाओं में रहा, इसी दायित्व बोध ने हमें शेष रखा है, यह दायित्व बोध आज की पीढ़ी में इसी प्रकार बना रहे, इसी के गर्भ में भविष्य का भारत है।

12

रेलिया बैरन पिया को लिए जाए रे...

रेलगाड़ी! हम सबकी प्रिय रेलगाड़ी! किसे प्रिय नहीं! हम सबकी तमाम स्मृतियाँ रेलगाड़ी से जुड़ी हैं। रेल में की गयीं बेशुमार यात्राएँ हों या रेलवे स्टेशन पर बैठकर आने वाली रेल की अन्तहीन प्रतीक्षा। रेल की वह खटक, खटक, खटक, खटक चलने की आवाज़...जैसे ख़ुद अपने दिल की धड़कन उसकी आवाज़ में शामिल हो गयी हो। इंजन की हूक भरी कूकती सीटी बजने का रोमांच। प्लेटफॉर्म पर शान से दाख़िल होती रेलगाड़ी, पटरी बदलते हुए कसैला शोर मचाती रेलगाड़ी, बाँध के ऊपर से एक अलहदा ताल के नाद में गुज़रती रेलगाड़ी...

हम सबका बचपन रेल के साथ ऐसा जज़्ब है कि रेलगाड़ी का ज़िक्र भी आज रोम-रोम में सिहरन पैदा कर देता है। लेकिन यह पहले की बात है। आजकल के ट्रेनों में तो कमबख़्त सीटी भी नहीं सुनाई देती। अब कहाँ वह भाप वाले इंजन, अब तो आधुनिक सुविधाओं से लैस आरामदेह रेलगाड़ी है, यह सच है कि अब साफ़-सफ़ाई है, सब बेहतर हैं, पहले पटरी वाली सीटों का स्थान गद्दीदार बर्थ ने ले लिया है और डिब्बे का स्थान बढ़िया सुसज्जित कोच ने! लेकिन, अब वह बात नहीं। काले शीशे के पार का गाँव-जवार, खेत-खलिहान, जंगल देखने का मजा अब कहाँ? वक़्त बदल गया, रेल में सुख-सुविधा बदल गयी, जो नहीं बदली, वह है पथिक की तकदीर! रेल भारत के दिल की धड़कन है।

आज भी अपनी आँखों में सपने लिए यात्री रेल पर सवार होता है, एक नए गन्तव्य के लिए, नयी यात्रा के लिए। रेल उसके लिए यात्रा नहीं, अपने सपनों को पूरा करने का सेतु है। जब से रेल ईज़ाद हुई, तब से यह क्रम चला आ रहा है, गाँव हो, क़स्बा हो या कोई स्टेशन, प्रतिदिन न जाने कितनी उम्मीदें, आशाएँ, अपनी झोली में भरकर कितने ही नौजवान रेल में सवार होकर एक

नया आसमान तलाशने जा पहुँचते हैं मुम्बई, कोलकाता, चेन्नई, लुधियाना, दिल्ली, कहीं भी। शहर कोई भी हो सकता है, लेकिन उस आसमान को छूने पहुँचने का रास्ता रेल से होकर गुज़रता है और यह रेल जब स्टेशन से छूटती है, तो यात्री का सिर्फ़ नीड़ ही नहीं छूटता, उसके साथ पीछे बहुत कुछ छूट जाता है, टूट जाता है। आशाएँ, उम्मीदें, अरमान उस पथिक के आत्मीयों के भी टूटते हैं।

जब तक ट्रेन स्टेशन में आँखों से ओझल नहीं हो जाती, तब तक न जाने कितनी जोड़ी आँखें हाथ हिलाते हुए अपने प्रिय को विदा कर रही होती हैं इस उम्मीद में कि जल्दी मुलाक़ात होगी। यह प्रतीक्षा कितनी लम्बी हो सकती है, इसका अन्दाज़ा आज की पीढ़ी शायद न लगा सके। लेकिन एक वक़्त था, जब किसी का कोई अपना परदेस गया, तो फिर प्रतीक्षा ही प्रारब्ध बन जाता था।

ट्रेन की सीटी बजते ही, स्टेशन से गाड़ी छूटते ही, अपनों का इन्तज़ार आरम्भ हो जाता था। ऐसे ही थोड़ी ना हमारे यहाँ वियोग को भी शृंगार का अंग माना गया है। यह वियोग ही मारक है, वियोग ही प्रेम की तीव्रता को बढ़ाता है, प्रेम को दृढ़ करता है। लेकिन क्या अदम्य दृढ़ता थी, हमारी पुरखिनों में। उनके पति कमाने परदेस गये, लेकिन वे टूटी नहीं, वे उस प्रेम में डूबी हुई जुड़ी रहीं, अपने नीड़ से, परिवेश से। पति के वियोग से निकले आँसुओं से सींचकर उन्होंने गृहस्थी बसाई है।

बहुत पुरानी बात है। मैं माँ के साथ रिक्शे में बलरामपुर अस्पताल से अमीनाबाद जा रही थी। रिक्शेवाले भइया ने हम दोनों को अमीनाबाद में नेतराम कचौड़ी वाले के पास उतारा और जब तक माँ पर्स में से पैसे निकालकर देती, तब तक वह गुनगुनाने लगा।

जउने टिकसवा से सैयाँ मोरे जइहें
पानी बरसै टिकस गल जायें रे

बस, इतना ही सुना था। और हम आगे बढ़ गये। यह पक्ति मेरे मन में बैठ गयी। क्या अद्‌भुत बात थी, गीत में, जिस टिकट से पिया जाने वाले हों, क्या बात हो, जो कहीं पानी बरस जाये और उनका टिकट गल जाये, क्या अद्‌भुत कामना थी। प्रेम भी क्या-क्या कामनाएँ करवाता है।

बहरहाल, बहुत सालों बाद पूरा गीत मिला और मैंने इस गीत को सम्पूर्णता से अपनी आत्मा में उतार लिया।

रेलिया बैरन पिया को लिए जाए रे....
जउने टिकसवा से सैयाँ मोरे जइहें
पानी बरसै टिकस गल जायें रे
जउने सहरवा को सैयाँ मोरे जैहें
आगी लागै सहर जल जाए रे

किसी नवोढ़ा का पति परदेस चला गया है, पति रेल पर बैठकर जा चुका है, उसे अब रोका नहीं जा सकता। परदेस जाने वाली रेल पटरी से रेंगती हुई चली गयी, नायिका के कलेजे को चीरती हुई। क्या करे वो, अपनी खीज, अपना क्षोभ किस पर निकाले, पति तो प्राणों से प्रिय है, यह रेल ही मेरी जान की दुश्मन बन गयी है। यही है दोषी, देखो, मेरे पिया को अपने संग लिए जा रही है।

वह कामना करती जाती है, जिस टिकट से गये हों, पानी बरस जाये और टिकट गल जाये, आगे जा न पायेंगे। अच्छा, जिस शहर में मज़दूरी करने गये हों, उसी शहर को आग लग जाये, कुछ तो ऐसा हो कि मेरे पिया मेरे पास वापस लौट आयें। पिया नहीं लौटते। बिरहिन पुनः विचार करती है, ऐसा क्या हो जाये, जो नौकरी ही छूट जाए! इसके बाद गीत की पक्तियाँ, कल्पना की अद्‌भुत उड़ान हैं–

जौने साहबवा के सैयाँ मोरे नौकर
गोली दागै साहेब मर जाए रे...

आय हाय हाय, क्या कामना है। जिस मालिक ने नौकरी पर रखा है, उसी साहब पर गाज गिरे! ऐसी वैसी गाज भी नहीं, सीधे गोली से मारने की कामना है। गोली कौन चलायेगा, इसकी चिन्ता नहीं नायिका को। कोई भी चलाये, कैसे भी चले गोली, बस साहब के अन्त का कारण बने। सत्ता को ऐसी निर्भीक चुनौती प्रजा ही इस साहस के साथ दे सकती है। कोई भी हो साहब, नायिका निर्भया है, गोली चले, साहब मरें, अंज़ाम चाहे जो भी हो, मेरे पिया तो वापस लौट आयेंगे।

यह गीत बहुत पुराना है, सम्भवतः भारत में रेल व्यवस्था क़ायम होने के साथ ही इस गीत के उद्‌गम की ऐतिहासिकता जुड़ी है। श्रद्धेय पण्डित रामनरेश त्रिपाठी जी ने अपनी पुस्तक 'कविता कौमुदी' में लगभग 15 हज़ार लोक-गीतों का संग्रह किया, जिन्हें त्रिपाठी जी ने सन् 1925 से गाँव-गाँव में घूमकर संग्रह किया था। सन् 1928 में प्रकाशित इस अद्‌भुत पुस्तक की प्रथम प्रति महात्मा गाँधी जी को भेंट की गयी थी। इस पुस्तक में अवध क्षेत्र में सुलतानपूर के एक

गाँव में एक स्त्री के मुख से *रेलिया बैरन पिया को लिए जाए रे* इस गीत को पहली बार सुने जाने की बात उल्लिखित हुई है, अर्थात 100 वर्ष पुरानी पुस्तक में इस गीत का वर्णन होना इस गीत की ऐतिहासिकता को प्रमाणित करता है। मुझे ऐसा लगता है कि सुनने में भले ही यह गीत एक विरहन की पुकार हो, किन्तु कहीं न कहीं यह भारत में अंग्रेज़ों की सत्ता को चुनौती देता हुआ एक क्रान्तिकारी गीत है। उस समय पराधीन भारत में ग़रीब आदमी को कभी छल से कलकत्ता और फिर कलकत्ता से जहाज़ द्वारा मॉरीशस, त्रिनिदाद, सूरीनाम भेजे जाने का क्रम जारी था, तो कहीं नील की खेती में उनका शोषण! गीत में साहब को गोली मारने की जो कामना दिखती है, वह गोरों के शोषण के प्रति भारतीयों के आक्रोश की अभिव्यक्ति है। आख़िर उस दौर में साहब कहलाने का अधिकार सिर्फ़ अंग्रेज़ों को था। सच कुछ भी हो, जनभावना शब्द और स्वर पाकर अमर हो गयी।

मैं अक़्सर यह कहा करती हूँ कि लोकगीत आज भी प्रासंगिक है, क्योंकि उनमें व्यक्त की गयी एक-एक भावना शाश्वत है। इस गीत को गाते हुए मैंने अनुभव किया है गीत सुनकर चेहरे पर छायी उन निर्दोष मुस्कुराहटों को, जिन्होंने इस गीत के कथानक से ख़ुद को कहीं न कहीं जुड़ा पाया है। ऐसे ही थोड़ी न कोई गीत अमर हो जाता है। इस गीत में रेल को लख कर जो ताना दिया गया है, वह हर औरत के मन की बात है, रेल यहाँ उस उलाहने का एक बिम्ब मात्र है, लेकिन पति के साथ न रहने की टीस तो सार्वभौमिक है न! इस गीत की ही बात लें, तो यहाँ भले ही नायिका ने अपने परदेसी पति के मालिक यानी 'साहब' की मृत्यु की कामना की हो, लेकिन सच कहियेगा, अपने भीतर ही झाँककर देखें हम में से कौन ऐसा होगा, जिसने अपने जीवन-काल में अपने पति को मुलाजिमत पर रखने वाले 'साहब' को कभी कोसा न हो! चाहे वो उच्चाधिकारी हो या आधुनिक परिप्रेक्ष्य में पति का 'बॉस'! इस रोष का कारण चाहे जो भी हो, छुट्टी न मिलने के कारण, यात्रा का बना-बनाया प्लान पति के बॉस के कारण चौपट हो जाने के कारण, रोज़ दफ़्तर से देर से आने की नाराज़गी के कारण। कारण चाहे कोई भी हो, हर स्त्री जीवन में कभी न कभी शक्ति के इस पायदान को कोसती ज़रूर है। बात तो दिल की है और दिल पर क्या ज़ोर। गीत की अन्तिम कड़ी मारक है!

जौने सौतैनिया पे सैयाँ मोरे रीझे
खाए धतूरा सौत बौराए रे

यहाँ इस गीत में पति जब नहीं लौटता, तो बिरहिन नायिका को अनजानी सौत की आशंका डराती है। अतिशय प्रेम का दुर्गुण है शंका! परदेसी पिया की लम्बी अनुपस्थिति में सौतन की कल्पना की आशंका स्वाभाविक है। सौत एक शब्द नहीं, पात्र नहीं, चरित्र नहीं, एक भाव है! लोकगीतों में हर तीसरे गीत में सौत का ज़िक्र वियोग की कल्पना में असुरक्षा की भावना से उपजा एक ऐसा पात्र है, जिसका अस्तित्व यथार्थ में हो या न हो, नायिका के कल्पना-लोक में एक स्थायी पात्र है, उसी के कारण पति लौट नहीं पाते। गीत में सौतन का नाम आते ही श्रोता, दर्शक सबके मन में गुदगुदाने वाली कल्पना जाग उठती है, यह उनके खिले चेहरों को देख महसूस किया है मैंने!

अनेक तरह से पति के लौटने की आशा में रचे इस गीत में खलनायिका सौत भी है और रेल भी! परदेसी पिया को भरमाने वाली सौत पर तो नायिका का कोई ज़ोर नहीं, किन्तु उसके विनाश की कामना तो की ही जा सकती है, भले ही वह धतूरा खिलाकर हो...

असली सौत तो यह रेल है, जो पिया को न जाने कितनी दूर ले गयी। यह रेल ही है फ़साद की जड़! यह न होती, तो मेरा पति घर-द्वार छोड़कर न जाता।

अब देखिए, इस गीत को सुनने की, मुझसे हमेशा फ़रमाइश की जाती है और मैं जब भी इसे गाती हूँ, लोग नाचते हैं, झूमते हैं, हँसते हैं, गीत की व्यंगात्मक शैली पर मुस्कुराते हैं, विनोद करते हैं, किन्तु वास्तव में यह गीत सोचने पर मजबूर कर देता है कि हमारी पूर्वजाओं ने अपने विरह, अपने एकाकीपन की व्यथा को आँसुओं से नहीं, ऐसे ही गीतों में गूँथ कर लोक के सामने रख दिया। पति की ग़ैरमौजूदगी में अपने गाँव में पीछे रह गयी घर-परिवार, खेत-खलिहान, गाय-बछड़ा सब देखती हुई हमारी मातृशक्ति वास्तव में किसी तपस्विनी से कम नहीं थी। अपना दर्द सीने में दबाये हुए वर्षों-वर्षों की यह प्रतीक्षा क्या किसी तपस्विनी के तप से कम है! क्या यह सच नहीं है कि आज जो बड़े-बड़े हाइवे, सड़कें, बाँध, अट्टालिकाएँ निर्मित हो रही हैं, यह उन्हीं बिरहिनों के त्याग और आँसुओं की क़ीमत पर खड़ी हुई हैं।

हमारे प्रवासी भाई-बन्धुओं के अथक परिश्रम से खड़ी भारत की तरक़्क़ी की बुनियाद में हमारी इन तपस्विनी पूर्वजाओं के त्याग की मिट्टी है, वरना इस संसार में कौन ख़ुशी-ख़ुशी अपना घर-दुवार छोड़कर परदेस की राह पकड़ता है। कोई नहीं। जीवन के बेहतर अवसर, नौकरी की मजबूरी, परिवार का पेट पालने की ज़िम्मेदारी ने ही घर में विस्थापन कराया है।

एक क़िस्सा सुनाती हूँ–

चौदह वर्ष पहले की बात है, मैं मुम्बई में एक कार्यक्रम दे रही थी। सामने एक से एक दिग्गज श्रोता बन बैठे थे, जिनमें कलाकार भी थे, राजनेता भी, उद्योगी भी थे और मुम्बई में बसा बड़ी संख्या में उत्तर भारतीय समाज। उत्तर प्रदेश, बिहार से बड़ी संख्या में प्रवासी मुम्बई में रह रहे हैं, उन्होंने अपनी मेहनत से आज एक बहुत सुन्दर सबल, सफल समाज खड़ा किया है, मेरे हृदय में उनके परिश्रम के लिए बहुत सम्मान है, लेकिन उनसे भी अधिक उनके परिवार के त्याग के लिए।

कार्यक्रम आरम्भ हुआ, अपने कई गीतों के बीच मैंने 'रेलिया बैरन' भी सुनाया... कार्यक्रम अभुतपुर्व रूप से सफल रहा। कार्यक्रम की समाप्ति के बाद वहां उपस्थति मुख्यातिथि व्याकुल हो आपने आसन से उठे और उन्होंने अपने उद्‌बोधन का आरम्भ ही कुछ इस तरह किया...

'मालिनी बहन' को मैं यह बताना चाहता हूँ कि मैं जब-जब इस गीत को सुनता हूँ, बहुत भावुक हो जाता हूँ, क्योंकि यह गीत सुनकर मुझे वह समय याद आता है, जब मैंने बहुत कम उम्र में जौनपुर से मुम्बई की रेल पकड़ ली थी, कुछ बनना है, कुछ करना है यह सोचकर।

यहाँ आकर सोचता रहा कि जल्द घर जाऊँगा, लेकिन सात बरस बीत गये और मैं घर नहीं जा पाया। पैसे आये भी तो पत्नी को साथ ले सकूँ, ऐसी आर्थिक और सामाजिक परिस्थिति नहीं थी। इस प्रक्रिया में और भी न जाने कितने बरस बीत गये, हर त्योहार, हर पर्व में मुझे घर याद आता और मेरी पत्नी मुझे चिट्ठी में यही गीत लिखकर भेजती थी, मैं पढ़ता था और आँसुओं को बहने से नहीं रोक पाता था...

रेलिया बैरन पिया को लिए जाए रे...

उनकी इस आपबीती की भावुक अभिव्यक्ति से उत्तर प्रदेश, बिहार की विस्थापन की पीड़ा से उपजे आँसुओं से भीगे ऐसे गीतों का सामाजिक परिवेश का ताना-बाना सामने आ गया।

एक और दृश्य, वर्ष 2018, मैं सिन्धु महोत्सव में गायन प्रस्तुत करने लद्दाख गयी। कार्यक्रम के एक दिन मैं लद्दाख से और ऊपर स्थित खारडूंगला गयी। खारडूंगला समुद्र तल से अठारह हज़ार मीटर से भी अधिक ऊँचाई पर स्थित है। ऊँचाई के कारण यहाँ साँस लेने में भी कठिनाई होती है। डॉक्टरों की सलाह पर

यहाँ आने वाले पर्यटक अपने साथ में ऑक्सीजन के सिलेंडर तक लेकर जाते हैं। विषम भौगोलिक परिस्थिति में मुझे वहाँ सड़क का निर्माण करते दस-बारह श्रमिक दिखे। मैं उनसे मिलने गयी और पूछा कि वे कहाँ के रहने वाले हैं। किसी ने बताया बाराबंकी, किसी ने कहा सीवान! वे बोले, यहाँ पूरे वर्ष बर्फ़ रहती है, इसलिए यही तीन महीने के समय का ठेका मिला है, सड़क बनाने का। अब जुलाई में हम घर जायेंगे। मैने पूछा, ठण्ड नहीं लगती? उत्तर मिला–'अब काम है तो करना ही पड़ेगा।' मैंने आगे पूछा–'परिवार में कौन-कौन इन्तज़ार कर रहा है।' एक ने हँसकर जवाब दिया, यह मोहन का ब्याह तय हुआ है। इससे पूछिए। मोहन लजा गया और बाक़ी सब हँसते हुए अपने काम पर वापस लग गये। मैं उन्हें प्रणाम करके यह सोचती हुई वापस आयी कि यह खारडूंगला, जो भारत देश की सर्वोच्च सड़क यानी हाईएस्ट मोटरेबल रोड मानी जाती है। जहाँ साँस लेने में भी दिक़्क़त हो, वहाँ कैसी कठिन परिस्थिति में हमारे ये भाई काम कर रहे हैं और इनकी सबसे बड़ी शक्ति है, इनका गाँव परिवार, कोई अपना जो राह देख रहा है, इनकी वापसी की। लद्दाख से मोहन की वापसी की राह सीवान स्टेशन पर खड़ी उसकी होने वाली पत्नी भी तो कर रही होगी।

तरक़्क़ी बहुत निर्मम होती है, तरक़्क़ी का पहला क़दम है विस्थापन। शायद इसीलिए गाँव में पीछे रह गयी तपस्विनियों ने कहा था–

रेलियो न बैरी जहजियो ना बैरी हाय राम उही पैसवा बैरी हो
पिया के ले गईले विदेसवा हाय राम उही पैसवा बैरी हो...

लेकिन रेल कहाँ रुकी है, कभी किसी के लिए और सुनहरे सपने लिए परदेसी के लिए तो बिल्कुल भी नहीं। हर सफ़र में सपने सँजोये पथिक और राह तकती उसकी प्रिया...

13

सिया को जनम भयो

विवाह होकर मैं कुछ दिन ससुराल रहने के बाद प्रयाग आ गयी। उस समय ये प्रयाग में प्रशिक्षु अधिकारी अर्थात प्रोबेशनर के रूप में कार्य कर रहे थे। प्रयागराज में पूर्ण कुम्भ मेला लगा हुआ था। स्वाभाविक था कि कुम्भ के कारण इनकी व्यस्तता अधिक थी।

प्रयाग प्रवास छोटा था, लेकिन हमारे जीवन का सबसे सुन्दर अध्याय बन गया, पलुस्कर जी का 'चलो मन गंगा-जमुना तीर' सुनते हुए बड़ी हुई था, क्या जानती थी कि संगम के नज़दीक ही हमारा पहला ठिकाना होगा। जॉर्ज टाउन में माघ मेला गोदाम कॉलोनी में आवास मिला था, हमारा पहला घर! जहाँ हमने साथ गृहस्थी सजायी। हम दोनों हर दूसरे दिन, संगम जाते, रेत किनारे बैठे हुए गंगा की उठती-गिरती लहरों को देखते, चाँदनी रात में त्रिवेणी में नौका विहार करते, कभी प्रयाग स्टेशन की चाय पीते, कभी यूँ ही बस, फाफामऊ की ड्राइव पर नये जीवन के भावी सपने देखते हुए विचरण करते...

उस समय की ये स्मृतियाँ हम दोनों के जीवन की सबसे मोहक धरोहर हैं। विवाह को एक माह व्यतीत हो चुका था।

मकर संक्रान्ति की पूर्व संध्या मैंने इनसे कहा, कल भोर में स्नान, ध्यान कर उत्तरायण होते सूर्य भगवान को अर्घ्य देने का मन है। ये मान गये, इस शर्त पर कि सुबह छह बजे तक हम वापस हो जायें, मैं तो मगन!

मकर संक्रान्ति! शाही स्नान की पहली तिथि!

ठिठुरन वाली सर्दी की भोर।

हम दोनों नाव में बैठ संगम की ओर...

कुहासा छँट रहा था, आकाश की कालिमा बहुत धीरे-धीरे विलीन हो रही थी, सूर्यनारायण के उदयाचल पर आने की तैयारी में प्रकृति विभोर सी लग रही थी, गंगा के पाट पर अनन्त नौकाएँ दीपों की तरह प्रवाहित हो रही थीं, संगम में श्रद्धालुओं का समुद्र सा उमड़ा पड़ा था...गंगा, जमुना और अदृश्य सरस्वती का

आशीष लेने हज़ारों मील दूर से आये श्वेत प्रवासी साइबेरियन क्रेन पंछियों का झुण्ड अपनी उपस्थिति से वातावरण को मोहक बना रहा था। वे जब तब हमारी नाव में बैठ बहुत अधिकार से भोजन माँगते और उड़ जाते। धीरे-धीरे बादलों के बीच उभरी मद्धम लाली मंगल कुंकुम सी जल पर फैलने लगी, सूर्यनारायण के आगमन पर उल्लसित प्रकृति का उत्सव...आह! मैं देख रही थी, इस पूरे अनुभव को आँखों से मन से मानो पी रही थी।

दूर से सामूहिक लोककण्ठ में अस्पष्ट स्वरलहरी संगम में गूँज उठी, मैंने पीछे मुड़कर देखा, श्रद्धालुओं से भरी नाव से अब उच्च स्वर में लोक का समवेत स्वर साफ़ सुनाई पड़ा।

दरसन दीहि भोरे भोरे ओ गंगा मैया भोरे हो
आपन मैया के चुनरी चढ़इबो
चुनरी चढ़इबो जोड़े जोड़े ओ गंगा मैया जोड़े हो।।

नाव बग़ल से गुज़र रही थी और गंगा पूजैया के गीत गाती हुई स्त्रियाँ, मुस्कुराती हुई उत्सुक भाव में हमें देख रही थीं। मैंने भी उन्हें प्रणाम कर मुस्कुराते हुए अभिवादन किया।

कहीं मन्त्रोच्चार, कहीं जल की ध्वनि, पूजैया के गीत में पंछियों के कलरव का नाद कैसा ईश्वरीय संगीत उत्पन्न कर रहा था कि मैं मन्त्रवत वहीं बैठ ईश्वर की दिव्य सत्ता को अनुभूत कर रही थी। स्नान के लिए हम दोनों जैसे ही उतरे, दूसरी नाव से आवाज आयी–'अभी ब्याह हुआ है?' मैं सुनकर लजा गयी और सहमति में शीश झुका लिया। सुनकर नाव में बैठी चुनरी ओढ़ बच्चा, बूढ़ा परिवार सँभाले नाव पर बैठी सभी श्रद्धालु स्त्रियों की मुस्कान और गाढ़ी हो गयी, जैसे नया ब्याहा जोड़ा उनकी आँखों में चढ़ गया हो।

इधर संगम में कमर तक बढ़ी हुई जलधार में उतर हम दोनों ने एक-दूसरे का हाथ पकड़कर साथ डुबकी लेना आरम्भ किया। प्रवाह तेज़ था, इतने में निकट खड़ी नावों से खिलखिलाने की आवाज़ों के बीच एक प्रौढ़ औरत की बुलन्द आवाज़ सुनाई दी 'ए बहुरिया गंगा-जमुना मैया के हाथ जोड़ लो दूल्हा, बच्चा, परिवार, सुख, धन-धान्य सब गंगा मैया के दीहल सम्पत्त हौ। दूल्हा के संग डुबकी लै लियो, अब अचरा पसार गंगा मैया के निहोर ल्यौ!'

पता नहीं उस वाणी में क्या था आदेश या किसी नयी-नवेली को दीक्षित करने की कामना। सम्मोहित से मैंने पति का हाथ छोड़ अपने दोनों हाथ गंगा मैया की ओर जोड़ लिए। माँग लिया न जाने क्या कुछ। आँचल पसार गंगा का

मातृत्व भाव हृदयस्थ करते हुए मैं आस्था की पराशक्ति को समर्पित हो गयी। उस दिन मुझे लगा, मुझ-सा अमीर कोई न था। वापस नाव में बैठी, तो मेरे आँचल में बहुत कुछ था, पति का प्रेम, विश्वास का धन, पुरखिनों का दिखाया संस्कार और गंगा, जमुना, सरस्वती मैया का आशीर्वाद।

आशीर्वाद तो ऐसा फला...अभी गृहस्थी के जटिल संसार को समझने भी नहीं पायी थी कि आँचल में नन्ही दस्तक सुनाई देने लगी। मैं तो अभी प्रेम के साँवरे रंग में सराबोर थी कि मातृत्व की सतरंगी बदरिया अचानक बरस पड़ी। जिस नवविवाहिता को विवाह के पहले महीने में ही जानकारी मिले कि वह माँ बनने वाली है, उसकी मनोदशा भला क्या होगी? यही लगता कि अभी तो जीवनसाथी का हाथ थाम नयी स्वस्ति यात्रा की ओर बढ़ी ही थी, अभी तो नये-नये रिश्तों नये परिवेश को समझना आरम्भ हुआ था कि अचानक विधाता ने मुझ अनुभवहीना को अनजाने पथ पर चलने का आदेश दे दिया था।

पतिदेव तो यूँ प्रसन्न हो रहे थे, जैसे जग जीत लिया हो! आँखों से खुशी के आँसुओं को पोंछते हुए इन्होंने दोनों परिवार में सूचना दी। यह समाचार सुनकर मायके और ससुराल में अलग-अलग प्रतिक्रिया हुई। पिता हालाँकि डॉक्टर थे लेकिन न जाने कैसे मुझे लेकर चिन्तित हो गये, माँ तो फिर माँ थी। हमेशा मज़बूत रहने वाली मेरी माँ सुनकर घबरा गयीं, सबसे यही कहती फिरती—‘अभी इतनी छोटी है, कैसे सँभालेगी सब कुछ। अभी तो ब्याह हुआ है, घर में भी सबसे बड़ी बहू है। भरा-पूरा परिवार है। ऊपर से अवनीश कितने व्यस्त रहते हैं, इतनी ज़िम्मेदारी के बीच नयी ज़िम्मेदारी कैसे सँभालेगी?’

उधर ससुराल में प्रतिक्रिया यहाँ से बिल्कुल विपरीत। सास-ससुर प्रसन्नता छुपा नहीं पा रहे थे, मेरी सास ने मेरी माँ को फ़ोन करके बधाई दी, ‘बधाई हो, हमको दादी, आपको नानी कहने वाला आ रहा है’; साथ ही फ़रमान जारी कर दिया, ‘प्रसव तो हमारे यहाँ ससुराल में ही होगा!’ डॉक्टर साहब से कहिएगा, इनकी दवाई, खान-पान देखना और आप भी ध्यान रखें। बधाई से घर-आँगन गूँज उठा, लेकिन मैं अनजानी आशंकाओं से भरी हुई, कुछ प्रसन्न, कुछ घबराई हुई। अल्हड़ उम्र में मातृत्व की अनुभूति शब्दों से परे है।

परिवार के सभी लोग लगभग रोज़ फ़ोन पर हाल लेते, खान-पान पर हिदायत देते, लेकिन घर से दूरस्थ नौकरी-पेशा परिवारों में सबसे बड़ा आसरा मित्रों का होता है। हम दो से तीन हो रहे हैं, यह रहस्य अधिक दिन गोपनीय न रह सका, धीरे-धीरे सब जान गये और पड़ोसी अधिकारियों की पत्नियों ने मेरा

ख़याल रखने का दायित्व सँभाल लिया। खान-पान, आराम और प्रसन्न रहने का मन्त्र उन सबसे ही मिला और वहीं मिली स्नेहमयी द्विवेदी भाभी। द्विवेदी भाई साहब, इनके वरिष्ठ सहयोगी अधिकारी थे। अत्यन्त संस्कारी परिवार था, भाभी ने मुझे अपनी देख-रेख की छाँव में बड़ी आत्मीयता के साथ बाँध लिया। एक दिन उनके घर पहुँची, द्विवेदी भाभी की वृद्ध सास बड़ी असाधारण महिला थीं, घर-परिवार में उनका रुआब बोलता था। झुककर जैसे ही मैंने उनके पाँव छुए, वह बोल पड़ीं—

'ए दुलहिन! अब क्या पूछे के बा! कुल तो पा गइलू। अइसन बढ़िया डुबकी लगइलू के गंगा माई के आसिरबाद से अचरा भर गइल। बस अब जल्दी खुसखबरी सुनावा के हम पोता के मुँह देखी, पोता खेलाई! खुस रहा, घर भरो तोहार, ए बहू दुलहन का तनी मुँह मीठा करावा।' उनके आशीर्वाद से भीगती हुई वहाँ बहुत देर तक रहकर जब घर को लौटी, तो एक बात उद्वेलित कर रही थी, पोता का आशीष ही क्यों? पोती क्यों नहीं? उस दिन सास भी माँ को बधाई देते हुए कुछ ऐसा संकेत दे रही थीं।

ख़ैर समय बीतता गया। इस दौर में मैंने अपने सबसे अच्छे मित्र को अपने सबसे क़रीब रखा, किताबों को! अज्ञेय, शरदचन्द्र, टैगोर, प्रेमचन्द, निराला, सभी को एक-एक कर पढ़ना शुरू कर दिया। युवावस्था का व्यसन आज इस वक़्त मेरा सहारा था और आज तक बना हुआ है। तभी गुरुदेव टैगोर की कालजई कृति पढ़ी, 'शेषेर कोबिता' यानी असमाप्त कविता। उसकी नायिका का नाम था लावण्या! मन ही मन हम दोनों ने तय कर लिया कि यदि बिटिया हुई, तो उसका नाम होगा—लावण्या! हाँ, यही होगा नाम! अम्मा का आदेश था कि पहलौठी ससुराल में ही होगी, यही रस्म है, इसलिए माँ ने गोदभराई के लिए लखनऊ बुला लिया। प्रसव के पहले माँ के पास रहना कितना बड़ा सम्बल था, यह बेटियाँ ही समझ सकती हैं। रोज़ रात माँ की गोद में सिर रखकर लेट जाती, वे पूछतीं—'कुछ बात है?' मैं कहती—'कुछ नहीं।' बस तुम मेरा हाथ पकड़ लो और माँ मेरा हाथ अपनी मुट्ठी में बन्द कर लेतीं। संसार में कौन सी माँ भला अपनी बेटी का हाथ सदा के लिए थामे रह सकी है।

गोदभराई धूमधाम से मायके में सम्पन्न हुई। नये वस्त्र, आभूषण, सुहाग, सौभाग्य के उपहार और रौनकदार गीत गौनई की महफ़िल! सभी सुहागिनों ने इस अवसर पर सिन्दूर टीका लगाकर मेरी गोदी में फल, फूल, मखाना, मिठाई, वस्त्र, सौभाग्य के सामान से भर दिया। मीठा खिलाकर भर-भर आँचल से आशीर्वाद

बिखेरती ताई, चाची, मौसी, मामी, दीदी, भाभी सभी ने एक से एक सोहर बधाई और मंगल-गीत गाये। गीतों में नवागत के स्वागत का उछाह छलक रहा था।

राजा दशरथ जी के अँगना आज बाजे बधाइयाँ

तो कहीं हास परिहास की झलक..

लाल की बधाई में जड़ाऊ बेंदा लेउँगी

कहीं भावी मातृत्व का संकेत

लल्ला की पैजनिया बाजे रे

सुनते हुए मन में यह बात मथती रहती, सभी गीतों में 'लाल' के आगमन की कामना है 'लाली' की क्यों नहीं? परम्परा से आशीर्वाद में, गीतों में, पुत्र की मंगल कामना प्रस्फुटित होती आयी है, पुत्री की क्यों नहीं?

कहते हैं सातवें माह से शिशु को गर्भ में ध्वनि संकेत मिलते हैं, सबसे पहले शिशु को जो आवाज़ सुनाई पड़ती वह उसकी माँ के हृदय का स्पन्दन है, माँ के लिए शिशु उसका अंश है, उसका विस्तार...सन्तान स्वस्थ हो, बस यही कामना थी।

प्रसव से दो माह पूर्व और मैं ससुराल (दुर्ग छत्तीसगढ़) चली आयी। ये मसूरी में ट्रेनिंग में थे। अतः साथ रहना सम्भव न था। व्यग्र मन का सम्बल उनके ख़त थे, जो बिना नागा रोज़ आते। ये चिट्ठियाँ मेरी आशा थीं, इनमें मेरे प्राण बसे थे। इन पत्रों में कोरे अक्षर नहीं, अद्‌भुत संसार है, उनमें कहानियों का, शिकायतों का, दुनियादारी का और प्रेम का!

ज्यों-ज्यों समय निकट आता गया, मन न जाने कैसा-कैसा विकल होता चला। एक तो ससुराल का नया माहौल, सब कुछ नया अपरिचित-सा, अभी विवाह को समय ही कहाँ बीता था, उस पर पिया इतनी दूर।

एक मामले में मैं भाग्यशाली थी, ससुराल में एक नहीं तीन-तीन सासों का आशीष मुझे मिला। सास, ननिया सास, ददिया सास तीनों की निगरानी मुझ पर रहती, तीनों का स्वभाव एक-दूसरे से अलग होते हुए भी सबकी फ़िक्र के केन्द्र में मैं थी। छोटा देवर सहेला-सा था, उम्र में छोटा लेकिन बहुत ध्यान रखता।

आज से पैंतीस वर्ष पहले गर्भवती स्त्री की मनोदशा से लोगों को ज़्यादा सरोकार नहीं होता था, शारीरिक बदलाव का मन पर कैसा प्रभाव पड़ रहा है, इसकी न जानकारी थी न अधिक परवाह। स्त्री से सिर्फ़ अपेक्षाएँ होती हैं, मुझे याद है, मैं आसन्नप्रसवा थी, जो मिलने आता, बहुत प्रेम से मिलता, लेकिन अपनी

शुभेच्छा देते हुए कह ही देता, जल्दी से पोता की बढ़िया ख़बर सुनाओ, कोई आकर कह डालतीं—'बहू का मुँह उतर गया है, हमसे लिखवा लो, सौ प्रतिशत लड़का ही होगा।' मैं सिर झुकाये सब सुनती, लेकिन इन सब में हमारे ससुर जी का लहराकर यह कहना—'अरे हमारे तो कोई बेटी नहीं है, हमें तो बिटिया का चाव है, बिटिया हो तो सबसे अच्छा!' यह सुनते ही मेरा घबराया मन अपने ससुर जी के प्रति आदर से भर उठता।

फिर वह दिन भी आया, जब किलकारी गूँज उठी। मैं पूर्ण हो गयी। ईश्वर की सबसे सुन्दर भेंट है, मातृत्व का सुख! चाँद सी गोल चकोर मेरी लाडली चिरैया की आँखें देख लगा, मानो मुझे देखते ही पहचान लिया हो, सीने से चिपकाकर मैंने पुकारा—'मेरी लावण्या!' नाम तो तय ही था, लावण्या! लेकिन वज्रपात हुआ, जब अम्मा ने इस नाम के लिए मना कर दिया, क्योंकि उनकी कोई पुरानी शिक्षिका थीं, इसी नाम की! और जो ख़ासी अलोकप्रिय थीं। जो होना था, हुआ! मुरादों से सोचा गया नाम अस्वीकृत हो चुका था। फिर नाम सोचा, वैदेही! इन्हें भी यह नाम बहुत पसन्द आया। कुछ दिनों के बाद ससुराल में किसी बुजुर्ग ने कहा, 'अरे सीताजी को ढेर कष्ट रहा। काहे बिटिया के नाम वैदेही धर दीन्हों'!! अम्मा ने फिर आँखों ही आँखों में मुझे नाम पर पुनर्विचार करने को कहाँ मेरे मन ने कहा—'सीता तो असाधारण थीं, उनका पूरा जीवन असाधारण था। उर्वजा जानकी इतनी असाधारण कि किसी से न उठ पाने वाले धनुष को उठा सकती थीं, ऐसी असाधारण कि जनक ने उस युग में उनके लिए स्वयंवर रचा, ऐसी असाधारण कि वर के रूप में प्रभु राम को पाया, ऐसी असाधारण कि विवाह के दिन एक पत्नी व्रत का वचन देते हुए रघुनन्दन मर्यादा पुरुषोत्तम कहलाते हैं, ऐसी असाधारण कि राम के साथ वनवास को सहर्ष जाती हैं, अधर्म के नाश का निमित्त बनती हैं और जब चुनने को आता है, तो स्वाभिमान को चुनती हैं। भारत में स्त्री के सौभाग्य का प्रतीक हैं सियारानी, लेकिन वह युग बड़ों की सलाह को आदेश की तरह स्वीकारने का था। लिहाज़ा नाम फिर बदलना पड़ा।'

हर माँ को यही लगता है कि मेरी बिटिया जैसी दूसरी कोई नहीं। बहुत विचारा, संस्कृत अध्ययन काम आया और मन में आया—'ना अन्या सा अनन्या' अर्थात जिसके समान कोई दूसरा ना हो, दुर्गा जी के अनेक नामों में एक नाम है अनन्या। इस तरह बिटिया का नाम अनन्या पड़ा। उस भोर संगम में नाव पर बैठी गीत गाती स्त्रियों का मन से दिया गया मंगल आशीष भला रिक्त कैसे जाता, हमारी अनन्या त्रिवेणी जैसी ही है। निर्मल, प्रेमी और दृढ़! कोमलता और

संवेदनाओं का संगम! प्रयाग की पूरी छाप है उस पर! अध्ययनशील, संगीत, संस्कृति प्रेमी, आध्यात्मिक! मैंने बचपन से ही पुत्र की कामना में लालायित समाज के कुरूप चेहरे को देखा है, देखा है कि सोहर लोकगीतों में पुत्रों की मंगलकामना की जाती है, परम्परा में पुत्र की आस में रचे और गाये सभी सोहरों में कहीं भी बिटिया के जन्म की मंगलकामना नहीं दिखती।

परम्परा क्या है? परम्परा से तात्पर्य एक सांस्कृतिक व्यवहार से है, जो एक पीढ़ी से दूसरी पीढ़ी को हस्तान्तरित किया गया हो, आख़िर सभी परम्पराएँ समाज को सुव्यवस्थित रखने के लिए ही तो बनी थीं, ये परम्पराएँ समाज ही निर्मित करता आया है समय अवसर अनुकूल। परम्पराएँ बदलनी भी चाहिए, सम्मान पर कन्या का अधिकार है।

कन्या के जन्म पर बधाई गूँजनी चाहिए, यदि हर शिशु राम है, तो हर कन्या जानकी। इसी विश्वास से मैंने वैदेही को ही आदर्श मान सृष्टि की सभी बेटियों के लिए यह 'सोहर' रचा और अपनी बेटी के इक्कीसवें जन्मदिन पर उसे समर्पित किया।

आइए बेटियों का स्वागत सोहर बधाई गाकर करें, क्योंकि बेटे मिलते हैं भाग्य से, लेकिन बेटियाँ मिलती हैं सौभाग्य से।

सुनयना को हरस अपार
सिया को जनम भयो
मिथिला मगन भई आज
सिया को जनम भयो।।
मुदित जनक सोना लुटावें
अरु बाँटें गैया हजार
सिया को जनम भयो।
हरस हरस गर सखियाँ लगावें
लेवेईं नजरिया उतार
सिया को जनम भयो।
झगरे नाऊनियाँ बिगड़े नाऊनिया
अरे माँगे सोने का हार
सिया को जनम भयो।।
संकर आवें, विष्नु आवें
ब्रह्मा लें मंतर उच्चार
सिया को जनम भयो।।

14

मत जा, मत जा जोगी

मत जा, मत जा, मत जा जोगी
पैयां परूँ तोरे जोगी
प्रेम भक्ति को मारग न्यारो
तुम अपनी गली बता जा जोगी...

जाड़े की सुबह, रेडियो पर इस सुन्दर स्वरलहरी को सुन, अपना बिस्तर छोड़ आँख मींजते हुए मैं माँ के सामने खड़ी हूँ। वे मुझे देख हँसती हैं, फिर दैनिक कार्य में व्यस्त हो जाती हैं। मैं सम्मोहित सी रेडियो के पास जाकर टिक गयी हूँ, गम्भीर स्वर में जोगी को न जाने की गुहार, कलेजा निकाल देने वाला गायन। तभी तीर की तरह बड़े भैया कमरे में आये और अचानक रेडियो स्टेशन बदल दिया, सुर की इस अप्रत्याशित हत्या पर मैं रो पड़ी थी।

यह क़िस्सा मेरी माँ मुझे बताती थीं, सात बरस की उम्र थी तुम्हारी, जब पण्डित ओंकारनाथ ठाकुर जी की भैरवी में 'मत जा जोगी' सुनकर आधी नींद में आधी जागी हुई रेडियो के पास आकर खड़ी हो गयी थी। पूछ रही थी–'जोगी कौन होता है, वह कहाँ जा रहा है और जोगी को कौन रोक रहा है?' इतनी छोटी थीं तुम, तुम्हारे सवाल सुन हम सब हँस पड़े थे।

राग भैरवी में निबद्ध यह रचना मीराबाई की थी और यह ईश्वरीय कण्ठ पण्डित ओंकारनाथ ठाकुर जी का। लेकिन यह सब तो मुझे बाद में समझ आया। बाल-मन में जिज्ञासा तो यह थी, जोगी कौन होता है? वह कहाँ जा रहा है और उसे कौन रोक रहा है।

थोड़ी बड़ी हुई, गुरु ने राग भैरवी सिखाना आरम्भ किया और जैसे भवितव्य मुझे मोह और विरक्ति के ताने-बाने को समझने के लिए प्रवृत्त कर रहा हो, गुरु ने भी वही बन्दिश सिखानी आरम्भ की, 'मत जा, मत जा जोगी' बन्दिश के साथ साथ गुरु का इस बात पर ज़ोर था कि आलाप ताने सब अच्छी तैयार हों, किन्तु

तीन ताल की आवृत्ति में हर बार सम पर आते हुए भी जोगी को रोकने वाली नायिका की पुकार मुझे विचलित कर देती। क्या रोकने वाली भी जोगन थी?...

बालपन में सबके लिए राग-रागिनी शास्त्रीय संगीत के अनुरूप कण्ठ की तैयारी का माध्यम थे और मैं उसी प्रश्न पर अटकी थी–जोगी कहाँ जा रहा है और उसे जाने से कौन रोक रहा है? अबोध मन में सबसे बड़ा प्रश्न, जोगी कौन है?

जिसके भीतर जोग जाग गया, वही जोगी है। जोगी या जोगन बन जाना... यानी सांसारिकता को तज कर ब्रह्मानन्द में एकाकार हो जाना। इस माया, मोह, भोग, विलास के संसार में रहकर तन-मन पर विजय प्राप्त कर लेना, यह साधारण त्याग नहीं। हमारी संस्कृति में त्याग को सर्वोपरि माना गया है। शायद यही कारण है कि हमारे देश में साधु-सन्तों और जोगियों की बहुत प्रतिष्ठा है, मान-सम्मान है। घर का सुख छोड़ बृहत्तर सत्य की खोज में निकले तपस्वियों को हमारे लोक ने सदा आदर दिया है, आज भी कोई जोगी या सन्त दिख जाये, तो सबके हाथ श्रद्धा से जुड़ ही जाते हैं। गाँव में आज भी अलख निरंजन का जयकारा लगाता हुआ कोई निकल जाये, तो निर्धन से निर्धन झोंपड़ी से जोगी के लिए भोजन की भिक्षा निकल आयेगी।

योग का अर्थ है जोड़ना। अर्थात जिसने शरीर और मन को साध लिया हो, एकाकार कर लिया हो, वही योगी है। जोग, योग का ही अपभ्रंश है, जोग को जादू या टोना के लिए प्रयोग किया जाता है, सम्भवतः इसीलिए हमारी लोक-संस्कृति में जोगी या जोगन संज्ञा या शब्द सम्बोधन नहीं, एक भाव है। लोक ने प्रेम और त्याग से पगे जोगी को अपने चित्त में ऐसा रमाया कि प्रेम का सर्वोच्च प्रतीक हो गया जोगी।

ऐसा रमाया कि लोक में भर्तृहरि गाथा-गायन परम्परा चल निकली।

मेरा बचपन मिर्जापुर में बीता... देवी विंध्यवासिनी की शक्तिपीठ, माँ अष्टभुजा और माँ गंगा जिसके हृदय में हों, ऐसे मिर्जापुर का अभिमान है, ऐतिहासिक चुनार का किला! कैमूर पर्वत पर बने चुनार के किले की बेहिसाब यात्राओं में बेहिसाब स्मृतियाँ हैं। किले से गंगा जी का नयनाभिराम चौड़ा पाट देख आँखे जुड़ा जा जाती हैं।

चुनार का यह किला एक समय हिन्दू शक्ति का केन्द्र था। इस किले में आदि-विक्रमादित्य का बनवाया हुआ भर्तृहरि मन्दिर है, जिसमें उनकी समाधि है। उज्जयिनी के प्रसिद्ध चन्द्रगुप्त विक्रमादित्य के बड़े भाई थे राजा भर्तृहरि! मोह-माया के बन्धन से मुक्त हो, उन्हें इस संसार की नश्वरता का ऐसा ज्ञान हुआ कि वे राजपाट छोड़ जोगी बन गये। राजा भर्तृहरि की कथा अत्यन्त प्रेरक है।

कथा कुछ यूँ है—प्राचीन उज्जैन में बड़े प्रतापी राजा हुए राजा भर्तृहरि! वे अपनी तीसरी पत्नी पिंगला पर इतने मोहित थे कि मोह में अपने राजा के कर्तव्यों को भी भूल गये थे। उस समय उज्जैन में तपस्वी गुरु गोरखनाथ का आगमन हुआ। गोरखनाथ राजा के दरबार में पहुँचे। भर्तृहरि ने गोरखनाथ का उचित आदर-सत्कार किया। इससे तपस्वी गुरु गोरखनाथ ने प्रसन्न होकर राजा को एक फल दिया और कहा कि यह खाने से वह सदैव जवान बने रहेंगे, कभी बुढ़ापा नहीं आयेगा, सदैव सुन्दरता बनी रहेगी। यह चमत्कारी फल देकर गुरु गोरखनाथ वहाँ से चले गये। राजा ने फल लेकर सोचा कि उन्हें जवानी और सुन्दरता की क्या आवश्यकता है। चूँकि राजा अपनी तीसरी पत्नी पर अत्यधिक मोहित थे, अतः उन्होंने सोचा कि यदि यह फल पिंगला खा लेगी, तो वह सदैव सुन्दर और जवान बनी रहेगी। यह सोचकर राजा ने पिंगला को वह फल दे दिया। रानी पिंगला भर्तृहरि पर नहीं, बल्कि उसके राज्य के कोतवाल पर मोहित थी। रानी ने सोचा कि यह फल यदि कोतवाल खायेगा, तो वह लम्बे समय तक उसकी इच्छाओं की पूर्ति कर सकेगा। रानी ने यह सोचकर चमत्कारी फल कोतवाल को दे दिया। माया का फेर देखिए, वह कोतवाल एक वेश्या से प्रेम करता था और उसने चमत्कारी फल उसे दे दिया, जिससे वेश्या सदैव जवान और सुन्दर बनी रहे। वेश्या ने फल पाकर सोचा कि यदि वह जवान और सुन्दर बनी रहेगी, तो उसे यह पतित कार्य सदा करना पड़ेगा। नर्क समान इस जीवन से मुक्ति नहीं मिलेगी। उसने निश्चय किया कि इस फल की सबसे ज़्यादा जरूरत राजा को है। राजा हमेशा युवा रहेंगे, तो लम्बे समय तक प्रजा को सभी सुख-सुविधाएँ देते रहेंगे। यह सोचकर उसने चमत्कारी फल राजा को दे दिया। अपनी पत्नी को दिया वही फल वेश्या के पास देखकर राजा भर्तृहरि हतप्रभ रह गये। उन्होंने वेश्या से पूछा कि यह फल उसे कहाँ से प्राप्त हुआ। वेश्या ने बताया कि यह फल उसे कोतवाल ने दिया है। भर्तृहरि ने तुरन्त कोतवाल को बुलवा लिया। सख़्ती से पूछने पर कोतवाल ने बताया कि यह फल उसे रानी पिंगला ने दिया है। जब भर्तृहरि को पूरी सच्चाई मालूम हुई तो माया-मोह, राग-वासना के इस पूरे चक्र की कथा समझ उनके मन में वैराग्य जाग गया। वे समझ गये कि प्राणों से प्रिय रानी पिंगला तो उनकी थी ही नहीं। उसने उन्हें धोखा दिया था और सिर्फ़ उनकी पत्नी ही नहीं, सभी आसक्ति के भ्रम जाल में फँसे एक-दूसरे को धोखा दे रहे थे। राजा भर्तृहरि के ज्ञान-चक्षु खुल गये। वे अपना सम्पूर्ण राज्य विक्रमादित्य को सौंपकर उज्जैन की एक गुफा में आ गये। उस गुफा में भर्तृहरि

ने बारह वर्षों तक तपस्या की। राजा भर्तृहरि ने वैराग्य पर 'वैराग्य शतक' की रचना की। 'वैराग्य-शतक' के अलावा उनकी अन्य रचनाएँ 'शृंगार-शतक' और 'नीति-शतक' भी अद्भुत साहित्य है। यह तीनों ही शतक आज भी उपलब्ध हैं और पढ़ने एवं सीखने योग्य हैं। 'नीति शतक' में वे स्वयं कहते हैं–

यां चिन्तयामि सततं मयि सा विरक्ता,
साप्यन्यमिच्छति जनं स जनोऽन्यसक्तः।
अस्मत्कृते च परिशुष्यति काचिदन्या,
धिक्तां च तं च मदनं च इमां च मां च।।2।।

जिस स्त्री से मैं प्रेम करता हूँ, उसके हृदय में मेरे लिए कोई प्रेम नहीं है, बल्कि वह किसी और से प्रेम करती है और जो स्त्री मुझसे प्रेम करती है, उसके लिए मेरे हृदय में कोई स्नेह नहीं है। मुझे इन सभी से और स्वयं से घृणा है।

माया-मोह के बन्धन तोड़ जग की नश्वरता का साक्षात्कार कर इस तरह राजा भर्तृहरि जोगी भरथरी बन गये, हमारी निर्मल लोकसंस्कृति ने राजपाट छोड़ जोगी बना दिया। भर्तृहरि की गाथा को अपना लिया, जोगी घूम-घूम कर भर्तृहरि कथा सुनाने लगे।

नगर उज्जैन के राजा भरथरी,
हो घोड़े असवार,
एक दिन राजा दूर जंगल में,
खेलन लग्या शिकार,
बिछड़ गए सब संग के साथी,
राजा भये लाचार,
क़िस्मत ने जब करवट बदली,
छूटा दिये घरबार,
अब होनहार टाली न टले,
समझे ना दुनिया दीवानी,
राज पाट तज बन गया जोगी,
या के मन में ठानी।
राणी राजा भरतरी ने अरज करे,
महलो में खड़ी महाराणी,
राज पाट तज बन गया जोगी,
या के मन में ठानी।

यह देखना अद्भुत है कि किस प्रकार राजा भर्तृहरि के असाधारण चरित की सुकीर्ति चारों ओर फैली। हरियाणा, राजस्थान, उत्तर प्रदेश, बिहार, उड़ीसा, बंगाल से भी बढ़कर छत्तीसगढ़ में भर्तृहरि-गाथा गायन की अत्यन्त समृद्ध परम्परा मिलती है, जिसमें उनकी जीवन-कथा के साथ-साथ वैराग्य-शतक, नीति-शतक के श्लोकों का देशज अंगीकरण होता है।

छत्तीसगढ़ में भर्तृहरि-गाथा कुछ यूँ मिलती है—

घोड़ा रोय घोड़सार मा
घोड़सार मा ओ
हाथी रोवय हाथीसार मा
मोर रानी ये ओ, महल मा रोवय
मोर राजा रोवय दरबारे ओ, दरबारे ओ, भाई ये दे जी।

वहाँ कथा कुछ यूँ है कि—नवविवाहित राजा भर्तृहरि रानी सामदेवी को तज कर निकलते हैं, तो सामदेवी जाने का कारण पूछती हैं। राजा की जन्मकुण्डली में वैराग्य का योग है, सामदेवी की छोटी बहिन पिंगला राजा भर्तृहरि को बताती है कि पूर्व जन्म में रानी सामदेवी उनकी माँ थीं। अब चाहें आप योग करो या भोग करो। राजा उदास हो जाते हैं। उदास राजा, रानी सामदेवी से आज्ञा लेकर सिंहलद्वीप के वन में, काले मृग का शिकार करने के लिए जाते हैं। वन में हिरणियाँ अपने पति, काले हिरण के प्राणों की याचना करती हैं। राजा भर्तृहरि नहीं मानते। राजा भर्तृहरि काले मृग का वध करने के लिए सात तीर चलाते हैं। सातवें तीर से हिरण घायल होता है। मरते समय हिरण राजा को श्राप देता है—'हे राजा! मुझे तो आपने मार दिया, अब मेरी आँख अपनी रानी को श्रृंगार के लिए दे देना, मेरे सींग किसी राजा के दरवाज़े पर मढ़ देना, मेरी खाल का साधु के लिए आसन बना देना और मेरा मांस तुम तल कर खा लेना, किन्तु एक बात याद रखना, जिस तरह मेरी सत्तर सौ रानियाँ कलप रही हैं, वैसे तुम्हारी रानियाँ भी कलपेंगी।'

राजा व्यथित होकर गुरु गोरखनाथ के पास पहुँचकर, काले मृग को जीवित करने के लिए कहते हैं। गुरु गोरखनाथ काले मृग को जीवित कर देते हैं। काला मृग अपना श्राप वापस लेकर अपनी हिरणियों के पास चला जाता है। इधर राजा भर्तृहरि के मन में वैराग्य जागता है और वे गुरु गोरखनाथ से दीक्षा की प्रार्थना करते हैं। गोरखनाथ उनकी राजसिक वृत्ति को देखकर दीक्षा देने से इनकार कर देते हैं। अन्त में इस बात पर तैयार होते हैं कि राजा, रानी को माँ कहकर भिक्षा माँगेंगे।

राजा जोगी वेष धारण करके, हाथ में सारंगी लेकर महल के द्वार पर अलख जगाते हैं। रानी सामदेवी राजा को जोगी वेष में देखकर दुःखी हो जाती हैं। अन्ततः गुरु गोरखनाथ रानी को समझाकर, राजा भर्तृहरि को साथ लेकर वन में तपस्या के लिए चले जाते हैं।

यह लिखते हुए मैं एक बार पुनः अतीत की यादों में लौट रही हूँ। गोरखपुर में हमारे एक परिचित परिवार में छह भाई-बहनों का बड़ा परिवार था। सब बड़े हँसमुख, सभी युवा थे। सबसे बड़ा बेटा तीस का तो सबसे छोटी लड़की अठारह बरस की। बड़ा बेटा नौकरी कर रहा था और छोटे बेटे नौकरी की तलाश में थे। एक बिटिया का ब्याह हुआ था, बाक़ी अभी कुँवारी थीं। उनकी माँ ही परिवार की देख-रेख करती थीं। पिता कभी नहीं दिखते थे। हम लोग बहुत छोटे थे, बस उतना समझ में आता था कि उनकी माँ बहुत कड़क मिज़ाज, सख़्त और अनुशासनप्रिय थीं। बहुत छोटे क़द की थीं, सीधे पल्ले की साड़ी पहन-ओढ़कर अच्छी लगती थीं, और गीत गौनई का उन्हें ग़जब का शौक था।

अब याद नहीं कहाँ किससे सुना, लेकिन किसी को उनके घर की ओर इशारा करते हुए कहते सुना, ऐसे भी कोई संन्यास लेता है क्या? भरी गृहस्थी का भार पत्नी पर छोड़कर आश्रम चले गये। एक क्षण में सब समझ में आ गया। उतनी भी अबोध नहीं थी मैं। ओह! तो मैं जिनके घर जाकर खेलती थी, क़िस्सों, कहानियों, ठहाकों से भरा यह मस्तमौला घर, इनके पिता इन्हें छोड़कर चले गये। ऐसे कैसे? तब यह समझ में आया कि उनके पिता कभी दिखाई क्यों नहीं दिये। बाद में हमारे बड़े भाई-बहन बताते थे, कि एक दिन सुबह परिवार के मुखिया श्रीवास्तव साहब अचानक घर छोड़ महर्षि महेश योगी की शरण में सदा के लिए चले गये। बस, ऐसे ही एक दिन!

आज सोचती हूँ, बार-बार सोचती हूँ, उस परिवार की अद्भुत जिजीविषा के बारे में। ठहाकों के पीछे संघर्ष के आँसू दुनिया को कभी नहीं दिखे। माँ ने अपने बच्चों को दुनिया का सामना करने के लिए वैसा ही व्यवहारिक और बहादुर तैयार किया था। जोगी पति से कहीं अधिक बड़ा त्याग था जोगन पत्नी का। अकेले गृहस्थी सँभालने से बड़ा जोग क्या होगा!

कई बरस पहले मैं कार्यक्रम के लिए सोमनाथ गयी, वहाँ मेवात के जोगी कलाकार आये थे। उनमें कुछ मुसलमान थे और कुछ हिन्दू। वे गाते हुए शंकर जी के विवाह के साथ-साथ कुछ और स्थानीय नायकों की जीवन-गाथा सुना रहे थे, उनके दलनायक का नाम यूसुफ़ था। उसने बताया कि हम जोगी

बिरादरी से हैं और शिव जी के उपासक हैं और शिव जी को सबसे बड़ा जोगी मानते हैं। हरियाणा, राजस्थान में कई नायक हुए जो जोगी हो गये हैं। हम उनकी कहानियाँ गाकर सुनाते हैं। हम गोपीचन्द जी की कथा भी गा कर सुनाते हैं। उसकी बात सुन मुझे गोपीचन्द की कथा स्मरण हो आयी। वही राजा गोपीचन्द जिन्होंने अपनी माँ के कहने पर वैराग्य ले लिया था।

इनकी गाथा विशेष रूप से जोगियों में ही प्रचलित है। भर्तृहरि की तरह गोपीचन्द भी राज-पाट, भोग-विलास सब कुछ छोड़कर माता मैनावती के कहने पर वैराग्य ग्रहण करने वन में चले गए। उनके इस त्याग की कथा जोगियों के बीच गाथा गायन के रूप में प्रचलित है। राजा-गोपीचन्द कहाँ के रहने वाले थे, इस पर विभिन्न मत हैं। कुछ कथाओं में उन्हें बंगाल का राजा, तो कुछ में राजस्थान का बताया गया है। कहीं-कहीं गोपीचन्द के मेवात अर्थात आधुनिक हरियाणावासी होने की बात गीतों में आती है। जो भी हो, भारतवर्ष की प्रायः समस्त जनपदीय बोलियों में गोपीचन्द की गाथा प्रचलित है। इससे स्पष्ट है कि गोपीचन्द नाम के जोगी हुए थे। उनका जोगी बनकर निकल जाना अनेक लोकगीतों का वर्ण्य-विषय है। अलग-अलग बोली में इनके गीत मिलते हैं, इससे गोपीचन्द के अस्तित्व की प्रामाणिकता और लोक में उनके त्याग की व्याप्ति की बानगी मिलती है।

अवधी के एक जाँता-पिसाई गीत में जोगी गोपीचन्द की कथा कुछ इस तरह आती है–

'भंटवा मैं चिरी चिरि भजिया बनायों
लौंगा के दिह्यो है धुंगरावा हो राम।
जेंवन बैठे हैं गोपीचन्द रजवा,
मैया नयनवां निरवा बुरे हो राम
किया सुधि आई रे माई लहुरी बिटियवा
किय रे बहुअवा कुछू कहै हो राम
तीसरे सरीखे मैया तोरा बाप रहे,
वनहूं भये रावल जोगिया हो राम
देत्यू न मैया हो अपनी गुदरिया
हमहुँ जे होबै रावल जोगिया हो राम
जौ तुहूँ होब्यो मोरे पूता रावल जोगिया
दुधवा कै मोलवा दिहे जाया हो राम।

सरग तरइया मइया भले गिनी जइहैं
माई कै दुधवा अनमोल हो राम।
जौ तुहूँ होब्यो मोरे पूता रावल जोगिया
बहिनी नगरिया जिनी जाया हो राम
सबकी नगरिया मैया घूमि फीरि अइबै
बहिनी नगरिया धूनी लगइबै हो राम।
सुपवा म लिहीं बहिनी तिल अउर चउरा,
जोगिया के डारै चलीं भीखिया हो राम
धै राखा ए बहिनी तिल अउर चउरा,
हम खाबै लरिकवन कै कलेउवा हो राम
किरिया मैं खावैं अपने गोपीचन्द भइया
नाहीं बाटैं लरिकन क कलेउवा हो राम।
हमही हई तोहरा गोपीचन्द बिरवा,
दै देहु हमरा कलेउवा हो राम।
हमहीं भये रावल जोगिया हो राम।
बहिनी जे देखीं है रावल जोगिया
छतिया पीटिय मरि जार्थी हो राम।।

बैंगन काट-काटकर भाजी बनायी, लौंग का धुंगार दिया। गोपीचन्द राजा भोजन के समय माँ की आँखों में आँसू देखकर विकल हो इसका कारण पूछते हैं। माँ कहती है—'तुम अपने पिता की अनुकृति हो। तुम्हें देखकर मुझे तुम्हारे पिता की स्मृति हो आयी, जो घर से निकलकर रावल जोगी बन गये थे।' इतना सुनते ही गोपीचन्द भी अपने पिता के पदचिह्नों पर चलने को प्रस्तुत हो जाते हैं और माँ से गुदड़ी (फटे-पुराने कपड़ों से बनी झोली) माँगते हैं। माँ आशंकित हो उठती है, पति तो गया ही था, अब मेरा पुत्र भी जा रहा है। उसे रोकने के लिए वह शर्त रखती हैं। कहती हैं—'हे पुत्र यदि तुम जाना ही चाहते हो तो जाओ, किन्तु दूध का मोल चुकाकर जाना।' पुत्र उत्तर देता है—'माँ आकाश के तारों की गणना करना तो सम्भव है, किन्तु दूध का मोल चुकाना असम्भव है।' माँ समझ गयी कि अब पुत्र को किसी भी प्रकार मनाया नहीं जा सकता था, पुत्र संन्यास लेने पर अडिग था। अतः वह कहती हैं—'बहन तुम्हारा यह योगी वेश नहीं देख सकेगी, वहाँ मत जाना।' किन्तु गोपीचन्द कहते हैं—'सब की नगरी में मैं घूम-फिर करके आऊँगा, लेकिन बहन की नगरी में तो धूनी

रमाऊँगा, क्योंकि अब मुझे ममता के सभी बन्धन काटने ही हैं।' ऐसा माना जाता है कि योगी जब तक अपने कुल-गोत्र और सम्बन्धियों के यहाँ भिक्षा में भोजन न खाना ले, उन्हें सिद्धि नहीं मिलती। लोकगीत में कही गयी कथानुसार बहन जब तिल, चावल लेकर जोगी को भिक्षा डालने आती है, तो गोपीचन्द जोगी कहते हैं—'अपना तेल चावल भूमि पर रख दो, मुझे तो बच्चों का कलेवा चाहिए।' बहन, भाई गोपीचन्द की सौगन्ध खाती है कि सच में कलेवा नहीं है। तब जोगी अपनी बहन को अपना वास्तविक परिचय देते हैं। अपने भाई को योगी के वेश में खड़ा देखकर असहनीय व्यथा से बहन का वहीं पर अन्त हो जाता है।

यह मार्मिक गीत आज भी ग्राम गीतों में प्रचलित है, स्पष्ट है कि उनके त्याग को लोक ने विस्मृत नहीं किया, बार-बार पुनःपाठ कर समाज को सुनाया, चेताया, ध्यान रहे, वैराग्य ऐसा होता है, जोगी ऐसा होता है। ऐसे जैसे गुरु गोरखनाथ आकर कहते हों—'सब मिथ्या है, सब मिथ्या! अलख निरंजन!'

नाथपन्थ के इतिहास के अनुसार राजा भर्तृहरि और राजा गोपीचन्द दोनों को महान योगी गुरु गोरक्षनाथ जी ने दीक्षा दी और ये दोनों उसी परम्परा के महान योगी कहलाये। कबीर के एक दोहे में बड़े सम्मान के साथ भर्तृहरि और गोपीचन्द का उल्लेख आता है—

गौरक्ष भर्तृहरि गोपीचन्दा ता मन सो मिली करे आनन्दा।
अलख निरंजन सकल शरीरा ता मन सौ मिली रहौ कबीरा।।

कबीर कहते हैं, मन की गति को कोई नहीं जानता। इस मन में गुरु गोरक्षनाथ, सिद्ध भर्तृहरि, सिद्ध गोपीचन्द ने स्थिर हो मन-विजयी होकर परमानंद की अनुभूति की थी। अब मैं कबीर, अब उसी महान मार्गदर्शन पर मन में मिलने का प्रयास कर रहा हूँ...

यह संयोग नहीं है कि लोकगाथाओं में, गीतों में, लोककथाओं में जोगियों का संदर्भ बहुत आदर के साथ उभरकर आता है। इस लेख को लिखते समय, पण्डित ओंकारनाथ ठाकुर जी को सुन रही हूँ, बैरागी भाव से गायी भैरवी में 'मत जा जोगी' आज भी मुझे वैसे ही उद्वेलित कर रही है। उनके कण्ठ में जोगी को रोकने की जो अकुलाहट का प्रवाह है, वह आज भी मन को बेचैन कर देता है, शायद ऐसे ही आकुल-व्याकुल हो रोक रही होगी अपने पुत्र को, गोपीचन्द की माँ!

जोगी मत जा पाँव पड़ूँ मैं तोरी
मत जा, मत जा जोगी, मत जा
प्रेम भक्ति को पंथ ही न्यारो
हम को ज्ञान बता जा
चंदन की मैं चिता रचाऊँ
अपने हाथ जला जा
जल जल भई भस्म की ढेरी
अपने अंग लगा जा जोगी
मीरा के प्रभु गिरिधर नागर
ज्योत में ज्योत मिला जा जोगी
मत जा मत जा मत जा जोगी

15

काहे सतावो मोहे साँवरिया...

मुझे सदा से लगता है कि मैं पिछले जनम में गुज़रे दौर की कला-यात्रा का अतीत में दब गया कुम्हला गया कोई एक ज़र्रा हूँ, जो इस जनम में जिन्दा होने आयी हूँ। मैंने गायन में हमेशा उस ऐसे दौर की विरासत को उतारने की कोशिश की है, जो कब का गुज़र गया और कभी नहीं लौट के आने वाला। अपनी फ़ितरत में और गायन में यह अहसास कुदरतन हो सकता है, लेकिन उसमें असर तभी आयेगा, जब सामने से उस दौर को देखा हो या उस समय की साँस लेती मूर्त्त विरासत को देखने, सुनने, जानने का आपको मौक़ा मिला हो। आज ऐसी ही भेंट का ज़िक्र करूँगी।

उन्नीस सौ पंचानबे (1995) की बात है। आज से लगभग तीस बरस पुरानी। उस समय अवनीश बुन्देलखण्ड में ललितपुर में ज़िलाधिकारी के पद पर कार्यरत थे। मैं विवाह के साथ ही दोनों बच्चों की परवरिश में ऐसी व्यस्त हो चुकी थी। सच तो यह है कि पूर्व में ली हुई शिक्षा और कार्यक्रमों की स्मृतियाँ अब स्वप्न सरीखी लगती थीं। यह ख़याल भी, कि कभी मैं अलग-अलग शहरों में मंचों पर गाती थी, अब मेरे लिए एक उदासी का झोंका-सा ले आता था। दिल में एक टीस-सी उभरती, लेकिन मेरे लिए यह वक़्त इन्तज़ार करने को कह रहा था, ज़िन्दगी को कुछ और करीब से देखने को कह रहा था।

ललितपुर, बुन्देलखण्ड के पठारी भूभाग में बसा एक शान्त, सुन्दर, सादगी से भरा शहर था, आस-पास एक से एक ख़ूबसूरत दर्शनीय स्थल, बेतवा नदी के बीच अठखेलियाँ करते इलाक़े तालबेहट, देवगढ़, गोविन्दसागर, दशावतार, राजघाट, चन्देरी जैसे रमणीक स्थलों के बीच समय बीत रहा था।

एक बार छतरपुर आकाशवाणी केन्द्र से लोग कार्यक्रम देने आये, संयोग देखिए, ध्रुपद गायकी और मध्य प्रदेश में ध्रुपद गायन को मिल रहे प्रश्रय पर मैं मध्य प्रदेश सरकार की प्रशंसा कर रही थी कि बातचीत के बीच अचानक केन्द्र

के प्रोग्राम निदेशक के मुख से निकला, आप असगरी बाई से मिलीं कि नहीं? यहीं तो रहती हैं, हमारे टीकमगढ़ में! मैंने सुन तो रखा था कि एक समय में ओरछा और टीकमगढ़ रियासत की दरबारी गायिका असगरी बाई, इस समय टीकमगढ़ में अपने जीवन का उत्तरार्ध शान्तिपूर्वक व्यतीत कर रही थीं। ख़्याल गायन, ठुमरी, दादरा, ग़ज़लों के अतिरिक्त असगरी बाई ध्रुपद गायन में भी दक्ष थीं।

असगरी बाई हमारे इतने क़रीब...तसव्वुर में एक दमदार शख़्सियत का चेहरा उभर आया, अनोखी आवाज़ गूँज उठी, अपने दौर की बेजोड़ गायिका असगरी बाई जी की आवाज़ और अक्स! वाकई संगीत से जिसका रिश्ता जो एक बार जुड़ गया टूटता कहाँ है! उनसे मिलने और उन्हें जानने की उत्सुकता ने मुझे बेचैन कर दिया था।

मैं दिन-रात यही सोचने लगी कि कैसे वहाँ बस एक बार पहुँच सकूँ। अवनीश तो व्यस्त रहते थे। ललितपुर से टीकमगढ़ की दूरी मात्र साठ मील थी, लेकिन उन दिनों सड़क अच्छी नहीं थी, पहुँचने में लगभग ढाई घण्टे लगते थे।

बस, एक दिन, मैंने तय किया, एक टैक्सी बुलायी, एक आदमी साथ लिया और दोनों छोटे बच्चों को ले, मैं ललितपुर से टीकमगढ़ पहुँच गयी, असगरी बाई जी से मिलने। न मुझे उनके घर का पता मालूम था न कोई फ़ोन नम्बर! न मैंने उनसे कोई अनुमति ली थी, बस मिलने पहुँच गयी।

घर का पता ढूँढ़ने में थोड़ी कठिनाई हुई, एक साधारण से घर के सामने एक छोटे लड़के ने हाथ से इशारा करके बताया कि यही है बूढ़ी अम्मी का घर! मैं असगरी बाई के घर के सामने खड़ी थी। टीन का दरवाज़ा और दीवाल पर मटमैली-सी नेमप्लेट में लिखा हुआ 'पद्मश्री असगरी बाई जी'।

मैंने दस्तक दी। दरवाज़ा किसी युवक ने खोला और पर्दा हटते ही मेरे सामने बैठी थीं एक बुजुर्ग रुआबदार कलाकार, जिनकी आँखों की चमक और झुर्रियों में अपरिमित इतिहास छिपा हुआ था। मैंने तुरन्त झुककर उनके पाँव छुए, सफ़ेद धोती में वे बिल्कुल ऐसी लग रही थीं, जैसे हमारी दादी दिखती थीं। उस समय उनकी उम्र अस्सी के आसपास रही होगी। मैंने विनम्रता से उनके चरणों में उनके लिए साथ ले गयी साड़ी, फल, मिठाई आदि रख दी और पुनः प्रणाम किया। धोती से अपना मुँह पोंछते हुए, उन्होंने मुझसे पूछा, कौन हो बिटिया? यहाँ कैसे आई? मैंने कुछ तो बताया और कुछ शब्द संकोच में मुँह में ही रह गये, मैं तो उनके सामने बैठने के अहसास से तारी थी। मैंने कहा, आपसे मिलने, आपका आशीर्वाद लेने आयी हूँ। मुस्कुराकर वे बोलीं—'आप भी कुछ गाती हैं?'

उनकी आवाज़ में फ़िक्र थी, ममता भरी फ़िक्र। मैंने कहा—'बहुत अच्छे उस्तादों से सीखा है, कार्यक्रम करती थी, कुछ नाम शोहरत हुई, लेकिन फिर ब्याह हो गया, अब बच्चे हैं, परिवार है। अब घरेलू ज़िन्दगी है, लेकिन तालीम को मन ही मन याद करती रहती हूँ।'

अब उनकी आँखें चमक गयी थीं, बोलीं—'अच्छा तो फिर कुछ सुनाइए आप।'

अदब और उम्र में इतनी बड़ी असगरी बाई जी का मुझे आप का सम्बोधन का प्रयोग करना चुभ गया, फिर समझ में आया कि वे तो उस शालीन परम्परा की धरोहर हैं, जहाँ तहज़ीब नयी पीढ़ी को ऐसे ही कह के सिखाई जाती थी। मैंने क्या जवाब दिया याद नहीं, क्योंकि मैं तो बस अभिभूत थी। बस, यह याद है कि कुछ ही देर में वे खुद हारमोनियम लेकर बैठ गयीं, उन्होंने बिहाग में आलाप का विस्तार लेना शुरू किया, आलाप का अन्दाज़ उनके ध्रुपद अंग की सिद्धि को बता रहा था। थोड़ी-सी बढ़त के बाद उन्होंने ठुमरी सुनानी आरम्भ की, 'काहे सतावो मोहे साँवरिया...'

वे मुझे देख मुस्कुराकर गाती जा रही थीं, पोपले मुँह से निकलते शब्दों में क्या भाव था, कैसा रस बह रहा था, अहा। मैं उन्हें सुनते हुए मानो इस दौर में पहुँच गयी जहाँ वे टीकमगढ़ में राजा वीर सिंह जू देव के दरबार में बैठ कर गाती रही होंगी और देर तक हमसे सुना और खुद भी सुनाया। गुज़रे दौर की न जाने कितनी कहानियाँ सुनायी और नये दौर में सामंजस्य न बिठा पाने की खरी-खरी कोफ्त भी। वे कहती जा रही थीं और मैं आत्मसात करती जा रही थी। 'नयी पीढ़ी की इन चीज़ों को सीखने की वैसी ललक नहीं, जैसी हम सब में थी। जो रियाज न करें तो अपनी माँ और नानी के हाथों हमने ख़ूब मार ख़ायी है, अब हमारी माँ नज़ीर बेगम छतरपुर ज़िले के बिजावर की जानी-मानी गायिका थीं। नानी तो बला की गायिका थीं, वे अजयगढ़ राजघराने की गायिका थीं। रियासत में गाना-बजाना आसान नहीं, सब क़द्रदानों की महफ़िल के सामने गाना होता था, लिहाज़ा हमने तो उस माहौल में सीखा है कि गाने में ज़रा जो ग़लती हो जाये, तो उस्ताद और सारंगिये, तीन-तीन दिन तक बात नहीं करते थे। अब तो यह सब, वे कमरे में उपस्थित शायद शागिर्दों की ओर इशारा कर बोलीं, अब ये सब, ज़रा-ज़रा देर में उठ जाते हैं। हम भी कहते हैं कि ठीक है भाई, आपकी मर्ज़ी! न सीखें। रहें ऐसे ही।' दिन का प्रहर शाम के प्रहर में बदल गया...बातें चलती रहीं। मैं सीखती रही, उनके हर लफ़्ज़ से।

वह मेरे जीवन का अविस्मरणीय दिन था। उठने को जी नहीं चाह रहा था, रात हो आयी थी, छोटे-छोटे कान्हा और कुहू अब बेचैन हो रहे थे और वापसी का सफ़र लम्बा था। जैसे ही मैंने चलने की इजाज़त ली, तुरन्त उन्होंने मुझे हाथ से रुकने का इशारा किया और कहा–'अच्छा तो पान तो खाती जाओ'!!

'जाइये' की जगह अब 'जाओ' ने ले ली थी और यह मेरी उस दिन की कमाई थी।

पान खाने के बाद वे बोलीं, बिटिया, पता है न, कि पान कब और क्यों और किसे खिलाया जाता है? मैंने हँसकर उनकी तरफ़ देखा और फिर गुरु-मन्त्र की तरह उन्होंने दो मिनट तक यह राज़ भी अफ़शाँ किया। अब चूँकि यह गुरु-मन्त्र था, अतः मैं यहाँ नहीं बताऊँगी कि पान के क्या राज़ खोले उन्होंने। बस, उनके चरण छू, भाव-विभोर उनके बूढ़े हाथों को अपनी हथेलियों से छू कर मैं लौटने को हो आयी, तभी उन्होंने एक बात कही, 'फ़िक्र न करो, लगन है तो वही सब करायेगी'। मैं उनकी बात सुन सिसक पड़ी, दोनों हाथों में चेहरा छिपाये मैं लौट आयी। वे दरवाज़े के बाहर खड़ी हाथ हिला रही थीं। मुझे मालूम था कि शायद अब उनसे कभी भेंट न हो पाये। जिनके परिवार ने पीढ़ियों, राजघरानों में रहकर शास्त्रीय संगीत की सेवा की ऐसी विलक्षण शख़्सियत अब साध्वी जैसा सरल साधारण जीवन व्यतीत कर रही थीं, उस दिन उन्होंने मेरे मुरझाये मन में लगन की सीख देकर आगे का रास्ता दिखा दिया था।

मैं लौट आयी, कुछ समय बाद ललितपुर पीछे छूट गया। उस भेंट के सात बरस बाद एक दिन अख़बार में पढ़ा हिन्दुस्तान की प्रसिद्ध गायिका ध्रुपद, ख़्याल, ठुमरी की सिद्ध गायिका पद्मश्री असगरी बाई नहीं रहीं। ...मन में टीकमगढ़ की स्मृतियाँ कौंध गयीं। उस एक दिन अपनी झोली में उनका मार्गदर्शन और आशीष पा सकी, वह मेरी कभी न चुकने वाली पूँजी है, उनका आशीर्वाद मेरे साथ हमेशा रहा है, रहेगा। बिहाग में ठुमरी गुनगुनाती हुई असगरी बाई मुझसे कह रही हैं 'फ़िक्र न करो, लगन है, तो वही सब करायेगी...'

जावो वहीं पिया जहाँ रैन गुजारी
बनावो ना झूठी बतियाँ
काहे सतावो मोहे साँवरिया...

16

निमिया के डाढ़ मईया

निमिया के डाढ़ मईया लावेली झुलुहवा हो की झूली रे झूली ना
निमिया के डाढ़ मईया लावेली झुलुहवा हो की झूली रे झूली ना
हो की झूली रे झूली ना
की मईया मोरी गावेली गीतियाँ हो की झूली रे झूली ना

देर शाम का समय था, गाँवों में मन्द बल्बों की रोशनी में घने पेड़ों की हरियाली छाया थोड़ी कालिमा लिए हुए थी और हम सोनभद्र में चोपन के भी आगे एक छोटे से सुन्दर गाँव में थे। पठारी भूभाग में स्थित मिर्जापुर सोनभद्र में हम इस क्षेत्र के प्रसिद्ध जनजातीय लोकनृत्य करमा के मुख्य दल नायक कतवारु के न्योते पर पहुँचे थे।

मुझे देखते ही कतवारु और गुठली दौड़े चले आये अगवानी को। हमने एक-दूसरे को अंकवार में भर रखा था, आसपास ढेर सारे लोग जुट आये थे, मैंने चारों ओर निगाह घुमाई, गाय, बकरियों और मुर्गियों का समवेत स्वर उस अवसर को कैसी दिव्यता प्रदान कर रहा था, क्या कहूँ! गुठली और कतवारु, करमा लोकनृत्य के मुख्य कलाकार! इनसे मेरा परिचय बहुत पुराना है। 'सोनचिरैया' की स्थापना के अवसर पर जब मैंने करमा के कलाकारों को बुलाया था, तब शायद पहली बार मुख्यधारा के श्रोताओं, दर्शकों से पहला परिचय हुआ था हमारे इतने सुन्दर जनजातीय लोकनृत्य का!

तब से नेह-स्नेह का ऐसा भावभीना रिश्ता बन गया हमारा कि वे कभी भी बड़े अधिकार से हमें फ़ोन मिलाकर हाल पूछ लेते या अपनी कोई समस्या साझा कर लेते। एक घटना का ज़िक्र यहाँ बेहद ज़रूरी है।

संगीत नाटक अकादेमी की ओर से असम, गुवाहाटी में मुझे उत्तर प्रदेश की लोक-संस्कृति पर कार्यक्रम प्रस्तुत करने को कहा गया था। मैंने करमा के कलाकारों को चलने के लिए टिकट आदि कराने के लिए उनके नाम, पते सब

मँगवाये। उन्हें अपने गाँव से बनारस तक आना था, वहाँ से गुवाहाटी के लिए जहाज़-यात्रा की व्यवस्था थी। जब सब तय हो गया, तो जिस दिन निकलना था, कतवारु का मेरे पास फ़ोन आया—'दीदी हम बनारस नाहीं आ सकत। पइसा नाहीं बचो।' मैंने बताया कि सब व्यवस्था तो हो गयी, गाड़ी तैयार है, राह-ख़र्च वग़ैरह सब आपको मिल जायेगा, आप बस आ जायें। कतवारु ने आगे जो कहा, वह सुनकर मैं रो पड़ी!

कतवारु कह रहा था—'दीदी घरे एको रुपइया नाहीं है। जानवर का चारा नाहीं, घर में लड़कन को दाना नाहीं। गइया गिरवी रखे दई, दौड़े आई रहे हैं।' मैं हतप्रभ! इतना अभाव! यह कैसा दुर्भाग्य था! संस्कृति का दर्शन कराने वाले हमारे लोक-कलाकारों की स्थिति क्या है? गाय को गिरवी रखकर मंच पर उत्सव सजाने से बड़ा दुर्भाग्य क्या होगा। मैंने फ़ौरन उनको आर्थिक सहायता पहुँचाई, उनकी गाय छुड़वाई और वे प्रसन्नतापूर्वक अपने गाँव से निकल पड़े।

ऐसे कतवारु के बुलावे पर मैं आज उनसे मिलने गाँव आयी थी। हालाँकि करमा से हमारा परिचय पुराना था, किन्तु करमा को उसी मिट्टी में ठेठ शैली में देखने का, कलाकारों से मिलने का लोभ मैं कहाँ संवरण करने वाली थी!

लोकनृत्य, लोकगीत, लोकनाट्य कभी मंच के लिए नहीं बने थे, मंच पर आना तो एक विवशता थी। वे तो देश, काल सापेक्ष हैं। थोड़ी ही देर में मेरे सामने करमा आरम्भ हो गया। रंग-बिरंगी ऊँची साड़ियाँ बाँधे, बालों में पंख और फूल सजाये स्त्रियाँ गोला बनाकर लयबद्ध हो थिरकने लगीं। उनमें से एक स्त्री के हाथ में नीम का एक छोटा पौधा है। सब स्त्रियाँ नीम को प्रणाम करती हुई झूम रही हैं—

निमिया के डार मइया डालेरी हिंडोलवा मइया झूली झूली ना...

नीम के पेड़ों के नीचे नीले आसमान के तले घास के मैदान में चारों ओर लोग बैठे हैं, सौभाग्य से मैं यहाँ उपस्थित, इस अद्भुत अनुभव को आँखों से मन में समेट रही हूँ। नीम की झूमती डालियों से पत्तों की आ रही आवाज़ और बग़ल में बहते पठारी झरने की कल-कल ध्वनि को सुनते हुए मैं प्रकृति को समर्पित होते हुए मानो स्वयं सुर, ताल, लय हुई जा रही हूँ।

शीतला देवी को मनाती हुई रिझाती हुई अत्यन्त समर्पण भाव से वे सब गाती जा रही थीं। सन्नाटे में मादल की थाप पर ये आवाज़ें ऐसी सुनाई पड़ रही थीं मानो यह समवेत ध्वनि किसी और युग, किसी और कालखण्ड से बहती

हुई यहाँ हमारे पास तक पहुँच रही है, निर्मल पवित्र सहज सुन्दर! मादल की थाप में थिरकती हुई सभी स्त्रियाँ नाचते हुए झुकती हैं और सब मिलकर नीम के पौधे को प्रणाम करती हुई सामने रख देती हैं। मादल-वादक भी तेज लय में नाचता हुआ नीम के आगे शीश झुकाता है। तभी वही स्त्रियाँ एक ओझा को साथ लेकर आती हैं। ओझा के बदन पर सिर्फ़ एक धोती है, ओझा नीम के सम्मुख बैठ जाता है।

गीत का स्वर ऊँचा होता जा रहा है, लय भी तेज होती जा रही है। मैं देखती हूँ, ओझा की आँखें बन्द होती जा रही हैं, धीरे-धीरे उसकी आँखें चढ़ने लगती हैं। हमारे देखते ही देखते वह ऊपर से नीचे तक काँपने लगता है। काँपते हुए वह अपने सर को गोल-गोल घुमा रहा है, इस समय उसकी आँखें, उसका रूप, तेज देखते ही बनता है, ओझा के ऊपर देवी का रूप आ गया है, स्त्रियों के हाथ श्रद्धा से जुड़े हुए हैं, मादल की थाप और तेज हो गयी है। पुरुषों का नृत्य और गतिमय हो गया है।

सब साँस रोके इस दृश्य को देख रहे हैं। मैं देखती हूँ, सभी दर्शकों के हाथ जुड़े हुए हैं। मेरे भी हाथ जुड़ चुके हैं और उन्हें देखते हुए मैं मन ही मन सोच रही हूँ, विश्वास पर तो यह सृष्टि टिकी है, हम सबका अस्तित्व टिका है। विश्वास ही तो है, जो जीवन का सम्बल है। हमारे पूर्वज कितने दूर-द्रष्टा थे। उन्होंने प्रकृति का माहात्म्य समझा, उपासना की और अपने लोक-विश्वास, लोक-मूल्यों, अपनी आस्था, अपनी धारणाओं, अपने लोक-देवताओं और अपने पूजा-अनुष्ठानों, अपने पर्व-त्योहारों की सांस्कृतिक परम्परा को बनाये रखने के लिए कला को माध्यम बनाया।

नीम के वृक्ष की पूजा जनजातीय समाज की अद्‌भुत ज्ञान परम्परा का प्रतीक है। एक सजग समाज का प्रकृति के प्रति कृतज्ञ-भाव है। नीम का पेड़ ऐसा पेड़ है जिसकी छाल, टहनियाँ, पत्तियाँ और फल सभी गुणकारी हैं। नीम में शीतला मैया का वास मानना नीम के औषधीय गुणों को आदर देना है। महामारी हो या कोई बीमारी, नीम का उपचार शीतलता प्रदान करेगा, इस विश्वास से उस दैवीय रोग उपचारिणी शक्ति को शीतला माई कह आदर दिया हमारे पूर्वजों ने। इसीलिए नीम की टहनियों और पत्तियों से रोगियों का उपचार करते हुए यह पचरा हमारी पुरखिनों द्वारा गहरे भक्ति भाव में डूबकर, रचकर गाया जाता है। ऐसा कोई लोक गायक या गायिका नहीं है, जो इस लोकप्रिय 'पचरे' को नहीं गाता हो। गीत देवी को समर्पित है और देवी का नीम की डाल पर झूला झूलना नीम के

देवत्व को रेखांकित करता है। जिस वृक्ष की शक्ति सबको आरोग्य प्रदान करती हो, वह दैवीय ही तो है! हमारे आदिवासी जनजातीय ग्राम-समाज को यह मालूम था कि एक अकेला नीम का वृक्ष परिवार को रोग से मुक्त रखता है, इसीलिए उत्तर भारत में हर घर में एक नीम का पेड़ ज़रूर मिलेगा। सोचिए, नीम की वैज्ञानिकता से कितनी भली-भाँति भिज्ञ थे हमारे पूर्वज! तभी मेरे विचार में आता है कि मैं इस समय उस भूमि पर बैठी हूँ, जहाँ विश्व की प्राचीनतम सभ्यता ने साँस ली है। कैमूर पहाड़ी में बहती हुई सोन नदी के किनारे बसा यह पवित्र अंचल ऐतिहासिक एवं सांस्कृतिक दृष्टि से अनूठा है। इस माटी में करोड़ों वर्ष पूर्व मनुष्य ने अपनी बस्ती बसाई थी, यहाँ मिले प्राचीन जीवाश्म, इसके साक्षी हैं। जहाँ आदि सभ्यता प्रकट हुई चेरो, सीरी, कोल, खरवार और बैगा जनजातियों ने अपने परिश्रम और सहज-सरल जीवनशैली के साथ अपना नीड़ बसाया। उनकी जीवनशैली और विश्वासों से प्रेरणा ले सकती है आज की दुनिया।

जैसे ही मादल की गति थमी, मेरे विचार प्रवाह की गति भी टूटी, मैंने देखा, ओझा को कन्धे पर बैठाए हुए स्त्री-पुरुष एक सीधी पंक्ति में नृत्य करते हुए दूर जा रहे थे। तालियों और मादल की गूँज के साथ कार्यक्रम सम्पन्न हुआ। मैंने कतवारु से कह ओझा से मिलने की इच्छा प्रकट की। उसकी पत्नी गुठली ने हमसे कहा–'बहिनी, अबहिं मत जावो, उई अबहीं गरम हैं। बहुत तेज गरम!'

गुठली के इस वाक्य का अभिप्राय मैं बखूबी समझती थी। देवी चढ़ने के बाद ओझा को सामान्य होने में समय लगेगा। फिर भी मैं अँधेरे में ही इस तरह बढ़ चली, जहाँ नीम के पेड़ के नीचे वह ओझा अकेले बैठा था।

मैंने इसे देखा, भूमि पर बैठे ओझा ने अपनी विस्फारित लाल आँखें मेरी ओर घुमाईं। वह दृष्टि असामान्य थी। वह जैसे इस लोक में था ही नही! गुठली मुझे खींचकर ले जा रही थी, चलो बहिनी कुछ मीठा खाकर पानी पियो। मैं आगे बढ़ी लेकिन ओझा से आँखें नहीं हट रही थीं, अब उसकी नज़रें भूमि पर थीं, वह ज़ोर-ज़ोर से बड़बड़ा रहा था, लोग एक-एक कर आते हुए दूर से उसे भूमि प्रणाम कर रहे थे। भाग्य मेरा जो मैं उस क्षण की द्रष्टा बनी। शीतला मइया की शक्ति को बहुत निकट से अनुभूत किया मैंने उस रात।

कतवारु से मैंने पूछा–'कतवारु इसे 'करमा' क्यों कहते हैं।' 'कतवारु' के बदले गुठली ने उत्तर दिया, बहिनी, 'हम सब आदिवासी हैं, करम यानी मेहनत की पूजा करे लेन हम सब' मैं गुठली की विद्वता से प्रभावित थी। मेरे साथ आये इस क्षेत्र के एक अधिकारी ने कहा–आदिवासी कर्म को ही पूजा मानते हैं,

फ़सल बोने और फ़सल के पकने पर सब मिलकर करमा करते हैं, अच्छे भाग्य की प्रार्थना करते हैं। आज आपने जो देखा वह शीतला मैया का आवाह्न था। करमा के नृत्य में बहुत से विषय होते हैं, गाय चराना, शिकार खेलना, शक्तिपूजा, गृहस्थ जीवन, अनेक विषयों पर नृत्य करते हैं, अधिकतर धनगर, बैगा, पनिका, घसिया, गोंड आदि जनजातियाँ इसे अलग-अलग ढंग से करती हैं।

बाहर मैदान में दूसरा नृत्य आरम्भ हो गया था, आवाज़ सुनाई पड़ रही थी—

कवनी चिरइया सुख सोवै मइया रे
कवनी चिरइया रोवै रात रे...

वहाँ से उठने का जी तो नहीं था, किन्तु रात हो रही थी और मुझे आगे जाना था सिंगरौली।

कतवारु गुठली के सरल-सहज आतिथ्य से फारिग हो, फिर आने का वचन दे, मैं आगे की यात्रा के लिए गाड़ी पर बैठी, गाड़ी आगे बढ़ी और पीछे स्नेह अभिवादन से हाथ हिलाते करमा के कलाकार ग्राम-वासियों के खिले पवित्र चेहरे हृदय में अंकित हो गए। न जाने क्या सोच मैंने खिड़की से उचककर नीम के पेड़ की ओर झाँका, क्या पता ओझा अब तक उठ के चला गया हो, मैं हैरान रह गयी जब मैंने पाया कि ओझा अभी भी उसी तरह बैठा था, स्थितप्रज्ञ! सम्भवतः गाँव के अच्छे भाग्य की प्रार्थना में लीन करमा का पुजारी। मैंने श्रद्धा में हाथ जोड़ते हुए माथे से टिकाया, आज मैंने शक्ति की भक्ति के रहस्यवाद को अनुभूत किया था। आज मैं करमा नहीं देखकर आयी थी, समष्टि की कुशलता की कामना के लिए किये गये शक्ति पूजन के अनुष्ठान में अपनी आहुति अर्पित करके आयी थी।

17

साँवरिया मुफ़्त भई बदनाम...

किताबें बहुत कारगर होती हैं। हम सबके गढ़न में किताबों का कितना योगदान है, हम सब इसे समझते हैं। एक अच्छे मित्र की तरह किताबें इन्सान को ता-उम्र सँवारती चलती हैं। उनका साथ होना एक आत्मविश्वास देता है, जीवन की हर परीक्षा को पास कर जाने का विश्वास...

मैं सौभाग्यशाली थी—हमारे परिवार में अच्छा पढ़ने-लिखने का बेहतरीन माहौल था। पाठ्यक्रम की किताबों के अलावा साहित्यिक पत्रिकाएँ, पुस्तकें, उपन्यास पढ़ने का और उन पर चर्चा करने का बहुत सुन्दर वातावरण। जहाँ कहानियों और उपन्यासों के चरित्र हमारे रोज़मर्रा के साथी हो चले थे, जहाँ कविताओं की पंक्तियाँ हमारे साथ-साथ खेलने लगी थीं। उस उम्र में प्रेम क्या है? प्रेम के रहस्य क्या हैं? इनकी समझ भी हमें किताबों से मिलती थी।

मुझे बहुत स्पष्टता से याद हैं—हमारी ताई जी की दोनों बेटियाँ, यानी, हमारी तहेरी दोनों बड़ी बहनें ग़ज़ब की पढ़ाकू थीं। हम और हमारी बड़ी बहन दोनों जब उनके पास जाते, तो हमेशा किताबों का सजा-धजा, रंगीला और सपनीला संसार सजा मिलता, एक से एक बढ़कर श्रेष्ठ साहित्यकारों की धरोहर रचनाएँ, उन सब की तुलना में मेरी उम्र कम थी, किन्तु किताबों पर चलती साहित्यिक चर्चा और नायक-नायिका के चरित्र निरूपण सुन मेरी जिज्ञासा जागी और वहीं से पढ़ने का जो शौक़ शुरू हुआ, वह आज तक जारी है। मुझे ऐसा लगता जैसे एक-एक कथानक मुझे अपने पास बिठाना चाहता है, हर पात्र मुझसे बतियाना चाहता है।

यह बात मुझे सदा उद्वेलित करती कि इन कथाओं में सत्य कितना था और कल्पना यानी फ़िक्शन की मात्रा कितनी! मुझे हमेशा यह लगता था कि उपन्यासों, कथाओं और कहानियों में घटनाएँ ही नहीं, पात्र भी काल्पनिक होते हैं। लेखक को ज़रा-सा आधार मिला, बस फिर तो अभिव्यक्ति के कौशल से एक सिरा से आगे बढ़ाकर कहानियाँ तो अपने मन की उड़ान में तैरते चित्रों पर बस बुन ली

जाती हैं। असल जीवन में न ऐसे लोग होते हैं, न ऐसी घटनाएँ। लेकिन मैं क्या जानती थी कि मेरी यह धारणा जल्द ही बदलने वाली थी...

यह उन दिनों की बात है, जब मैं विवाह के बाद लखनऊ रह रही थी, दोनों बच्चे बड़े हो रहे थे, जीवन का सारा लक्ष्य बच्चों का होमवर्क, उनकी पसन्द का खाना बनाना और पति का इन्तज़ार करना इसी के इर्द-गिर्द घूमता हुआ आगे बढ़ रहा था। घर-गृहस्थी की ज़िम्मेदारियों ने मेरी प्रिय किताबों, चरित्रों और कथानकों से स्वाभाविक दूरी बना दी। एक मासूम उदास-सी दूरी, किन्तु पढ़ा हुआ कभी विस्मृत नहीं होता, कहानियों, उपन्यासों, कविताओं का रस मन में सदा उमड़-घुमड़ कर बरसता ही रहता है। इस बीच जब मेरी बिटिया अनन्या 13 वर्ष की हुई और कक्षा आठ में दाख़िल हुई, मैंने उसे हिन्दी में अच्छा साहित्य पढ़ने के लिए प्रेरित करने का निश्चय किया। मुझे श्रेष्ठ साहित्य पढ़ने की जो प्रेरणा परिवार से मिली थी, उसी तरह मैं अपनी बेटी को भी हिन्दी के अच्छे रचना संसार से जोड़ना चाहती थी। मेरा सदा से मानना रहा है कि जिसने अपनी मातृभाषा का साहित्य नहीं पढ़ा, वह अपने देश, समाज और संस्कृति से अनजान ही रहेगा, वह कभी भी भारतीय परम्पराओं का अपना नहीं हो सकेगा। बहरहाल बिटिया अनन्या में हिन्दी के प्रति प्रेम जागे, इसलिए मैं उसके लिए प्रेमचन्द, शरद बाबू, गुरुदेव टैगोर की कुछ किताबें ले आयीं।

बिटिया ने रुचि दिखाई, किताबें पढ़ीं। उसे पढ़ते देख मैं अत्यन्त प्रसन्न थी और कुछ दिन बाद मैं प्रेमचन्द का 'मानसरोवर' ले आई। आकार में स्थूल, भारी-भरकम मानसरोवर में प्रेमचन्द की कहानियों का अद्‌भुत संकलन है! पन्ने पलटते हुए देखा, अधिकांश मेरी पढ़ी हुई थीं–'मन्त्र', 'ईदगाह', 'नमक का दरोगा', 'पंच परमेश्वर', 'बड़े भाई साहब' आदि-आदि...

इनमें से कुछ कहानियाँ मैंने नहीं पढ़ी थीं। अनन्या के लिए आयी 'मानसरोवर' मेरे लिए पुर्नपाठ का सबब बन गया। जब समय मिलता, मैं प्रतिदिन एक कहानी समाप्त करती और ऐसी ही एक कहानी मैंने एक दिन पढ़ी 'स्वामिनी'। न जाने क्यों मन में बहुत गहरे उतर गयी यह कहानी...मन की सारी तहों को छू लिया था इस कहानी ने। जीवन का एक अनजाना पहलू, ठण्डी हवा की तरह मुझे सिक्त कर गया। सच कहूँ तो एक वीतरागी कम्पन सा अनुभव हुआ...

इस बीच यह अच्छी बात यह हुई कि हमेशा से बहुत व्यस्त रहने वाले हमारे पिताजी के पास हम बेटियों के लिए बहुत सारा समय निकल आया। जब से होश सम्हाला, पिताजी को व्यस्त ही पाया। वे सरकारी अस्पताल में डॉक्टर थे

और इस नाते उनका दायित्व-बोध ही ऐसा था कि हम सब चाह कर भी उनसे बात न कर पाते। वे आजीवन मरीज़ों के रोग-उपचार में घिरे ही रहे।

बहुत बाद में, पिताजी के रिटायरमेंट के उपरान्त, जब उनका समय हम भाई-बहनों को मिला, तो हमें लगा जैसे पिता नहीं, उनके रूप में अनुभवों से पका हुआ ऐसा शिक्षक मिल गया, जो दिल खोलकर अपने समृद्ध अनुभवों को बताने में संकोच नहीं करता था। पिताजी से बात करना, नित नया कुछ सीखने जैसा था, विश्व इतिहास, राजनीति, कहानियों, क़िस्सों का ख़ज़ाना थे पिताजी। उनके अनुभव की अलमारी कम से कम मेरे लिए तो अजायबघर बन गयी थी। जहाँ हर समस्या का समाधान मिला करता था।

माता-पिता, सभी बच्चों के प्रथम गुरु कहे गये हैं, लेकिन उम्र के इस पड़ाव पर पिताजी की बातों में उनका जीवन के प्रति उदार और सहिष्णु दृष्टिकोण, समृद्ध अनुभवों की थाती, उन्हें मेरे मन के भीतर गुरु समान प्रतिष्ठित कर गया।

एक दिन माँ, पिताजी के साथ बातों-बातों में प्रेमचन्द जी पर चर्चा चल निकली। माँ हिन्दी की छात्रा थीं और पढ़ने की बेहद शौक़ीन, लेकिन मुझे तो अन्दाज़ा भी नहीं था कि मेरे डॉक्टर पिताजी ने प्रेमचन्द को कितना पढ़ रखा था। विभिन्न कहानियों पर चर्चा बढ़ते-बढ़ते उनके अनगिनत किरदारों पर आ गयी और मेरे मुख से निकल गया, 'पिताजी, आपने 'स्वामिनी' नहीं पढ़ी होगी?' क्या अद्‍भुत कथा है! जब पिताजी ने इस कहानी के बारे में अपनी अनभिज्ञता व्यक्त की, तो मैं उन्हें बताने लगी, किस तरह प्रेमचन्द की 'स्वामिनी' अपने समय से बहुत आगे एक ऐसी स्त्री की कहानी थी, जो आज भी प्रासंगिक है और मैंने कहानी का सार सुनाना आरम्भ कर दिया। भाव-विभोर मैं कहती जा रही थी, प्रवाह के बीच में माँ ने मुझे रोकते हुए कहा, लेखक, उपन्यासकार कल्पना से ऐसा लिख देते हैं, लेकिन असल जीवन में ऐसा कहीं नहीं होता। माँ ने सम्भवतः अपने दुनियादारी वाले अनुभव के आधार पर कहाँ तभी पिताजी के मुख से एक अस्पष्ट आवाज़ आयी—'क्यूँ नहीं। ऐसा होता था, बल्कि ऐसा हुआ ही है। हमारे यहाँ कन्नौज में जो 'किसान भौजाई' रहती थीं, उसकी यही कहानी है।'

मैंने पूछा—'कौन????'

पिताजी बोले—अरे कन्नौज के हरिहर दद्दा की बहुरिया।'

मेरे मुँह से निकला—'तो किसान भौजाई कैसे, ये कैसा नाम।'

माँ-पिताजी दोनों हँस पड़े, अब कमान माँ ने सँभाली—'अरे पड़ोस के रहने वाले थे हरिहर दद्दा। तीन-चार पीढ़ी का सम्बन्ध था, उनकी बहू थी, किसान

भौजाई उस ज़माने में बड़े घर की बहुएँ खुद खेती-किसानी कहाँ देखती थीं, इसीलिए उनका ऐसा नाम पड़ गया।' अब आगे जानने की जिज्ञासा बढ़ चुकी थी।

फिर से पिताजी ने बोलना शुरू किया। अब देखना विचित्र था, माँ रोके-टोके, पिताजी बताये जायें...मैं साँस रोके पिताजी को सुन रही थी, जो अपने बचपन की स्मृतियों में डूब चुके थे। सन उन्नीस सौ चालीस (1940) के आसपास की बात है। अंग्रेज़ों का शासन था, गुलामी के दिन थे। यह कन्नौज की बात है। मैंने कनखियों से देखा, माँ ने आँखों से कई बार पिताजी को रोकने का यत्न किया था...पिताजी बताते रहे...

वह कन्नौज के सम्भ्रान्त परिवार की ब्राह्मणी थीं। अपूर्व रूपसी थीं। सुखी जीवन था, प्यार करने वाला पति, एक आदर्श बहू। सास-ससुर की दुलारी, देवर की प्रिय भाभी। अभी उसकी उमर कुछ भी नहीं थी कि दुर्भाग्य ऐसा आया कि पति असमय काल-कवलित हो गया था, फिर सास भी नहीं रहीं। छोटे देवर को सन्तान समझ पढ़ाया, धूमधाम से उसका विवाह किया, देवरानी आयी, घर में रौनक आयी, लेकिन बच्चे होते ही, एक दिन देवर-देवरानी ने गाँव छोड़ शहर जाने का ऐलान कर दिया। बहुत समझाने पर भी वे नहीं रुके।

इतने बड़े घर में अपने बूढ़े ससुर के साथ अकेली रह गयी वह विधवा! किन्तु वह उठी, खड़ी हुई और हिम्मत कर उसने अकेले ही खेती-बाड़ी सँभालने का निश्चय किया। अपनी पीड़ा से उबरकर उसने खेती करने का जज़्बा दिखाया, तो गाँव में चारों ओर उसकी जय-जयकार हो उठी। हरिहर दद्दा की बहू की हिम्मत देख सबने मुक्त कण्ठ से सराहना की। अब लोग उन्हें इज़्ज़त से 'किसान बहुरिया' कहके बुलाते थे। पूरे समाज में उसकी प्रतिष्ठा थी। दान, धर्म, पुण्य सब कामों में अग्रगण्य थी और इसलिए कन्नौज में सबके आदर का पात्र थीं।

हरिहर दद्दा की खेती-किसानी बड़ी थी, बीज बुआई, कटाई, सही दाम पर अनाज मण्डी में बेचना, यह सारा काम देखता सँभालता था भोला। भोला का परिवार तीन पीढ़ी से इस परिवार का खेत बोता-जोतता था। खून में स्वामिभक्ति थी, पीढ़ियों से मालिक सेवक वाला सम्बन्ध था। लेकिन धीरे-धीरे सब कुछ बदल गया... मौसम भी सदा एक-सा कहाँ रहता है, यत्न से बाँधा गया बड़ा-सा बड़ा बाँध भी आवेग के सामने कहाँ ठहर पाता है! एक दिन, कुल, जाति, वर्ग, मर्यादा सभी बाँध टूट गये!

सबने देखा, भोला अब अपने मालिक के औसारे में पड़ा रहता था। सबको बड़ा अचरज हुआ। कानाफूसी से बढ़कर बात आक्रोश तक पहुँच गयी। बड़े

बुजुर्गों ने आपसी विमर्श किया, हरिहर दद्दा के घर चलकर नसीहत देना तय हुआ, लेकिन न जाने क्यूँ, क्या ऐसी बात थी कि जैसे ही किसान बहुरिया सामने आती, सब के सब चुप हो जाते। शायद यह एक स्त्री का अर्जित पराक्रम था, जो सबको मौन कर देता था। पिताजी के शब्दों में...

हरिहर दद्दा की बहू एक भली औरत थी। उसने जीवन-भर अपने परिवार की सेवा की, सास-ससुर, देवर-देवरानी उसके बच्चों को सँभाला, पुरुष की तरह खड़े होकर खेती कराई, गाँव भर के सुख-दुःख में आगे से आगे खड़ी रही। दान, धरम, पुण्य-सेवा में उसका कोई सानी नहीं था। इसलिए पूरे गाँव-समाज की सहानुभूति किसान भौजाई के साथ थी। उनके जीवन में भोला के आगमन की बात किसी से छिपी नहीं रही, लेकिन कमाल यह था कि रीति-रिवाजों से बँधा उस समय का ग्राम-समाज इस बात को लेकर बहुत उदार रहा। सबको सब-कुछ मालूम था, किन्तु सब मौन रहे और सबसे बड़ी बात तो यह थी कि पिता समान बुजुर्ग ससुर हरिहर दद्दा, अपनी बहू के साथ ढाल बनकर खड़े थे। तुम कहोगी कि गाँव-क़स्बों, छोटे शहरों की सोच तो बहुत दक़ियानूसी होती है, लेकिन जाने कैसे रूढ़िवादी गाँववालों को भी यह बात समझ में आती थी कि सबके लिए जीने वाली उस स्त्री को भी अपना जीवन जीने का अधिकार था।

तुम्हारी इस प्रेमचन्द की कहानी 'स्वामिनी' की नायिका की तरह, उसने भी समाज की परवाह किये बिना अपने पुरखों की भूमि पर खेती करने वाले छोटी जाति के साधारण किसान से प्रेम किया था। मैंने पूछा, फिर क्या हुआ उनका...बाद में जीवन? उस के बाद हम लखनऊ आ गये, आगे क्या हुआ जानकारी नहीं और ना ही उस दौर में हमें यह सब किसी से पूछने की हिम्मत थी। पिताजी सिर्फ़ इतना बोल मौन हो गये।

आगे माँ ने कहा, होना क्या था। उसे जैसे रहना था, रही। हाँ तन पर वही सफ़ेद धोती ही पहने रहती। कोई बाल-बच्चे थे नहीं, ससुर भी चल बसे कुछ समय बाद। हाँ यह ज़रूर है कि उसने अपने बूढ़े ससुर की अन्तिम समय तक ऐसी सेवा की कि कोई क्या करेगा। वे हम बच्चों को दूर से देखतीं, तो पास बुलातीं, लेकिन हम सब बच्चों को उनके घर की ओर देखने तक की सख़्त मनाही थी, इसलिए उनके सामने आकर भी भाग जाते थे।

वे दोनों मौन हो गये और मैं उस असाधारण नायिका की सोच में डूब गयी। क्या था उसका असली नाम, कभी कोई नहीं जान पायेगा, ससुराल की पहचान का घूँघट ओढ़े वह आजीवन हरिहर दद्दा की बहू या किसान बहुरिया के नाम से

ही जानी गयी। आज से सौ साल पहले विधवा होकर भी उसने प्रेम करने का साहस किया था, जाति-पाति को दरकिनार कर दुनिया की सवालिया नज़रों का सामना करने का साहस किया था, सबके व्यंग, उपहास आलोचना के तीर सहे थे लेकिन, ऐसा क्यों था, कि वह अन्त समय तक वैधव्य की चिह्न-स्वरूपा श्वेत साड़ी न छोड़ पायी थीं।

क्या अपने पति की स्मृति उसके मन के किसी कोने में अभी भी दबी हुई थी या फिर जोगन जैसा प्रेम ओढ़े उसकी श्वेत कमला धवल मोटी चादर जीवन के कोरेपन को समेटे बैठी थी? कोई कभी न जान पायेगा। प्रेमचन्द की 'स्वामिनी' कहीं हमारी अनामिका तो नहीं। सच में, यथार्थ कल्पना से अधिक निष्ठुर है।

जब-जब भी कोई नयी कहानी पढ़ती हूँ, तो उस कहानी का कोई न कोई पात्र एक बार आँखों में ज़रूर घूम जाता है कि वह कहीं उस किसान बहू की तरह असली तो नहीं...

साँवरिया रे मुफ़्त हुई बदनाम...
जैसे अकास में चिरई उड़त है वैसे उड़ूँ तोरे साथ
जैसे कुँवन में घड़ा डूबत है, वैसे डुबबि तोरे साथ...

18

तड़प तड़प जिया जाये...

कला में प्रभु वास करते हैं। परम्परा कहती है—*'नाहं वसामि बैकुण्ठे योगिनां हृदये न च। मद्भक्ता यत्र गायन्ति तत्र तिष्ठामि नारद।'* हर कलाकार की कला साधना प्रभु तक पहुँचने की साधना ही तो है! कण्ठ हो या घुँघुरू, तूलिका हो या क़लम, कलाकार को प्रकृति की सर्वोच्च सत्ता के अलौकिक दर्शन का दुर्लभ वरदान प्राप्त है। और इसीलिए प्रत्येक कलाकार की कलायात्रा असाधारण परीक्षा माँगती है, असाधारण समर्पण माँगती है, इसीलिए असाधारण त्याग माँगती है। किसी कलाकार की कलायात्रा सहसा रुक जाये, इससे बड़ी पीड़ा क्या हो...

'मालिनी जी, मालिनी जी, बस एक बार हमारी बात सुन लीजिए, एक फ़ोटो हमारे बच्चों के साथ, हमारे साथ करा लीजिए, प्लीज़! चमकती आँखों से मुझे देख रही उस युवती के मनुहार में बहुत कुछ ऐसा था, जिससे खिंची हुई मैं उसके पास चली आयी और बहुत कृतज्ञता से उनका अभिवादन स्वीकार कर तस्वीर खिंचवाई। हाथ पकड़ उसने कुछ बोलना शुरू किया, चमकता चेहरा कुछ मन्द पड़ गया था और उसकी दबी-डूबी सी आवाज़ जैसे कहीं बहुत दूर से आ रही थी, 'हमने भी गाना सीखा था, लेकिन सब छूट गया। अब तो ख़ुद पर यक़ीन नहीं आता कि कभी हम गाते भी थे। आपको तीस साल से देख रही हूँ, आप मेहनत से लगी रहीं, आपको अब इस मुकाम पर देखकर बहुत अच्छा लगता है।' इस बीच प्रशंसकों और आयोजकों की भीड़ मुझे खींचकर दूर ले जा चुकी थी... लेकिन मेरा मन वहीं इस प्रसंशिका के साथ अटक गया था। अपने बच्चों के साथ जा रही इस औरत को पीछे मुड़कर मैं तब तक ताकती रही, जब तक वह आँख से ओझल नहीं हो गयी...

यह कोई पहली बार नहीं हुआ था, जब किसी कलाकार ने संगीत जारी न रहने की व्यथा को मुझसे साझा किया हो। कितनी ही स्त्रियों की दुःखद आपबीती कहानियाँ हैं, जहाँ उम्दा सम्भावनाएँ खिलने से पहले काल-कवलित हो गयीं। स्त्री

का जीवन कर्तव्य और भावनाओं की गहरी नदी में काठ की नाव की सवारी है। किनारे तक पहुँचने पर पता चलता है कि जीवन बीत गया! हमेशा घर-परिवार की ज़िम्मेदारियाँ एक स्त्री के पाँव बाँध देती हों, ऐसा नहीं है। कितनी बार महिला कलाकार को आलोचना, फ़ब्तियाँ, सार्वजनिक ताने तोड़ देते हैं।

जब-जब ऐसा कुछ सुनती हूँ, अपने जीवन के संघर्ष को पीछे मुड़कर देखती हूँ। गहरी नदी में हिचकोले खाती नाव को खेते हुए हर बार लगा, अब डूबी तब डूबी... लेकिन मैंने पतवार का साथ नहीं छोड़ा, नाव खेना नहीं छोड़ा। लेकिन न सबका हौसला एक समान होती है न क़िस्मत!

इसीलिए मेरे मन में हर उस स्त्री के लिए बहुत सम्मान उमड़ पड़ता है, जिसने कभी मनोयोग से कला-साधना की थी, लेकिन कलाकार के रूप में प्रसिद्धि उनके भाग्य में नहीं लिखी थी। अपनी मंचीय यात्रा ने मुझे ऐसे अनेक अनुभवों से दो-चार किया है, लेकिन रायबरेली में अचानक मिल गयी एक ममतामयी वृद्धा का चेहरा और बातें कभी विस्मृत नहीं होतीं।

आज भी जब उस घटना को याद करती हूँ, तो दिल में ऐसी टीस सी उठती है जिसके दर्द से निजात नहीं। गर्मी के दिन थे। एक दिन रायबरेली से कुछ लोग मुझसे मिलने घर आये और उन्होंने बताया कि वे लोग 51 निराश्रित कन्याओं का सामूहिक विवाह कर रहे हैं, सबकी इच्छा है कि इस अवसर पर मैं वहाँ पहुँचकर बेटियों को गाकर आशीर्वाद दूँ। मैंने इसी पुस्तक में ज़िक्र किया है कि मैं सार्थक सामाजिक आयोजनों में अपनी आहुति को प्रभु की आराधना का मार्ग ही मानती हूँ, अतः मैंने उनसे कहा कि यह तो मेरे लिए सौभाग्य की बात होगी, मेरे स्वर से मेरी वाणी से बेटियों के जीवन में मंगल बरसे, इससे बड़ा सुख एक कलाकार के लिए भला क्या हो सकता है।

मुझे याद है, रायबरेली ज़िले में किसी ग्रामीण अंचल में वह कार्यक्रम था। मई का महीना था, वह भीषण गर्मी का दिन था, चटक धूप के दिन में विवाह-समारोह का आयोजन चल रहा था और साथ लगे मंच पर मेरा गायन। बड़ा ही मनोहारी दृश्य था। बड़े करीने से सभी जोड़े बैठे थे, लाल कामदार साड़ी में सलोनी नववधुएँ लजायी हुई बैठी थीं, मौरी पहने नये बने दूल्हा! सबके सामने हवन कुण्ड, विवाह में समाज द्वारा दी गयी भेंट सामग्री, दोनों तरह के पक्ष में जुटे, कुछ सम्बन्धी और उत्साह-उल्लास के बीच भारी कोलाहल भरा वातावरण और उसमें मैने मंच से गाना प्रारम्भ किया।

हरे बांस मंडप छाए, सिया जी को ब्याहन राम जी आए
जब ही राम जनवासे आये देखन को सब अकुलाये
जब ही रामजी मण्डप मा बैठे मंत्र पढन ब्रह्मा आये
जब ही सिया जी की पड़ी भांवरी निरख छवि सब हरसाये
जब ही सिया जी की भई बिदाई नैनन नीर छलक आये।

मैं क्या जानती थी कि सामूहिक विवाह के इसी महायज्ञ में मेरे साथ एक ऐसी घटना घटने वाली थी, जो मुझे झकझोरकर रख देगी।

अब तक हमारे मंच पर भारी भीड़ जुट चुकी थी, लोग साथ नाच रहे थे झूम रहे थे। सामने विवाह संस्कार चल रहा था और इधर से मंगल गीत। हमारे साथी कलाकार भी इस दृश्य को देखकर अभिभूत थे, सब जोश में मेरे सुर के साथ ताल-से-ताल मिलाकर बजा रहे थे। गाते-गाते समय बीत गया, लगभग डेढ़ घण्टे होने को आया, विवाह की प्रक्रिया धीमी गति से चल रही थी, विश्राम की जगह नहीं न कोई सम्भावना। जेठ महीने की धूप की तमतमाहट से मेरा चेहरा विदीर्ण हो रहा था। पसीना बहता जा रहा था, किन्तु ब्याह-शादी के एक-से-एक गानों का क्रम जारी था। ठेठ अवध का अंचल और सामने ऐसे-ऐसे ग्रामीण श्रोता, मंच के निकट आकर बैठ गये कि अब मेरा थमना असम्भव था! चारों ओर भीड़ ही भीड़! असल में कलाकार के सामने भीड़ हो सुनने वाली, तो उसे अपनी थकन, परेशानी कुछ भी नहीं दिखती। मैं सदा की तरह जोश में थी कि गाते-गाते मेरी नज़र सामने बैठी एक वृद्धा पर पड़ी! वे लगभग पछहत्तर-छियत्तर वर्ष की रही होंगी, सफ़ेद मोटी धोती पहिने हुए उस वृद्ध महिला के चेहरे पर अजब भाव थे, कुछ बेचैनी के, कुछ प्रसन्नता के मिश्रित भाव! गाते हुए न जाने क्यों मेरी नज़र बार-बार उनकी ओर जाए, उनकी प्रतिक्रिया देखकर समझ आ रहा था कि वे बहुत अच्छा सुन रही थीं, न जाने क्यों उन्हें देख ऐसा लगा, जैसे हमारी नानी-दादी ही सामने आकर बैठी हों।

भीड़ फिर बढ़ गयी और हमारे मंच के चारों ओर जन ही जन... अब मैंने अन्तिम गीत सुनने की गरज से विदाई गीत प्रारम्भ किया, भीड़ अनियन्त्रित हो गई थी कि तभी देखा कि मेरे गीत के बीच में ही वही वृद्धा मंच के निकट आकर किसी लड़के से उसे मेरे पास लिवाने का आग्रह कर रही थीं। मैंने अपने तबला वादक रत्नेश मिश्र को कार्यक्रम बढ़ाने का इशारा किया और आव देखा न ताव, तुरन्त नीचे कूद गयी और भीड़ चीरती हुई, माइक से आवाज़ देती हुई उनके पास पहुँच गयी। इसके बाद जो हुआ, वह कभी भुलाये नहीं भूलता।

मुझे अपने सामने देखकर उन बुजुर्ग आँखों में अजब चमक आ गयी, उन्होंने मेरा हाथ पकड़ा, मेरे हाथ में पसीने से भीगी हथेली से कुछ थमाने का प्रयास किया, बोलीं–'गिरिजा से सीख रही हो न बहुत बढ़िया, बहुत बढ़िया!' गिरिजा, क्या वे हमारी गुरु गिरिजा देवी का नाम ले रही थीं!! अपनी गुरु के लिए अधिकार भाव से किये गये सम्बोधन को सुन मैं चकित हो गयी, मैंने अनायास ही झुककर उनके पाँव छू लिए।

मैंने कहा आप 'अप्पा' जी को जानती हैं! थकी लेकिन चमकदार आवाज़ में वे बोलीं–'अरे बिटिया, हम बनारस में एक गुरु से सीखे हैं, गिरिजा से कहना छुन्नी मिली थी, वह समझ जायेंगी।' मैं यह सुनकर अवाक्! पूरब अंग की दीक्षित, मेरी गुरु के साथ सीखी यह आदरणीया आज यहाँ इस क़स्बे में, गुमनामी में... भला क्या कारण रहा होगा? मैं स्वयं को रोक नहीं पायी और पूछ ही डाला– 'आप यहाँ कैसे?' वे दर्द-भरी मुस्कान बिखेरती हुई बोलीं–'अरे बिटिया सबके नसीब कहाँ एक से होते हैं? ब्याह हो गया यहाँ, घर-गृहस्थी, खेती-बाड़ी, बहू, नाती-पोते अब यही जीवन है। तुमको सुनने को बहुत मन था, इसलिए लड़के के संग आये हैं।'

मैं सन्न थी, यह घटनाक्रम एक चलचित्र जैसा प्रतीत हो रहा था, मैंने मुट्ठी खोलकर देखा, पसीने से भीगे पचास रुपये का नोट था। मैंने मुट्ठी को बाँधे हुए ही उसे सिर पर लगाया और दुबारा उधर दिखाने का प्रयास किया, लेकिन वे जा चुकी थीं, इधर संगतकार लहरा बजा-बजाकर थक चुके थे, मैं तुरन्त वर्तमान में लौटी, मंच पर चढ़ माइक थामा और विदाई गाते हुए स्वयं रो पड़ी...

अम्मा साज सम्हालो मैं तो चली परदेस
बाबा अंगना सँभालो मैं तो चली परदेस...

घर लौटते तक मेरा मन व्यथित था। वह भेंट दिल से उतरती नहीं थी। मैं यह सोच रही थी कि जिस स्त्री ने उस दौर में गुलाम भारत में तीस-चालीस के दशक में शास्त्रीय संगीत सीखा होगा, जब स्त्रियों का गाना ही एक बड़ी बात थी, वह भी हमारी गुरु भारत की शीर्षस्थ गायिका परम विदुषी गिरिजा देवी जी हमारी अप्पा जी के साथ एक गुरु से सीखा था, एक शिष्य कहाँ और आज वे कहाँ गुमनामी में, इतने सालों में उन्होंने कभी अपनी सहेली गिरिजा से मिलने का प्रयास क्यूँ नहीं किया था? आख़िर किन परिस्थितियों में उनका संगीत, वह संग-साथ सब कुछ छूट गया होगा। और क्या वाकई छूट पाया, आख़िर वह क्या था? जो उन्हें इस सामूहिक विवाह के भीड़-भाड़ वाले आयोजन में मुझ तक खींच लाया। एक जिसकी लौ सुर से लग गयी, उसे सुर से मुक्ति कभी नहीं मिल पाती।

मुझे तड़प थी अप्पा जी से मिलकर उन्हें यह घटना बताने की। लेकिन फ़ोन पर बता कर विषय की गम्भीरता को कम नही करना चाहती थी। बनारस में जब अप्पा जी के पास पहुँची, मैंने उनसे पूछा, क्या आप किसी छुन्नी को जानती हैं, आपकी गुरु बहन, आपके साथ बनारस में सीखती थीं, साथ गाती थीं। सब सुनकर अप्पा के चेहरे पर हैरानी और उलझन के भाव आये, मुख से निकला–'छुन्नी!' और फिर वे अचानक मौन हो गयीं!

थोड़ी देर में बोलीं–'कहाँ है वो?' बचपन में हम पण्डित सरजू प्रसाद मिश्र जी से सीखे थे, यह तो बहुत पुरानी बात है, कैसी है वो। बचपन से आज तक तो देखा नहीं! अरे वह चारुकेशी में बहुत सुन्दर गाती थीं 'तड़प-तड़प जिया जाये' कहाँ मिल गई छुन्नी तुम्हें! मैंने इस निराली भेंट के विषय में विस्तार से सब बताया। अप्पा जी बताने लगीं, देखो कितना अच्छा गाती थी, छुन्नी लेकिन ब्याह के बाद गाना जारी नहीं रख सकी। अब यही तो है, सबसे बड़ी चुनौती हम औरतों के जीवन में।

इसके बाद अप्पा जी ने हारमोनियम हाथ में ले लिया और हम सबका रियाज शुरू हो गया। छुन्नी की बात तो वहीं समाप्त हो गयी। लेकिन मैं! मैं नहीं भूल पाती उन गुरुतुल्य अम्मा का चेहरा, सफ़ेद साड़ी में उनकी गरिमामयी भाव-भंगिमा, उनका मुझ तक आना, आशीर्वाद देना, उनकी दो पक्तियों में समृद्ध अतीत का परिचय और यथार्थ को जताती हुई, उन्हें कभी नहीं भूल पाती। सोचती हूँ, उनका कुछ गाना सुनने को मिल जाता, आख़िर मेरी गुरु की सहेली, मेरी गुरु ही हुई। मैंने उनके बारे में पता करने की बहुत कोशिश की, लेकिन उनका पता नहीं लग पाया। कार्यक्रम के आयोजक से पता किया, वे भी उन्हें नहीं जानते थे, स्पष्ट था वे मुझसे मिलने ही आयी थीं।

आज भी सोचती हूँ न जाने कितनी ही प्रतिभाएँ इस प्रकार अकाल मृत्यु को प्राप्त हो गयीं। ऐसी अनगिनत स्त्रियों ने अपनी मेधा को मारकर कितने घर सींचे है, कितनी बगिया लगाई हैं कितनी ही पुरखिनें...कोई गिनती नहीं।

तड़प तड़प जिया जाये
साँवरिया तेरे बिना
गोकुल ढूंढ़ मथुरा छाये
किन संग नेह लगाये...

तड़प तड़प जिया जाये

19

सारी कमाई गँवाई रसिया, अदालत में दावा करूँगी रसिया

सारी कमाई गँवाई रसिया, अदालत में दावा करूँगी रसिया...

मैं तो चन्दा जैसी नार, सैयाँ क्यूँ लाए सौतनिया..

सैयाँ बड़ा नादान रे हमरी कदर ना जाने...

तारा टूटा आसमानी मोरी नई रे जवानी...

राजा सौतन संग प्यार करे, हमारा जीना दुश्वार करे...

तीन लोकों में बसे इस विशाल संसार में नभ, जल, थल, वन, वनस्पति, प्राणी जगत के बीच मैं एक स्त्री हूँ। मेरा अपना अस्तित्व है। मैं चिड़िया की तरह अनन्त आकाश में उड़ना चाहती हूँ, मैं हिरनी की तरह सघन वन की अमराई में घूमना चाहती हूँ, मैं मछली की तरह पाताल की गहराई नापना चाहती हूँ। मेरी अपनी इच्छाएँ हैं, कामनाएँ हैं, भग्नाशाएँ हैं, शिकायतें हैं, मेरे सपने हैं, मेरे अस्तित्त्व पर मेरा अधिकार है। मैं खुद को अभिव्यक्त करती एक स्त्री हूँ और यह अभिव्यक्ति मेरा बुनियादी अधिकार है।

यह सब कुछ होना चाहती स्त्री, यह सब कुछ करना चाहती स्त्री, जब अपने स्व को सबसे ईमानदार गीत में ढालती है, तो उसके स्वर में उत्तर भारतीय लोक-संगीत की नकटा विधा मुखरित होती है। 'मुखर', इससे सटीक विशेषण शायद इन गीतों के लिए हो ही नहीं सकता। क्या तेवर हैं, इन गानों में! क्या आग, क्या जिजीविषा! इन गानों के बीच महकती, चहकती और दहकती नारी की कैसी दमदार शख़्सियत उभरती है, जिनके बिना लोक-स्वर अधूरा है। यदि आप मुझसे नकटा की परिभाषा पूछें, तो कहा जा सकता है कि हिन्दी-भाषी क्षेत्र में लोकगीत की वह गायन विधा, जो अपनी विषयवस्तु और अभिव्यक्ति में लज्जाविहीन हो। 'नाक कटना' या 'नाक कटवाना' लज्जा का प्रतीक है, शर्मसार

होने का द्योतक है। इस दृष्टि से नकटा वे गीत हुए, जो अभिव्यक्ति में शर्म की हदों को तोड़ते हैं, अनुशासन की वर्जनाओं का उल्लंघन कर एक विशिष्ट सन्दर्भ में स्त्रियों की स्वतन्त्रता का नया वितान रचते हैं। इन गीतों के असल मर्म को समझने के लिए समय-रेखा पर थोड़ा पीछे जाना होगा। आज से दशकों पहले ग्रामीण भारतीय समाज एक ऐसी संरचना थी, जिसमें स्त्रियाँ संकोच-भरी मर्यादा में अपना जीवन जीती थीं। उनके भाव-विरेचन के लिए सिनेमा, साहित्य, संगीत और प्रदर्शन-कलाओं की उपलब्धता न के बराबर थी। कला में अपने जीवन को तलाशना उनके पास विकल्प के तौर पर था ही नहीं, अतः अपने जीवन को ही कलात्मक बनाकर स्वयं स्वाँग रचकर, फिर स्वयं ही उसकी प्रेक्षक बनना उनके पास सबसे सहज साधन था।

भले ही बीता दौर आज की कसौटी के आर्थिक और सामाजिक मानकों पर खरा न उतरता हो, परन्तु मानसिक-मनोवैज्ञानिक तौर पर आज से कहीं ज़्यादा प्रभाव रखता था। आज आधुनिक मनोचिकित्सा अकुण्ठित मानस को ही स्वस्थ-मन मानती है। अब और तब में यही अन्तर है कि अब अकुण्ठन की प्रक्रिया अकेलेपन और अवसाद से गुज़रते हुए रो-रोकर होती है, जबकि तब हँसती-खेलती स्वाँग रचती स्त्रियों द्वारा नकटा गाकर होती थी।

मुझे अचरज नहीं होता जब आज मंच पर गाने के लिए सबसे ज़्यादा फ़रमाइशें नकटों की आती हैं। उस दौर में औरत के मन के भाव को जिस तरह के आज़ाद शब्द स्वर मिले, वह शायद आज की औरत के लिए भी स्वप्न सरीखा है। लेकिन क्या आज के मंच इन गीतों को पेश करने के लिए उचित स्थान हैं? शायद नहीं, नकटों का मंच घर का आँगन है, बैठकी का बुलउवा है।

हमारी माँ को जलसे बहुत प्रिय थे। उनके कारण जलसे के आनन्द का बीज बचपन से ही मेरे मन में पड़ गया। जन्म का अवसर हो, मुण्डन, शादी-ब्याह, जनेऊ हो या कोई घरेलू बैठकी, माँ बड़े चाव से शामिल होतीं, तब ज़ाहिर है, उनके साथ हम भी शामिल होते। रस छलकाते, शृंगार के, रार के, मनुहार के न जाने कितने नकटा गीत—

चलती बेरिया नजर भरि के देखिल्या
ना मैं चुप्पी ना मैं बातूनी
लाज की मारी नयन भरि के देखिल्या
ना मैं गोरी ना मैं काली
गेहुआ रंग है, नजर भर के देखिल्या...

एक स्त्री की ऐसी उन्मुक्त अभिव्यक्ति किसका मनन ना मोह लेगी? यह रस नकटा में ही सम्भव है, यह रस हर घरेलू उत्सव का प्राण है। अगर वह उत्सव शादी-ब्याह है, तब क्या ही कहना, अहा! रात-रात भर चलने वाला नकटौरा और उसके सिरमौर बनते नकटा गीत।

अब आप पूछेंगे कि 'नकटौरा' क्या है, तो सुनिए, नकटौरा यानी स्त्रियों की आज़ादी को अभिव्यक्त करने का सबसे बड़ा जलसा। नकटौरा स्त्रियों का ऐसा पारिवारिक अनुष्ठान है, जिसमें गा-बजाकर, सुन-हँसकर वे सभी अग्निशिखा सी पवित्र और प्रांजल हो उठतीं। वे अगली भोर नवीनता की अँगड़ाई लेकर जागतीं और एक ऊर्जा के साथ नये कलेवर में प्रवेश कर जातीं।

पहले ज़माने में दूर-दराज बारात जाती थी, पराधीन भारत था, न धन सुरक्षित था, न सम्मान। सुरक्षा की दृष्टि से स्त्रियाँ बारात में नहीं जाती थीं, इस पर आप यह न सोचिएगा कि वे मन मारकर घर में रह जाती थीं, वे इसी मौक़े की तलाश में रहतीं कि कब घर के पुरुष घर से बाहर हों, बस! रात होने से पहले घर के सारे काम निपटाकर परिवार की बड़ी-बूढ़ी, नयी-छोटी, आस-पड़ोस की सब औरतें घर पर इकट्ठा हो जातीं, ढोलक की थाप से सबको ख़बर लग जाती, गोल बनाकर सब बैठतीं, अर्थपूर्ण मुख-मुद्रा और हस्त संचालन के साथ तरह तरह के स्वाँग रचतीं। इस स्वाँग में जीवन की परतें खोल कर धर दी जाती थीं। परिवार के बड़ों की, ख़ासतौर पर सास-ससुर, जेठ-जेठानी, ननद-ननदोई की नकल होती, उन पर व्यंग्य होता, शरारत भरे ताने होते, मीठी शिकायतें होतीं, कई गोपनीय बातें भी सरेआम बेपर्दा कह सुन ली जातीं और यह सब कह देने का मारक अस्त्र होता नकटा।

मैं मानती हूँ कि अभिनय स्त्री को स्वाभाविक ही मिला है। समानान्तर कई पात्रों का अभिनय करते हुए वह स्वयं भी जान नहीं पाती कि वह अभिनय कर रही है। अभिनय का यह नैसर्गिक तत्त्व नकटा का प्राण है। रायबरेली की सावित्री बुआ, जो अपनी वय के नौवें दशक में हैं और आजीवन कलकत्ता में रहीं, अपने मायके में हुए अनगिनत ब्याहों की सबसे सच्ची गवाही देती हैं। नकटौरों का बयान करते उनकी आँखों की चमक देखते बनती है। कहती हैं– "गाँव भर के सब मनई तो बरात चले जात रहें, मेहेरिए भर बचती रहीं, तो भैया थाने मा कहिके दुई पुलिस वालेन का चौकीदारी लगवाय देत रहें। शाम होतै महरूल पीटे का बुलौवा नाउन दई आवें। दहलीज वाले बड़कए दरवाज पर साँकल लागि जाए। पूरा अँगना मेहरियन से भरि जाए, वा तमासा होए कि पूछो ना। कोऊ चिट्ठी

रसा बने कोऊ नयी-नयी दुलहिन, कोउ लरकोरी मेहरिया तो कोउ 'भैरों' बैद। अइस खुल्ली बतकही होएँ औ जौन-जौन गाना होएँ कि चौकीदरवे आधी रात बाद चौपार से आपन बोरिया बिस्तरा लई के चुप्पे दुआरे पार मन्दिर के चौतरा पा खसकि जायें"। बुआ आज भी अपने मायके का कोई उत्सव नहीं छोड़ती हैं, उसी उछाह के साथ शिरकत करती हैं। बुआ हर मामले में जमाने के अनुरूप ढल गई हैं, मगर अब भी लड़कों के ब्याह में बारात जाने को कतई राज़ी नहीं होतीं। कहती हैं 'तुम पंचे जाओ, हम महरूल ठोकब'। नाउन, धोबिन, महराजिन, मालिन, पूरी परजौटी और गाँव से आयी अन्य हम-उम्र महिलाओं के साथ मिलकर और नकटा गाकर उस स्वाँग को पुनर्नवा करने की भरसक कोशिश करती हैं।

मैं समझती हूँ, इसी तरह नकटा गीत या नकटौरा जैसी स्वाँग विधाएँ अस्तित्व में आयीं और विवाह जैसे मांगलिक अवसर पर ही नहीं, हर बैठकी हर बुलौवा की अनिवार्यता बन गयीं। किसी भी प्रसन्नता के अवसर पर नकटा गाये जाते हैं। मेले में जाते हुए, ख़ाली समय में तथा वर पक्ष में बारात के प्रस्थान से लेकर कन्या पक्ष में विवाह होने के बाद मौर सिराने तक नकटा गीत गाये जाते हैं, इनमें कहीं प्रणय का भाव है, तो कहीं विरह की पुकार, कहीं हास्य-व्यंग्य के छींटे उड़ते हैं, तो कहीं शिकायत और उनका समाधान।

"चलो सल्लो, दुई चार नकटा हुई जाए।"

खूँटी से ढोलक को उतारती हुई ताई जी जब मेरा नाम बिगाड़ते हुए आस्वाहन करतीं, तो मेरी माँ के चेहरे की रौनक बढ़ जाती थी, ताई जी की आँखो की चमक ही कुछ और होती। उन आँखों को पढ़ने की मेरी उम्र ही क्या रही होगी, शायद आठ या दस बरस। लेकिन उन गानों को सुनते हुए यह समझ में आता कि इनमें ऐसा कुछ तो था, जो सभी स्त्रियाँ सामूहिकता में जीती हैं और अपनी बात को बिना डरे-सहमे कह देने का जश्न मनाती हैं। उत्सवधर्मी समाज के दूरदर्शी अभिभावकों को अपने जीवन के सुदीर्घ अनुभव झेलते इस बात की आवश्यकता महसूस हुई होगी कि हताशा, कुण्ठा, अवसाद, उपेक्षा, शोषण जैसे भावों को भी अभिव्यक्ति की निकासी चाहिए अन्यथा, ये ठहरे हुए पानी की तरह घातक मनोविकारों को जन्म दे सकते हैं। नकटा गीत अपने अवसाद, कुण्ठाओं और शिकवे-शिकायतों के सहज उत्सर्जन के लिए रचे गये।

ये सब बताते हुए मुझे एक और मर्मस्पर्शी संस्मरण याद आ रहा है, जिसे बताये बिना मेरा आगे बढ़ना बेमानी होगी। परिवार में जलसा था। जिनके यहाँ जलसा था, उनका हमारे घर में बड़ा मान था। मैं उनके घर पहुँची, तो देखा

उत्सव में गजब गहमागहमी थी। इतने लोगों के शोर-हुल्लड़ के बीच भी जोरदार ढोलक के साथ गीत गूँज रहा था—

सैयाँ बड़ा बेईमान हो, हमरी कदर ना जाने

गाना सुनते ही मैं मन ही मन मुस्कुरा उठी। सोचने लगी, पुराने हो गये, लेकिन आज भी ये गाने उतने ही धारदार हैं, उतने ही लोकप्रिय। भीतर कमरे में पहुँचते ही शान्ति मौसी ने लगभग दहाड़ते हुए सुर में कहा, 'चलो आय गईं मालिनी, अब महफिल जमी'। शान्ति मौसी बाल-विधवा थीं और उमर पचहत्तर के ऊपर थी। दरअसल, वे हमारी नानी की तरह थीं। माँ और मौसी उन्हें मौसी कहके पुकारती थीं, सो हम सब के लिए भी वे शान्ति मौसी बन गयीं। शान्ति मौसी की आज्ञा थी, इसलिए मुझे गाना ही था, लेकिन गाने की जगह मेरा ध्यान था शान्ति मौसी के छोटे भाई की पुत्रवधु प्रज्ञा की ओर। कितनी सुन्दर थी प्रज्ञा, लेकिन विवाह के बाद जाने कैसी सूख गई थी, राजू भैया यानी प्रज्ञा के पति नखरीले स्वभाव के थे। गुस्सा तो मानो नाक पर चढ़ा रहता था, पति ऐसा और इतने बड़े परिवार की ज़िम्मेदारी तले गुलाब सी प्रज्ञा मुरझा सी गयी थी। लेकिन आज जब बहुत दिनों बाद देखा तो मन प्रसन्न हो गया। कैसे खिली-खिली लग रही थी, नयी दुल्हन ख़ुश और हँसती-मुस्कुराती ही अच्छी लगती है। दो-तीन गीत गाकर हमने शान्ति मौसी से कहा—'मौसी प्रज्ञा कितनी सुन्दर लग रही है, आज तो पहचान में नहीं आ रही।' आगे मौसी ने जो कहा, सो उन्ही के शब्दों में—

'ए बिटिया! घर दफ़्तर और जिम्मेदारी के जंजाल में उलझ गई जिनगी बहुरिया की। जब देखो, बड़ी-बड़ी अँखियन में टेसू भरें, सूखी सूरत, सूखी देह, कुछ न खाय न पीवें, मानो कुछ नाय सुहाय रहा, ऊपर से जानती ही हो राजू को, तीत मिजाज के। अरे आस-पड़ोस के लोग कहें—ब्याह के आईं तब तो हँसत-मुस्कात रहीं, अब बात कहो तो मुँह फेरि लें, और जादा कहो तो किटकिटाए के दौड़ें! हाय बिटिया, प्रज्ञा की अम्मा भौजाई हमसे सिकाइत करिन! हमरी बिटिया फूल सी रही, नजरा गई ससुराल में। अब बिटिया, बहुरिया के मायके का ताना सुन हमार देह गनगनाय गई, हम सोचें कइसे गोरी फिर चम्पा सी खिली जावे। एक दिन हम बहुरिया के अपने पास बिठावा, हम कहिन दुलहिन। जी की बात खुल के कहि देओ, जी हलका हुई जइहें, हमसे न कहो तो अपनी अम्मा से कहि आओ, शिकायत करि आओ, रोई आओ, लेकिन कहि आओ, एतना गरमी करेजा ना बरदास्त करि पइहें, फाटि जईहे बहुरिया। ई सुनि के प्रज्ञा बहुरिया हमका पकरि

कै बुक्का फारी कै रोवन लागी। हम कहिन, देखौ 'सादी के रिश्ते में खट्टा-मीठा सब सुवाद है। लेकिन, पहले होत रहे नकटौरा, रतजगा। गोतिन, नट, रिश्तेदारी, पड़ोस के जमावड़ा। रात-भर गाना चले—एक से एक! सब एक-दूसरी की आस रहीं। सब एक-दूसरे की हिम्मत। हँसी-खुसी, मान-अपमान, नाज-नखरा सब कहि सुनि अचरा में बाँध लेत रहीं' जानेउ कइसे? गाई के! गीत-गौनई मा हम सब के सुख अउर दुःख बहि जात रह।

क्या अद्‌भुत जीवन दर्शन था समाज का! रोग दबाये से बढ़ता है और बता देने से कम हो जाता है और उस पर भी, बताना अगर नकटा की मुखर शैली में हो तो, दर्द महज़ कम नहीं होता, उससे निजात मिलती है।

नकटा की शैली कहीं प्रश्नोत्तरी होती है, तो कहीं बहस-मुबाहिसे में, कभी तीखी आलोचनाएँ, तो कभी उनका प्रतिकार, कहीं निवेदन है, तो कहीं उसका स्पष्ट नकार। ब्याह-शादी में हमारे घर में एक नकटा गाया जाता था—

राजा गरमी के मारे चुनरिया भीजै हमारी
बारह बरस को पिया बनिजा सिधारे
खुसमुस रोवे दुलारी चुनरिया भीजै हमारी
बारह बरस पर पिया घर को लौटे
खुसमुस रोवैं दुलारी चुनरिया भीजै हमारी

पति व्यापार करने परदेस जाता है और बारह बरस बाद घर को लौटता है, तो अपनी पत्नी को रोते हुए देखता है, वह पूछता है—

काहे को रानी मोरी, खुसमुस ठाड़ी
काहे खड़ी मनमारी चुनरिया भीजै तुम्हारी

इन बारह वर्षों में उस पर क्या बीती, पत्नी बताती है—

सास ननद मोसे पनिया भरावैं
बूढ़ा ससुर दै गारी चुनरिया भीजै हमारी
सास ननद मोसे चकिया चलवावैं
देवरा बुलावै अटारी चुनरिया भीजै हमारी...

सास और ननद का शासन है, वे मुझसे काम करवाती हैं, पानी भरवाती हैं, चक्की चलवाती हैं, दोनों ही श्रमसाध्य कार्य हैं, अतः यहाँ उसकी शिकायत सास, ननद द्वारा कष्टदायक कार्य कराने की है, वृद्ध ससुर की गालियाँ सहन करने की है,

लेकिन ज़्यादा गम्भीर है, देवर द्वारा छत पर बुलाना, यहाँ एक तरह का संकेत छिपा है कि युवती को किस प्रकार पति की अनुपस्थिति में अपना शील, सतीत्व बचाना एक चुनौती है। मैं बहुत छोटी थी, जब इस गीत को गाते हुए नाचती थी, मैं न समझ पाती कि इस गाने पर अगल-बगल बैठी सभी युवा, प्रौढ़, वृद्ध, महिलाएँ हँसती क्यों थीं? बड़े होने पर गीत का मर्म समझा, लेकिन यह रहस्य नहीं समझ में आया कि स्त्री की इस व्यथा पर सब ठहाके लगाकर हँसती क्यों थीं। कुछ समय बाद वह भी समझ आ गया, हमारी पुरखिनों ने ऐसे ही हँस-हँस कर, मुस्कुराकर सब कुछ सहा है। वे सब सहती रही हैं, लेकिन बेशिकन!

आज जिस स्त्री सशक्तीकरण पर आये दिन कला, साहित्य और संगीत के मंचों का विमर्श होता है, वह सशक्तीकरण तो अरसे पहले ही हमारे लोक-मन में अपने पूरे रंग-रोगन के साथ मौजूद था। चाहे पुरुष से बराबरी की बात हो या अपनी हक़दारी की। चाहे स्वेच्छा से किया गया स्वीकार हो या अनिच्छा से किया गया नकार। हर बार, स्त्री मन ने खुद को बेहिचक बयाँ किया है–

सैयाँ से दिल मिलतै नाहीं कैसे आऊँ अटारी
इक तो बलम तोरे नयना पुराने
नयन रस मिलतै नाहीं, कैसे आऊँ अटारी
इक तो बलम तोरी बतिया पुरानी
प्रेम रस मिलतै नाहीं, कैसे आऊँ अटारी...

बड़ी साफ़गोई से पत्नी कह रही है कि जब उनसे (पति) मन ही नहीं मिलता, तो उनके पास क्यों जाऊँ? वह ज़माना दूसरा था, बहुत कम उम्र में लड़कियों के हाथ पीले कर दिये जाते थे और उनकी स्वीकृति-अस्वीकृति कोई मुद्दा ही नहीं हुआ करता था। ऐसे में यदि उम्र आने पर यह समझ विकसित हो कि साथी मन माफ़िक नहीं है, तो उस दुःख को कहाँ कहा जाये। इनकार का ये बेलौस अन्दाज़ कि बिना छिपाव-दुराव के मन की बात बता दी जाये, यही इस गीत की यथार्थ भाव-भूमि का परिचायक है। यह गीत सम्बन्धों की एकरसता को तो प्रश्नांकित करता ही है, पर उससे अधिक दाम्पत्य के नित-नवीन और उनके पुनर्नवा होने के लिए भी आग्रह करता है। नकटा ने हाशिये की ऐसी असंख्य आवाज़ों को हँसते हुए उत्सर्जित करने का कण्ठ दिया।

नकटों का एक बड़ा वैशिष्ट्य है खुलापन। एक ऐसा खुलापन जिसमें 'खुलने' से अभिप्राय सिर्फ़ बेबाक होने से नहीं है, बल्कि अपनी 'चाहना' की अभिव्यक्ति है, प्रतिकार का स्वर है और एक ऐसे फन्तासी-लोक की परिकल्पना है,

जिसमें मुक्ति की व्याकुलता है। यह सब नकटों में पाया जाता है, गाया जाता है। ये गीत स्त्री अस्मिता को बार-बार झकझोरते हैं। उत्तर-आधुनिक नारीवादी विमर्श बार-बार इस सत्य को रेखांकित करता है कि स्त्री-अस्मिता की समझ उसे महिमामण्डित किये बग़ैर यथावत स्वीकारे जाने की चेष्टा होनी चाहिए। इस सत्य को आज से सैकड़ों वर्ष पूर्व हमारी पुरखिनें अपने जीवन में, व्यवहार में ढाल चुकी थीं। वे जानती थीं और मानती भी थीं कि वे स्त्री से पहले एक इन्सान हैं, जिनमें गुण-दोष समान रूप से विद्यमान हैं। वे रूठती भी हैं, रोती भी हैं, लड़ती भी हैं और हठ भी करती हैं। वे श्रृंगार और लालित्य के प्रति उतना ही स्वाभाविक आकर्षण रखती हैं, जितना कोई भी मनुष्य सौन्दर्य के प्रति होता है। वे घर में अपने अधिकार-क्षेत्र का दावा करती हैं, तो सम्बन्धों में चाहना की अपेक्षा। प्रियतम पर रीझते रहना, चूल्हे में सीझते रहना ही उनकी प्रवृत्ति नहीं। वे उलाहने देती हैं, खरी-खोटी सुनाती हैं और आवश्यकता पड़ने पर धमकाने-गलियाने से भी नहीं चूकतीं। सामाजिक मर्यादा के झीने आवरण में ऐसी बहुत-सी बातें नकटा में कह दी जाती हैं, जिन्हें रोज़मर्रा की ज़िन्दगी में कहना-सुनना नागवार गुज़र सकता है।

एक बार मैंने यह गीत सुना, इस गीत में नायिका ने आपबीती को हास-परिहास के बहाने जिस सहजता से कह दिया है, वह चकित करने वाला है–

काऊ दिन उठ गयो मेरो हाथ बलम तोहे
ऐसा मारूँगी ऐसो मारूँगी बलम तोहे ऐसा मारूँगी...

कल्पना कीजिए उस पत्नी की बेबाकी की जो पति को इस गीत में पीटने की धमकी देती कह रही है कि किसी दिन जो मेरा हाथ उठ गया, तो सोच लेना ऐसे मारूँगी कि...

एक अन्य गीत में नायिका कोई काम अपने हिसाब का न होने पर पति को कचहरी और जेल के लिए धमकाती हुई दिखती है–

सारी कमाई गँवाई रसिया अदालत में दावा करूँगी रसिया
खाने ना दूँगी हलुआ पूड़ी भूसे की रोटी खियाऊँ रसिया

तुम मोरी बात बिगाड़यो बारे रसिया
हाथे मा हथकड़ी डरौबे पाएँ मा पैंजनिया
देखौबे बारे रसिया देखौबे बारे रसिया
कानपुर के जेल देखौबे बारे रसिया...

गीत का सार यही है कि पति-पत्नी से किसी बात पर बिगाड़ हो गया, जिस पर पत्नी, पति को अदालत और जेल तक ले जाने की सीमा तक धमका डालती है और कहीं-कहीं रसिक पति से सीधे सवाल है, सवाल भर ही नहीं, सीधा आक्षेप है–

ढीला पाजामा रेशम का कमरबन्द बोलो कहाँ गए थे?

या

कहवाँ बिताई सारी रैन हो, साँची बोलो बतिया?
जुल्फें तुम्हारी राजा उलझी हुई हैं
आँखों में छाई गर्दाई हो साँची बोलो बतिया...

काले और गोरे जैसे वर्ण-सूचक सम्बोधन जिन्हें अब बोलचाल की भाषा में भी वर्जित माना जाता है, उनका अपने जीवनसाथी के लिए प्रयोग केवल नकटे के ही बस की बात है–'वह काला है, तो क्या हुआ मेरा प्रेमी तो है। प्रेमवश वह जो तोहफ़ा लायेगा, वो मेरे लिए किसी अन्य उपहार से सर्वोपरि है।' इसी भाव-भूमि पर रचा हुआ गीत है कि–

काला रे बलम मोरा काला
ससुर गए दिल्ली जेठ गए पटना
काला गया कलकत्ता की गलियाँ
ससुर लाए साड़ी जेठ लाई चुनरिया
काला लाया काली साटन का लहँगा
ना पहनी साड़ी ना पहना ब्लाउज
खूब पहना काली साटन का लहँगा
ससुर लाए लड्डू जेठ लाए हलवा
काला लाया काली गाजर का हलवा
ना खाए लड्डू ना खाए पेड़ा
खूब खाया रे काली गाजर का हलवा

जीवन के निजी प्रसंग को भी गा-बजाकर कह देने का अनुपम कौशल हमारी पुरखिनों में था। मन की बातें कहने-सुनने की ऐसी अनौपचारिक बैठकी की परम्परा आज बहुत जरूरी है। मन की गाँठ मन में ही बनी रहे, तो ऐसा घाव करती जाती है कि रोग की सूरत इख़्तियार कर लेती है। यही कारण है कि

आजकल स्त्रियों को मानसिक तनाव और मनोवैज्ञानिक विकारों से गुजरना पड़ रहा है। अब ये गीत ही देखें—

हमने सुनी एक बात सुनो री गुईयाँ
सैयाँ पड़ोसन के साथ सुनो री गुईयाँ
जब हमरी पड़ोसन मायके गई री
सैयाँ फिरे कुम्हलाय सुनो री गुईयाँ
जब वह पड़ोसन मायके से लौटी
सैयाँ फिरैं मुसकाय सुनो री गुईयाँ
जब वह पड़ोसन बीमार पड़ गई
सैयाँ फिरैं घबड़ाय सुनो री गुईयाँ
जब वह पड़ोसन स्वरग सिधारी
सैयाँ गिरै पछाड़ खाय सुनो री गुईयाँ
जब री पड़ोसन की तेरहीं मन गई
सैयाँ फिर हमरे साथ सुनो री गुईयाँ'

मैं ख़ुद को बड़भागी मानती हूँ कि मुझे संगीत ने अपनी आदिम आवाज़ को प्रसारित करने हेतु मुझे चुना है। हिन्दी पट्टी में सुने-गाये जाने वाले असंख्य गीतों में एक नकटा 'सइयाँ मिले लरकईयाँ' है, जो मुझे याद भी नहीं कितनी बार गा चुकी हूँ। गुरु कृपा और ऐसे सुसंयोग बनते रहे, तो भविष्य में भी दम-भर गाती रहूँगी। लेकिन यहाँ मैं इसी तर्ज़ का एक अन्य गीत प्रकाशित करना चाहती हूँ, क्योंकि उस गीत का कथ्य आज के विशेष सन्दर्भ से जुड़ा है। प्रेम मनुष्य की आदिम प्रवृत्ति है, प्रीत लगना कोई नयी चीज़ तो है नहीं। इसके साथ यह भी उल्लेखनीय कि जिससे प्रेम हो या विवाह हो उसी का साथ जीवन-भर मिले यह भी ज़रूरी नहीं। ऐसा कभी परिवार घर-समाज के कारण होता है, तो कभी प्रेमी-प्रेमिका में ही कोई बेवफ़ाई कर बैठता है। जिस गीत का ज़िक्र मैं करना चाहती हूँ, उसका मुखड़ा है—

प्रीत अजब दिवानी मैं का करूँ

गीत की नायिका अपने प्रेमी की जगह किसी दूसरे पुरुष से ब्याह कर रही है। वह अपने पूर्व प्रेमी, जिसे आज की भाषा में एक्स ब्वॉयफ्रेंड कहा जाता है, से पिंड छुड़ाने की भरसक कोशिश करती है। प्रेमी की मनोदशा पर पहले टीका टिप्पणी करती है कि—

जब से मोरे आए सुदिनवा (ब्याह तय होना)
यार मचावें आवाजाही, मैं का करूँ
जब मोरे आए अनवैया
यार मचावें रोवा रोई, मैं का करूँ
जब रे मोरे डोला चलत हैं
यार सजावें लिल्ली घोड़ी, मैं का करूँ...

किसी तरह पीछा न छोड़े जाने पर नायिका डोली के कहारों से कहती है—

छिन एक डोला रख दो कहारो
यार का देऊँ समुझाई मैं का करूँ...

दिलासा देते हुए वह अपने प्रेमी से कहती है—

छल्ला ले लो अँगूठी ले लो
प्रेम की रखो निसानी, मैं का करूँ...

लेकिन आशिक़ कहाँ इतनी आसानी से मानने वाले, वो इतने पर भी राजी नहीं होते। नकटे का समापन नायिका के तीखे जवाब से होता है—

समझाए से यार नहीं माने
यार का खाएँ भवानी, मैं का करूँ...

'भवानी खाए' कहना बेशक, बेवफा होने की इंतहा है, लेकिन इसका निष्कपट स्वीकरण इतना आसान तो नहीं। हास-परिहास की शैली में जीवन के जटिल अनुभवों को कहकर मन को हल्का कर देने से सहल अभिव्यक्ति नकटा के सिवा और क्या हो सकती है।

जहाँ दूसरे का दुःख सुन अपनी कहानियाँ याद आ जायें, वहाँ आँख से आँसू नहीं झरते, खिलखिलाहट में वह पीड़ाएँ सिमट जाती हैं। यह नकटे का कमाल है कि घर की बड़ी बुजुर्ग-वृद्धाएँ भी ढोलक की थाप पर झूमकर गा सकती हैं, रतजगे में बतरस के ऐसे सुन्दर प्रसंग प्रायः बुजुर्ग महिलाएँ ही ढोलक बजाते हुए उठाती हैं और उच्च स्वर में अपने प्रेम की घोषणा करते हुए गाती जाती हैं। कहीं अपने पति के सजीलेपन तो कहीं उनकी काली जुल्फों का वर्णन करते हुए हँसती-मुस्कुराती जाती हैं। कहीं-कहीं उनकी बेवफाई के चर्चे और कहीं उनकी नादानी की कहानियाँ। यह शृंगार, यह प्रेम हमारी बुजुर्ग स्त्रियों ने विरासत में नयी पीढ़ी को दिया है। नयी बहुएँ तो घूँघट में मुँह छुपाकर अपनी चाची और बुआ को दमदार गीत गाते हुए देख शरमा जाती हैं। सकुचाती और हँसती हैं

और अगले दिन सखी-सहेलियों से इशारों में ही उन सदाबहार बुआ की चर्चा कर आनन्द लेती हैं। उम्र कोई भी हो, घर की बड़ी बूढ़ियाँ आस-पड़ोस की महिलाओं के साथ मिलकर जब शृंगार के गीत उठाती हैं, तो कौन कहेगा कि वे जवान नहीं हैं। सच तो यह है कि यही मस्ती, यही प्रेम और उल्लास लोक-संगीत को जवान बनाये हुए हैं। यही तेवर लोकगीतों की जवानी है, हमारी पुरखिनों की रवानी है। ऐसे असंख्य गीतों को सुन स्त्री की प्रेमपगी वाक्पटुता और बतरस ख़ूब आनन्द देती है।

काले भँवरे ने कली चटकाई रस लूटा तमाम
गोरी के नैना छुरी कटारी
तिरछी नजर जो कहीं मटकाई सैयाँ बन गए गुलाम...

यह गाते हुए नृत्य करते हुए उनकी झुर्रियों में काल खण्ड सापेक्ष हो उठता है, कह भले ही वे रही हैं, किन्तु यह हर औरत का बयान है।

कैसे भूल सकती हूँ, वह क्षण जब हमारे भाई के विवाह में हमारी वयोवृद्ध स्थूलकाया की स्वामिनी बड़ी ताई जी, अपने देवर (हमारे पिताजी) की और कनखियों से हँसती हुई इशारा करती, गाती हुई नाच रही थीं–

जी भर गया राजा के बोलों से
मन भर गया राजा के बोलों से
सुन देवरा हो, टूटी खटोली ले चलो
क्या काम है राजा की सेजों से...

अपने पति को उपालम्भ-सा देती हुई अपने देवर पर फ़िदा हमारी ताई का वह रूप देखकर सबसे पहले हमारी माँ चहकती हुई उठकर ताई जी की न्यौछावर उतारती थीं। सब ठहाका लगा पड़ते और ताऊ जी को भी नृत्य के लिए बुला लेते। यह है नकटा की सामाजिकता और पवित्रता। अनेक बार स्त्रियों का भोगा यथार्थ ही था, जो इन गीतों में साँस लेता है।

बारहा एक गीत मैं बड़े चाव से गाती हूँ–
बेर-अबेर बगिया न जइबे ननदिया
पहली कली मैं तोड़हू न पाई अरझ गई हमरी चुनरिया ननदिया
दूसरी कली मैं तोड़हू न पाई फाटि गई हमरी चुनरिया ननदिया
पाँच रुपैया लै लियो दर्जी सी दियो हमरी चुनरिया दरजिया
पाँच रुपैया न लेबै गोरिया चली आओ हमरी सेजरिया हो गोरिया
रसरी मँगाए दर्जी तुमका बंधौबे अइहे घारे जब सिपहिया दरजिया...

इस गीत की नायिका एक तेज-तर्रार स्त्री है, जो अपनी इच्छा के विरुद्ध ग़लत नीयत से किये गये ओछे इशारे का हर सम्भव तरीक़े से प्रतिकार करती है। उसका पति देश सेवा में है, सिपाही है, सो घर पर नहीं रहता है। एक रोज़ फूल चुनते वक़्त काँटों की झाड़ में फँसकर उसकी चुनरी फट गयी, जिसे सिलवाने वह दर्ज़ी के पास जाती है, पर दर्ज़ी ठहरा बदमाश और बदनीयत इन्सान और सिलवाई में उससे शारीरिक सम्बन्ध की माँग करता है। इस नकटे का पटाक्षेप नायिका की चेतावनी से होता है कि 'अबकी बार सिपाही को छुट्टी पर आने दो तुम्हें रस्सी से बँधवा कर दिखाऊँगी।'

नकटा प्रतिकार का मुखर स्वर है। मनचला प्रेमी हो या पति हो, सास-ननद हों या देवर-जेठ हों, स्त्री की इच्छानुरूप यदि कुछ नहीं हुआ, तो वह मानिनी बनेगी, हठधर्मी बनेगी और यदि उससे भी काम न चला तो पलटवार करेगी। नकटों की उन्मुक्त शैली प्रतिकार के इस स्वर को और सुस्पष्ट कर देती है—

सासु झगड़ा जनि मचावा हमे अलगवा कै द न...

इस गीत में सास के सम्मुख अलगौझे का सार्वजनिक आग्रह है। संयुक्त परिवारों में वह बात जो अन्यथा नहीं कही जा सकती, वह नकटे से सहज ही सम्प्रेषित हो जाती है।

एक और गीत में सास के शासन को खुली चुनौती देती नायिका लगभग ऐलान के लहजे में कहती है—

गयो गयो री सास तेरो राज जमाना आया बहुअन का
सास बिचारी थरिया परसे बहुएँ जेवन जायें
परसो परसो री सास मेरो थाल जमाना आया बहुओं का
सास बेचारी पनिया खींचे बहुएँ नहावन जाएँ
मींजो मींजो री सास मोरी पीठ जमाना आया बहुओं का
सास बेचारी सेजिया बिछावें बहुएँ पौढन जायें
दाबो दाबो री सास मेरो पाँव जमाना आया बहुओं का
सास बेचारी मायके जाए बहुएँ छोड़न जाए
छुओ छुओ री सास मेरो पाँव जमाना आया बहुओं का...

मुझे नदियों का सबसे सुन्दर स्वरूप सावन भादों के महीनों में लगता है। नदी जब कूल कगारे तोड़कर उन्मुक्त हो जाती हैं, तब थोड़े समय के लिए

ही सही, मगर मुख्यधारा से फूटकर उसका उन्माद हृदय से शिराओं में बह चलता है। ऐसी चाहत जब किसी स्त्री मन में आती होगी, तब एक कल्पना-लोक का निर्माण होता होगा। कहीं कोई कामिनी लहरा के गाती होगी—

लहरा मारे चौरइया
राजा लगाएँ निबुआ का बगिया
हमहू बोवा चौरइया
राजा बोलावें एक पतुरिया
हमहू राखा रे नचइया

खेत में चौलाई का साग लहरा रहा है पति ने अपनी इच्छानुकूल नीबू का बाग़ लगाया, तो पत्नी ने चौलाई बो दी। जरा उस दृढ़ता भरी ध्वनि को कल्पना में लाइए, जिसमें 'हमहू' पर बल देकर कुछ कहने का इशारा किया जा रहा है। एक स्वेच्छाचारिणी की उन्मुक्ति इन तरानों से बेहतर और कहाँ?

एक और गीत में प्रियतम/पति से कहती है, मैं तुमको देखने में छोटी लगती होऊँगी, पर तासीर में बड़ी तेज हूँ—

काली मिर्च बड़ी तेज हो हमें छोटी न समझो
जैसे अकसवा में उड़े री पतंगिया
वैसे उड़ब तोहरे संग हो हमें छोटी न समझो...

'छोटी न समझो', नारी मन के आलोड़न से निकला वह नवनीत है, जिसमें कोई मिलावट नहीं। ये कितना सुवासित होगा, ऐसा कितना सुस्वादु होगा, इसकी बानगी मैं नकटा के बारे में बहुत लिखकर भी समग्रता से व्यक्त नहीं कर पाऊँगी। लेकिन बाबा तुलसी की बात 'जाने बिनु न होय परतीती' को आधार मानकर सभी कला रसिकों को नकटा सुनने का प्रेमभरा बुलौवा देती हूँ—

दई देबे बुलौवा गवैयन का
अपने गवैयन का दरिया गलीचा
भुइयां बैठैबे सुनैयन का
अपने गवैयन का लड्डू और पेड़ा
तीत पनिया पियउबे सुनैयन का...

माने आपको मेरे साथ स्वर में अपनी भी आवाज़ लगानी होगी। बस सुनने भर से काम नहीं चलेगा।

"तो चलो गुईआँ, दुई चार नकटा हुई जाए।"

20

चले जइहो बेदर्दा...

बात सन् छिहत्तर (1976) की है। पिताजी का तबादला गोरखपुर हो गया और हम लोग सपरिवार गोरखपुर पहुँच गये। माँ को, बचपन से ही मुझमें कुछ तो था, जो हममें सबसे ज़्यादा दिखाई देता था और वे गोरखपुर आने से इस नाते निराश थीं कि उन्हें मिर्जापुर और झाँसी में आरम्भ हो चुकी मेरी बड़ी बहन और मेरी संगीत शिक्षा का भविष्य सुखद नहीं लग रहा था। दरअसल, उन्हें क्या हममें से किसी को भी कयास तक न था कि पूर्वी उत्तर प्रदेश के कोने में बसे गोरखपुर से हमारा जीवन बदलने वाला था। उस समय गोरखपुर में शास्त्रीय-संगीत और सुगम-संगीत का असाधारण सुरीला माहौल बन चुका था। लिहाज़ा, गोरखपुर पहुँचते ही, माता-पिता ने अच्छे गुरु की तलाश प्रारम्भ की। किसी ने बताया कि यहाँ आकाशवाणी का नवीन केन्द्र खुला है, वहाँ बाहर से आये बहुत श्रेष्ठ कलाकार कार्यरत हैं, शायद आपकी तलाश वहाँ पूरी हो जाये।

मुझे आज भी याद है, पानी में भीगते हुए, हम लोग टाउन हॉल स्थित आकाशवाणी में पहुँचे। ड्यूटी रूम में के.सी. गुप्ता जी और उस समय वहाँ उद्‌घोषक सतीश ग्रोवर जी मिले। पिताजी ने गुप्ता जी से पूछा, मेरी बेटियों को संगीत में रुचि है, प्रतिभा भी। सुना है, आपके यहाँ बहुत बड़े कलाकार कार्यरत हैं। क्या वे हमारी बेटियों को सिखायेंगे? गुप्ता जी मुस्कुराकर बोले–'जी हाँ हमारे रेडियो स्टेशन में एक नहीं, संगीत जगत के दो अनुपम नगीने हैं। एक तो हैं मशहूर फ़नकार राहत अली, वे तो बहुत व्यस्त रहते थे। दूसरे हैं रामपुर घराने के शुजात हुसैन ख़ान जी, वे अभी आकाशवाणी जम्मू से आये हैं। युवा हैं और घरानेदार हैं, बहुत मनोयोग से सिखाते हैं। 'अपने माता-पिता का आश्वस्त चेहरा देखकर नौ बरस की उम्र में समझ आ गया कि हो न हो, शुजात साहेब ही सिखायेंगे हमें।'

तभी अचानक, तेज़ हवा के झोंके की तरह एक छोटे क़द के साँवले व्यक्ति ने हाथ लहराते हुए ड्यूटी रूम में प्रवेश किया और गुप्ता जी से बात करते हुए हँसते-मुस्कुराते बाहर निकल गये।

गुप्ता जी ने सामने बैठे माता-पिता से कहा, यही हैं उस्ताद राहत अली! लखनऊ वाले राहत अली! यह आकाशवाणी गोरखपुर का सौभाग्य है कि वे इस केन्द्र में संगीत कम्पोजर हैं। आदर और प्रशंसा में उनकी और हम सबकी आँखें चमक उठीं, तभी मेरी माँ ने कहा, अरे, यह तो वही राहत अली जी हैं, कन्नौज में अशोक (हमारे मामा) के जनेऊ में गाने आये थे, पुरानी बात हो गयी, इसीलिए मैं तुरन्त पहचान नहीं पायी। माँ ने तुरन्त ड्यूटी ऑफ़िसर से पूछा—'क्या राहत अली ख़ान जी भी सिखाते हैं।' गुप्ता जी हँसकर बोले—'राहत अली जी तो बहुत व्यस्त कलाकार हैं, बड़े कलाकार हैं। वे नये बच्चों को नहीं सिखायेंगे।'

तभी थोड़ी देर में रिकॉर्डिंग पूरी करके शुजात हुसैन ख़ान जी बाहर आये और विनम्र भाव से हमारी माँ ने उनसे कहा, कि वे हमारी बेटियों को सुनकर बतायें और सिखायें तो बड़ी कृपा होगी। शुजात जी ने कहा, कि किन्हें सिखाना है? इसे!! यह तो बहुत छोटी हैं! माँ ने बताया कि इसकी बड़ी बहन भी है, पाँच बरस बड़ी। दोनों ने शास्त्रीय संगीत सीखा है। मिर्जापुर में भी और झाँसी में भी। शुजात जी ने मुझे देख कहा—'अच्छा बेटा, कुछ सुनाओ!'

बचपन की यही ख़ूबी होती है, बच्चे निडर और निर्दोष होते हैं, बिना झिझक मैंने कहा, बागेश्री सुनेंगे या यमन या बिहाग! वे मुस्कुराये और बागेश्री सुनाने को कहाँ

वहीं कमरे में मैंने खड़े-खड़े, आरोह-अवरोह ले, राग बागेश्री की बंदिश सुना डाली—

कौन करत तोरी बिनती पियरवा
मानों न मानो हमरी बात

वे तुरन्त उठे और मेरे सिर पर उन्होंने हाथ रख दिया। शुजात जी अत्यन्त तहज़ीब पसन्द और खानदानी इन्सान थे। उन्होंने अगले दिन से घर आकर सिखाने का वायदा किया। सब प्रसन्न थे, गुणी गुरु जो मिल गये थे।

आकाशवाणी की सीढ़ियों से उतरते हुए उस छोटी उम्र में भी मेरी नज़र बाहर खड़े उन्हीं राहत अली जी पर पड़ी, जो किसी से बात करते हुए चाय की चुस्कियाँ ले रहे थे। कितने बड़े कलाकार हैं यह जानने की, उन्हें सुनने की जिज्ञासा मन में जाग उठी, लेकिन शायद उस समय उम्र कम थी, बस उन्हें देख मैंने श्रद्धा से हाथ जोड़ लिए। विधाता कहीं दूर बैठा मुस्कुरा रहा था.....

शिक्षा आरम्भ हो गयी थी। शुजात साहेब उस पुरानी परम्परा के गुरु थे, जिनको अब सिर्फ़ क़िस्सों और कहानियों में ही बयान किया जा सकता है। उस्तादों की वह पीढ़ी अब देखने को नहीं मिलती। शुजात जी रामपुर घराने के मशहूर

गायक पद्मश्री मुश्ताक हुसैन ख़ान जी के नवासे थे। रामपुर-सहसवान घराने की मिठास और शैली उनकी गायकी में ख़ूब झलकती। वे समय के पाबन्द थे और बहुत रुचि लेकर सिखाते थे। बड़ी बहन मल्लिका दीदी बहुत सुरीली थीं और कई मायनों में मेरी गुरु समान थीं। वो बड़ी थीं और ज़ाहिर है, उनमें हर बात की ज़्यादा समझदारी थी। हम दोनों तल्लीनता से सीखने लगे।

शुजात साहेब से मैंने बहुत कुछ सीखा और क़ायम रखा। पहली बड़ी बात जो उन्होंने हमें सिखाई, वह यह कि गाते हुए कलाकार का अन्दाज़ कैसा होना चाहिए। बैठा हो तो, सुखासन की मुद्रा में गायक या गायिका को, तनी पीठ के साथ रुवाब के साथ बैठना चाहिए। अक्सर कार्यक्रम के बीच भी वे हमें सही मुद्रा के लिए टोक देते।

दूसरी बात यह कि तानपूरे पर ही रियाज़ हो। बाजा (हारमोनियम) सहायता के लिए हो, लेकिन उस पर कभी कलाकार निर्भर न हो। तानपूरे से सुर साधो। हमारे लिए तानपूरा भी उन्होंने ही मँगवाया मिरज का। छोटी उमर में ही तानपूरा मिलाना, बजाना मैंने उनसे ही सीखा और शुरू हुआ औपचारिक शिक्षा का अनमोल दौर! राग भैरवी, यमन के साथ देस, मालकौंस, तोड़ी, मालगूँजी अनेक राग, बन्दिशें, आलाप और तान! राग-रागिनी के साथ ही शुजात जी ने हमें भजन और गीत भी सिखाना प्रारम्भ कर दिया।

फिर ग़ज़लें भी शुरू हुईं। सूर, कबीर के साथ ही मीरा, मलूकदास, जयशंकर प्रसाद, महादेवी वर्मा, निराला, मैथिलीशरण गुप्त जी से लेकर क़तील शिफाई और अमीर मीनाई तक का लिखा, गढ़ा समझ में आने लगा।

जब वे सिखाते, तो हम उनकी बोलने की रफ़्तार के साथ कॉपी में गाना लिख न पाते, तो वह धीरज के साथ धीरे-धीरे बताते। एक दिन उन्होंने देखा कि गीत, भजन तो हम बहनें सही लिख रही थीं, लेकिन ग़ज़लें अलग इल्म माँगती हैं, तलफ़्फ़ुज का और वह कभी सही नहीं आयेगा, यदि दुरुस्त 'शीन काफ़' नहीं लिखा गया। उसका हल भी उन्होंने ही निकाला। खुद अपने हाथों से वे हमारी कॉपी में ग़ज़ल लिखते और सिखाते। अब कहाँ हैं ऐसे उस्ताद!!! उनकी मोतियों जैसी लिखावट में दर्ज़ अनेक ग़ज़लें हमारी डायरी में आज भी सुरक्षित हैं... और वे जब तक सही तलफ़्फ़ुज नहीं निकलवा लेते, हमें छोड़ते नहीं।

मैंने गोरखपुर में होने वाली संगीत प्रतियोगिताओं में हिस्सा लेना आरम्भ कर दिया। शुजात साहेब बहुत मनोयोग के साथ मेरी तैयारी कराते, ऐसे जैसे मेरा नहीं, उनका इम्तिहान हो और ऐसे मौक़ों पर बहुत फ़ख्र के साथ सुनने वालों के सामने उस्ताद की तरह बैठते और खुश होकर मुझे गाते देखते।

इसी समय, संगीत नाटक अकादेमी प्रतियोगिता जीतकर मैं प्रादेशिक स्तर पर लखनऊ पहुँची। तगड़ी प्रतिस्पर्धा थी। 11 बरस की उमर में मैंने प्रदेश में दूसरा स्थान प्राप्त किया। शुजात साहब की ख़ुशी का कोई ठिकाना नहीं था। उन्हें देख मैंने पहली बार जाना कि जो ख़ुशी बच्चे की सफलता को देख माता-पिता को होती है, उतनी ही ख़ुशी एक सच्चे गुरु को अपने शिष्य को सफल होते देख होती है।

इसके बाद गोरखपुर में कम उम्र में ही हमारी अनौपचारिक मंचीय प्रस्तुतियाँ होने लगीं और मुझे अपने जीवन की दिशा समझ में आने लगी। समय बीतता गया, शिक्षा प्रतियोगिता, सीखना, याद करना और फिर उन्हें याद कर सुनाना जीवन का एक अनुशासन बन गया। दिन में स्कूल, शाम को संगीत और फिर पढ़ाई, होमवर्क। स्कूल की परीक्षा के समय वे स्वयं नहीं आते, यह कहकर कि पढ़ाई बहुत ज़रूरी है।

इस बीच हमने और हमारी बहन ने 'संगीत प्रभाकर' कर लिया और आकाशवाणी के कार्यक्रमों में भाग लेना प्रारम्भ कर दिया। वह दौर आकाशवाणी का स्वर्णयुग था। साहित्य संगीत का क्या उत्कृष्ट स्तर था। ढेरों कार्यक्रम हुआ करते और विभिन्न रोचक विषयों पर रेडियो फ़ीचर बना करते, रेडियो से जुड़े सभी कलाकारों की सृजनात्मक ऊर्जा अपने उरूज़ पर थी। नामी कलाकार संगीत-सभा में आते और मैं एकटक उन सभी को देखती, सुनती।

पण्डित राजन-साजन मिश्र जी, निर्मला अरुण जी, लक्ष्मी शंकर जी, अनूप जलोटा जी, अहमद हुसैन मुहम्मद हुसैन, सभी को पहली बार आकाशवाणी गोरखपुर की संगीत सभाओं में ही सुनने का सौभाग्य मिला। लिहाज़ा सुर समझने का दायरा बढ़ता जा रहा था। अच्छा सुनना, किसी भी गायक की असली शिक्षा होती है, यह बात मैं सदा मानती हूँ। ऐसी ही एक शाम ने मेरा जीवन बदल कर रख दिया।

गोरखपुर में आकाशवाणी की कंसर्ट चल रही थी। अगले कलाकार के लिए मंच पर उद्घोषिका बोल रही थी, अब आप सबके सामने वो तशरीफ़ ला रहे हैं, जिनका होना ही बज़्म का हो जाना है, जिन्हें सुनने ख़ुद फ़रिश्ते ज़मीं पर आ जाते हैं... राहत अली! पण्डाल में तालियाँ गूँज उठीं! श्रोताओं में एक अलग उत्सुकता दिखाई देने लगी।

मंच पर छोटे से क़द के साँवले से राहत साहेब बाजा लेकर हाज़िर थे और उन्होंने जैसे ही सुर लगाया, महफ़िल जैसे जाग उठी। चन्द क़तआत पेश कर, जो उन्होंने ग़ज़लें शुरू कीं, सुरूर-सा छा गया। गायिकी का ऐसा खुला अंग, ऐसा विडार अंग का गाना-बजाना मैंने कभी नहीं सुना था। यमन की ग़ज़ल में इतनी ख़ूबसूरती से केदार आ और जा रहा था। चन्द्रकौंस की ग़ज़ल में क्या-क्या सुर

आ-जा रहे थे। क्या तैयार गला, साक्षात् पटियाला घराने की छाप गायकी में और नज़ाकत लखनऊ घराने की! एक के बाद एक वे गाते जा रहे थे और आख़िर में फ़रमाइश पर जब उन्होंने दादरा 'चले जइहो बेदर्दा मैं रोय मरिहौं' सुनाया, तो सब झूम उठे, सब पर एक जादू-सा छा गया। यह तिलिस्म तब टूटा, जब-उनकी जादुई उँगलियों से हारमोनियम की आवाज़ आनी बन्द हुई। गाना-बजाना ऐसा भी होता है, यह हमने उस लम्हा जाना।

घर पर कई-कई दिनों तक उस शाम की बात होती रही। हमारा पूरा परिवार उन पर निहाल था। शुजात साहेब ख़ुद राहत साहेब के बड़े मुरीद थे और उन्हें अपना बड़ा भाई मानते थे। मुझे आज भी याद है कि मैंने अपने गुरु शुजात साहेब से डरते-डरते कहा कि राहत साहेब तो कमाल है, ऐसा कोई नहीं गा सकता। वे बहुत ज़ोर से हँसे और बोले—'क्यों नहीं गा सकता है, जो भी रियाज़ करेगा, तपस्या करेगा, वह उनके जैसा गा क्यों नहीं सकता? तुम भी, यदि मेहनत करोगी, तब! मैंने ख़ुद ही मान लिया, नहीं। चाहे जो हो, कितनी भी मेहनत और लगन हो जाये, ऐसा हुनर जल्द किसी के बस की बात नहीं।'

अब तक गोरखपुर में हमने बहुत अच्छे-अच्छे कलाकारों को सुन रखा था, लेकिन उस दिन राहत साहेब को सुनकर मन में यह आया कि यह अन्दाज़ सबसे जुदा है, निराला है। अब फिर न जाने कब सुनने को मिलेगा।

कुछ व्यक्तित्व अपने जीवन काल में किंवदन्ती बन जाते हैं, राहत अली जी ऐसी ही शख़्सियत थे। उनसे जुड़ी कितनी ही बातें क़िस्सों-कहानियों की तरह शहर में रोज़ दौड़ा करतीं। कोई गायक बताता कि कैसे, उर्दू बाज़ार में एक कार्यक्रम में एक जवान लड़का क़व्वाली में आवाज़ लगा रहा था और उसके एक बोल पर रीझ कर राहत साहेब ने उसे तुरन्त दस रुपये का इनाम दिया, बार-बार सुना, बार-बार इनाम दिया, जब तक उनके सारे पैसे ख़त्म नहीं हो गये...

कहीं सुना कि एक बार कोई व्यापारी उन्हें कार्यक्रम के लिए बुलाने आया, तराई के इलाक़े से! कोई हितैषी सब बात तय करके लाया था। राहत साहेब के घर पहुँचने पर व्यापारी ने अपने यहाँ आने की दावत दी, लेकिन चावल के व्यापारी का बात करने का अन्दाज़ निहायत बेहूदा था। बस! उखड़ गये। उन्होंने बड़े सलीके से कहा—'माफ़ कीजिए, आप यहीं बैठें, मैं सुना देता हूँ। आपके घर नहीं आ सकूँगा। आप यहाँ जितनी मर्ज़ी सुन लें, यह मेरा घर है, आपके घर की दीवारें मेरा गाना-बजाना बर्दाश्त नहीं कर पायेंगी।'

हितैषी आयोजक बहुत दुःखी हुए। वे जानते थे कि राहत साहेब की माली हालत ठीक नहीं, वे तो अच्छा सोचकर कार्यक्रम तय करके लाये थे, लेकिन एक

सच्चे फ़नकार की ख़ुद्दारी और स्वाभिमान उन्हें भी हिला गया। यह क़िस्सा ख़ुद उस कार्यक्रम के आयोजक मछेन्दरनाथ जी ने मुझे बताया था...

राहत अली ख़ान साहब बहता दरिया थे, जिन्हें रोकना, समेटना, थामना असम्भव था, जिसकी श्रद्धा हो, लगन हो, दरिया का जल अँजुरी भर पी ले, यह पीने वाले की क़िस्मत! बहरहाल इसी बीच एक बात हुई। शुजात साहेब का तबादला रामपुर हो गया और सीखने का ख़ूबसूरत सिलसिला टूट गया। बड़ी बहन भी पढ़ने प्रयाग चली गयी। बड़े भाई कानपुर चले गये।

मेरा ध्यान अब पूरी तरह पढ़ाई की तरफ़ बढ़ गया। समय अपनी गति से बीत रहा था। उस समय गोरखपुर में अनेक गुणी गायक-वादक कलाकार थे, सबको सुनना और गुनना भी मेरे लिए एक स्वाध्याय-सी बात हो गयी। शुजात जी के जाने के बाद, जीवन में एक रिक्तता सी आ गयी। सीखने के नियम पर अवरोध सा लग गया। शुजात साहब के बाद किसी से सीखने का प्रश्न नहीं था। मन ही मन जिन्हें गुरु मान बैठी थी, ऐसे उस्ताद राहत अली ख़ान साहब को सुनती रहती थी, यह जानती हुई कि वे शायद कभी नहीं सिखायेंगे। यह सवाल मन में जब-तब उठता रहता था कि लगन, साधना और रियाज़ से राहत जी का पसंगा भी क्या कोई गा बजा सकता है!

ये देखिये कि बड़े बुज़ुर्गों की सलाह कैसे काम कर जाती है, उन्हीं दिनों गोरखपुर में अमीर ख़ान जी के शिष्य, प्रख्यात कलाकार डॉ. सुरेन्द्र शंकर अवस्थी जी, जो भातखण्डे संगीत महाविद्यालय के प्रधानाचार्य थे और हमारे निकट सम्बन्धी भी थे, वे गोरखपुर विश्वविद्यालय में संगीत विभाग की परीक्षा लेने आये, घर आये और मेरा गाना सुना। वो मेरी माँ से बोले, 'निम्मा!! (मेरी माँ का पुकारने का नाम) यह लड़की क्या कर रही है यहाँ। इसे आगे सिखवाओ, क्योंकि तुम्हें यह बात अभी नहीं समझ आ रही है, लेकिन हमें तुम्हारी लड़की में बड़ी सम्भावना समझ में आ रही है। शुजात चले गये तो क्या हुआ, इसका रियाज़ जारी रहे, इसके लिए क्या सोचा है।' यह सुन माँ और बेचैन हो गयीं। तब अवस्थी जी, जिन्हें हम मामा कहते थे, एक ज्ञानसूत्र पकड़ा दिया। कहा, 'अच्छा कोई गुणी और बढ़िया तबले वाला घर बुलवाओ। जो सीखा है, उसका रियाज़ चले और तबले के साथ इसकी लय पक्की हो जायेगी, तो जैसा चाहे गायेगी।'

विख्यात तबला मार्तंड पण्डित कण्ठे महाराज जी के शिष्य बालकृष्ण कला. कार जी अच्छे तबला-वादक थे, विद्वान थे, अगले दिन से ठीक शाम साढ़े चार बजे कलाकार जी अपनी साइकिल से हमारे घर आते और तबले पर रियाज़ शुरू हो गया। कलाकार जी दरभंगा के रहने वाले थे, बहुत जानकार थे और अपनी

दुनिया में रहते थे। उनके साथ जम कर रियाज़ होने लगा। वाकई अवस्थी मामा जी ने अद्भुत सलाह दी थी। जो गायक लयकार नहीं, उसका भला क्या गाना और क्या बजाना...

कुछ दिन बाद मामा का फ़ोन आया, बोले इसे अब राहत से सिखवाओ। हमारी लखनऊ की पुरानी पहचान है, हम कहे देते हैं। माँ बोलीं, हमने बहुत कोशिश की है, वो कहाँ आयेंगे, बहुत व्यस्त हैं। इसे प्यार बहुत करते हैं, लेकिन वे हर बार यह कह देते हैं कि मालिनी अभी बहुत छोटी है।

ऐसा नहीं था कि राहत अली जी सिखाना नहीं चाहते थे या किसी को सिखाते नहीं थे। उन्होंने बहुत परिश्रम और मन से एक योग्य शिष्या तैयार की थी– उषा टण्डन जी!

उषा जी बहुत ही सुरीली गायिका थीं और जो उन्हें और ख़ास बनाता था, वह था अपने उस्ताद राहत अली जी का सान्निध्य और आशीर्वाद! ख़ान साहेब की एक से एक मुश्किल और आला ग़ज़लों और गीतों को वे घोलकर पी गयी थीं। उस समय गोरखपुर क्या, पूरे हिन्दुस्तान में, 'राहत अली-उषा टण्डन' को सुनने के लिए लोग बेताब रहते। मुझे आज भी याद है वह शाम, जब दोनों की गायी ग़ज़ल सुनी–

टूटते लम्हों को मुट्ठी में जकड़ने वालो
क्या मिलेगा तुम्हें परछाईं से लड़ने वालो

शहर में होने वाले अनेक कार्यक्रमों में और रेडियो में राहत अली जी की नायाब तर्ज़ों में डूबी आवाज़ दिल में उतर जाती थी। मैं अपने कच्चे गले से उन धुनों को उतारने की कोशिश करती और इस अल्हड़ उम्र में वही संजीदगी लाने की कोशिश। इतनी विकट धुनें बनाने वाले, असाधारण कण्ठ वाले राहत अली, अपनी धुन में रहने वाले फक्कड़ कलाकार थे, किसी नये कच्चे गले को सिलसिलेवार सिखाना उनके बस की बात नहीं थी। उन्हें मनाना कठिन था और उनका मानना उससे भी कठिन! लेकिन, मन में साध हो, तो पूरी ज़रूर होती है...

जल्द ही एक ऐसा अवसर भी आया। आकाशवाणी से अचानक फ़ोन आया। राहत अली ख़ान साहेब थे। उन्होंने मुझसे कहा कि जल्दी रेडियो आओ। मैं तो सातवें आसमान पर!!

झटपट रिक्शे से आकाशवाणी पहुँची। वहाँ पता चला कि एक रेडियो फ़ीचर में एक 'हम्द' गानी है। पहले तो मुझे यक़ीन ही नहीं हुआ, लेकिन तब तक वह धुन सिखाना शुरू कर चुके थे। हम्द कुछ इस तरह थी–

फसुर्दा साअतों को दूर कर दे।
हमारी ज़िन्दगी ख़ुशियों से भर दे।।

कुछ बार गाकर जब धुन बैठ गयी, तो उन्होंने रिकॉर्ड कराया। बाजे पर वे ख़ुद थे। मैं हम्द की अर्ज़ी में डूबी गा रही थी, मैं बहुत ख़ुश थी और अधिक ख़ुशी तब और हुई जब ख़ान साहेब बोले, चलो आज तुम्हें चाय पिलाएँ, तुमने अच्छा गाया! साथ बैठी माँ आनन्दविभोर थीं। उन्हें ख़्वाब पूरा होता दिखाई दे रहा था। उस दिन मुझे यह लगा कि ख़ाँ साहेब ने मुझमें कुछ तो देखा होगा, उन्होंने मुझे बुलाकर सिखाया और यह मेरे लिए बड़ी बात थी!

एक बात थी, मैं बचपन से ही, साहसी स्वभाव की थी। मुझे याद नहीं पड़ता कि मुझे कभी किसी के भी सामने गाने में कोई झिझक रही हो। कैसी भी सभा हो, गोष्ठी हो, आयोजन हो, घर में पारिवारिक जलसा हो या विद्यालय में कोई अवसर, मैं बिना हिचक, मन से गीत सुना देती। कलाकार के लिए निडर होना बेहद ज़रूरी है, यह बात तब मुझे मालूम भी नहीं थी, मैं तो बस, संगीत के प्रवाह में स्वभावतः बही चली जा रही थी। शास्त्रीय संगीत हो या ग़ज़ल प्रतियोगिता, संस्कृत भाषण प्रतियोगिता या वाद-विवाद प्रतियोगिता सब में मैं ज़रूर हिस्सा लेती। गोरखपुर में कोई प्रतियोगिता न थी, जिसमें मैंने भाग न लिया हो और पुरस्कार न जीता हो। अन्तर्विद्यालय प्रतियोगिताओं में, गायन हो या नाटक हो, या नृत्य प्रतियोगिता, मैं जीतकर ही आती। भगवान की ऐसी कृपा थी कि पढ़ाई में भी अव्वल ही रहती। अब अपने बच्चों और बाक़ी बच्चों को पढ़ाई के दबाव में देखती हूँ, तो कभी-कभी खुद सोचती हूँ कि मैं पढ़ाई और सांस्कृतिक गतिविधियों में कैसे तालमेल बैठा पायी, शायद कम उम्र में सन्तुलन बनाना सीख लिया था। एक बात मज़ेदार है, सब आज मुझसे पूछते हैं कि मैंने नृत्य कितना सीखा और किससे सीखा। सच तो यह है कि मैंने नृत्य की कोई शिक्षा कभी नहीं ली, सब कुदरतन ही है, जो है। स्कूल के नृत्य मैं ही तैयार कराती। प्रशिक्षित बच्चों को हराकर पुरस्कार हमेशा हमारा दल जीतता, तो गोरखपुर में नृत्य गुरु प्रेमशंकर जी और उनके भाई हनुमान जी मुझसे कहते, 'अरे भाई, भगवान की जब इतनी कृपा है, तो सिलसिलेवार कत्थक सीख लो हमसे' और मैंने कभी नहीं सीखा।

दरअसल, भाव ही सब कुछ है, वह है तो क्या गाना और क्या बजाना और क्या नृत्य, सब एकाकार हो जाते हैं। नृत्य और अभिनय मेरी प्रकृति में थे, लेकिन गायन की दुनिया एक बड़े समन्दर-सी दिखती, जिसमें डूबने को जी चाहता।

इस बीच हमने कुमार गन्धर्व, पलुस्कर जी, सिद्धेश्वरी देवी, मेहदी हसन जी, बेगम अख़्तर, फ़रीदा ख़ानम, आदि को सुनना शुरू कर दिया और खुद ही संगीत

की बारीकियों को सुनकर गले में उतारने की कोशिश करने लगे। गुरु बिन नाव आगे बढ़ रही थी और एक दिन एक वाक़या हुआ।

गोरखपुर क्लब में संगीत की प्रतिष्ठित प्रतियोगिता का आयोजन था। शास्त्रीय संगीत गायन विधा में मैं अपने विद्यालय का प्रतिनिधित्व कर रही थी। अगस्त का महीना था। रिमझिम सावन बरस रहा था। प्रतियोगिता की उलझन, मानसिक दबाव और व्यग्रता में सराबोर मैं बाहर आकर बार-बार क्लब की सड़क की ओर देख रही थी। मैं परेशां थी, क्योंकि, मेरा नम्बर आने वाला था और तबले पर संगत करने वाले तबला-वादक नदारद थे। उनका दूर-दूर तक कोई पता नहीं। मैंने समझ लिया कि आज तो, सब तैयारी बेकार हो गयी। तबला-वादक ही नहीं, नम्बर कटेंगे सो अलग। मन बैठ चुका था, लेकिन मैंने आस नहीं छोड़ी। बार-बार बाहर आकर मैं देखती कि वादक आये कि नहीं। तभी सामने बरामदे के खम्भे पर टेक लगाकर खड़े राहत अली जी दिखे, जो चुपचाप खड़े सिगरेट पी रहे थे। मुझसे बोले, शालू (मेरा नाम) इतनी परेशान क्यों हो? अन्दर जाओ, तुम्हारा नम्बर आने वाला है। मैं हैरान थी कि इतने मामूली प्रतियोगिता में वे क्यों आये हैं भला। पता चला कि उनकी शिष्या उस समय की बेजोड़ गायिका उषा टण्डन जी का बेटा देबू भी गा रहा था और वे उसके लिए वहाँ आये थे।

मैंने रूआंसी आवाज में उनसे कहा—'क्या बतायें, हमारे साथ के तबला-वादक आये ही नहीं। शायद, बारिश के कारण। अब हमें बिना तबले के गाना पड़ेगा। दूसरे स्कूल के वादक मेरे साथ बजायेंगे नहीं, क्योंकि यह एक प्रतियोगिता है।' उन्होंने जल्दी से सिगरेट ज़मीन पर फेंकी और पूछा, 'कब है तुम्हारा नम्बर!'

मैंने बताया—'अगला!' तब तक मेरा दिल बैठ चुका था। राहत साहेब बोले—'चलो, फ़िक्र न करो। जैसे ही मेरा नाम पुकारा गया, मैं निराशा में डूबी हुई तानपूरा ले मंच पर पहुँची और वहाँ पहुँच हैरान रह गयी। तबले की जोड़ी लेकर मेरा साथ देने राहत साहेब खुद बैठे हुए थे! मौसिकी का बेताज बादशाह एक मामूली लड़की के आड़े वक़्त पर संगीत की लाज रखने के लिए तबला ले कर बैठा था! यह नज़ारा मैंने क्या किसी ने भी पहले कभी नहीं देखा था! सोचने का समय नहीं था। मैंने हैरानी में उन्हें देखा और वे बिल्कुल फ़रिश्तों की तरह मुस्कुरा दिये। मैंने गाया और प्रथम आयी।

लेकिन उस दिन जो हुआ, उसने एक सच्चे कलाकार की परिभाषा मेरे सामने खोलकर रख दी। जिनका गाना सुनने को लोग तरसते हैं, वो कितनी विनम्रता से मेरे साथ संगत कर रहे थे—वह भी तबले पर! ऐसी विनम्रता और ऐसा बड़प्पन और इन्सानियत, सब का मूर्तरूप हो गए राहत अली जी।

उस छोटी उम्र में इस घटना का असर कुछ यूँ हुआ कि मैंने तय कर लिया कि अच्छा कलाकार बन सकूँ या नहीं, सच्चा कलाकार बनने का प्रयास करूँगी। हुनर भी उसी का साथ देता है, जिसके भीतर विनम्रता और नेकी हो। अगले दिन राहत साहब ने हमारे पिताजी को फ़ोन करके कहा, कल इतना अच्छा गाया मालिनी ने, डाक्टर साहब इस बच्ची को मैं सिखाऊँगा। मैं कल आता हूँ। मेरी ख़ुशी से बढ़कर हमारे माता-पिता की प्रसन्नता का कोई ठिकाना न था। जिस तालीम का इन्तज़ार था, जिन उस्ताद की शागिर्दी मेरा ख़्वाब था, उसकी ताबीर होने जा रही थी।

जितनी मैं उत्साहित थी, उतनी ही आशंकित भी थी। वजह यह थी कि, चार बरस में देख-सुन यह तो हम सब समझते थे, राहत साहेब की फ़ितरत नियम से बँधने की नहीं थी। सागर को भला कौन बाँध पाया है? सिखाना भी एक अनुशासनबद्ध परम्परा है, जो गुरु को भी बाँधती है और राहत साहेब ठहरे फक्कड़ और मनमौजी कलाकार! और वही हुआ, वादा करके एक बार फिर राहत साहेब नहीं आये।

यह बताने की ज़रूरत नहीं कि मेरी क्या मनोदशा रही होगी। इस तरह कुछ दिन बीत गये। सुनने में आया कि वे कार्यक्रम के लिए राजस्थान को निकल गये।

मैंने मान ही लिया था कि सब सही कहते हैं, राहत साहेब बेहद सरल और उदार इन्सान हैं, बेजोड़ कलाकार हैं, लेकिन वे मुझे सिखायेंगे नहीं। मैं पढ़ाई में लग गयी, अन्य गतिविधियों में सक्रियता पूर्व की भाँति बनी रही।

एक महीने बाद अचानक! शाम 5 बजे घर की घण्टी बजी और सामने राहत साहेब खड़े थे। बोले–'बाजा निकालो।' मैं विभोर-सी यन्त्रवत इस अकस्मात आयी ख़ुशी को दबाये हुए, व्यवस्था बनाने में जुट गई। हारमोनियम में उनकी उंगलियाँ लहराने लगीं। मैं उनका चेहरा देख रही थी, माँ का चेहरा ख़ुशी से दमक रहा था। हमारा पहला सबक शुरू हुआ। खरज लगवाया हमसे और राग यमन का आरोह-अवरोह कराया। ग़ज़ल सिखानी शुरू की। ऐसी टेढ़ी ग़ज़ल, जो सुनने में ही इतनी कठिन लग रही थी, सीखना तो दूर की बात थी। वह पहली ग़ज़ल थी–

सहर उदास है और सरनिगुं है पैमाने
वो उठ गये हैं तो सूने पड़े हैं मैखाने

मैंने समझकर गाना शुरू किया। मैं सीख रही थी, लेकिन मेरा दिल मुझसे यह कह रहा था कि उस्ताद ने जानकर इतनी मुश्किल धुन से आज शुरूआत

की है ताकि हम गा ही न सकें। जब हम सीख ही नहीं सकेंगे, तो उनकी जान छूटेगी मुझसे।

मैंने और सावधानी से याद कर सीखना शुरू कर दिया और सबक ख़त्म होते तक मुझे ग़ज़ल का मुखड़ा अन्तरा याद हो चुका था। वे अगले दिन का वायदा कर फिर चले गये। वह अगला दिन फिर ऐसे ही अचानक अगले हफ़्ते आया। तब तक वह ग़ज़ल मुझे कण्ठस्थ हो चुकी थी। उन्होंने सुना, ख़ुश हुए, दूसरे सबक की ओर हम बढ़ चले। ऐसे ही कुछ महीने चला। वे जब आते, अपने मन से आते। आते तो पूरे दिल से सिखाते, लेकिन कम आते।

फिर एक दिन मेरे माता-पिता को आपस में बात करते मैंने सुना। पिता कह रहे थे—'राहत अली विलक्षण कलाकार हैं, लेकिन वो ख़ुद नहीं आ सकते, क्या तुमने कभी सुना है कि कुआँ प्यासे के पास जाता है, प्यासा ही कुएँ के पास स्वयं जाता है। शालू को लेकर उनके घर जाओ।' हमारी माँ ने कहा—'हाँ! सुना है कि अब उनका परिवार लखनऊ से यहीं गोरखपुर आ गया है। ऑफ़िसर्स हॉस्टल में ही रहने लगे हैं। मैं लेकर जाऊँगी। ज़रूर जाऊँगी!' माँ का प्रण मुझे दंग कर गया। अगली शाम पाँच बजे माँ ख़ुद गाड़ी चलाते हुए मुझे साथ ले बढ़ चलीं।

आवास संख्या-5
ऑफिसर्स हॉस्टल
रोडवेज बस स्टैंड के सामने

सीखने का विधिवत सिलसिला चल निकला। रोज़ शाम साढ़े पाँच बजे के क़रीब, मैं अपनी माँ के साथ उनके घर पहुँच जाती और फिर जो सीखने का सिलसिला चलता, तो वह गुरु के मूड पर निर्भर था। कभी रात आठ तो कभी नौ बजे तक। राहत अली ख़ान साहब बहुमुखी प्रतिभा के कलाकार थे, कौन-सी ऐसी विधा थी, जिसे उन्होंने अपने कण्ठ से साध न रखा हो, किसी दिन ठुमरी का दौर चलता तो पहाड़ी में शुरू हो जाते 'मार डाला नजरिया मिलाय के' तो कभी ग़ज़लों का दौर चलता, 'मुसाफ़िर के रस्ते बदलते रहे' कभी कबीर का निर्गुण तो कभी कोई गीत। वे सभी विधाओं में समान रूप से दक्ष थे, लेकिन उनका चकित करने वाला रंग था, उनका लोक संगीत का अन्दाज़! क्या धुनें,क्या कम्पोजिशंस और क्या गायकी! भोजपुरी में उनका गला ऐसे उतर जाता कि लगता नहीं कि शास्त्रीय संगीत में निष्णात कोई गवैया इस सादगी से गा रहा हो।

अब सोचती हूँ कि मेरी उम्र ही नहीं थी, लेकिन उस छोटी उम्र में मैंने कितना कुछ उनसे सीख लिया। कहते हैं कि किशोरावस्था के समय सीखने की इन्द्रियाँ

सबसे अधिक सजग होती हैं, शायद यही कारण था कि आज तक मुझे वह धुनें मुँहज़बानी याद हैं। अपने उस्ताद को मैंने ना तो कभी डायरी पलटते देखा, ना हमें कभी कुछ लिखवाते देखा। वे श्रुति एवं वाचिक परम्परा के आग्रही थे, हमें भी हर चीज़ याद करने को ज़ोर देते थे।

मैं कह सकती हूँ कि उनसे सीखने का सिलसिला मेरी ज़िन्दगी का सबसे ख़ूबसूरत हिस्सा रहा है। ख़ान साहब की पत्नी हमारी गुरु माँ अपने समय के बेहतरीन फ़नकार उस्ताद अफ़ज़ल ख़ान नगीना जी की बेटी थीं, ज़ाहिर है, उन्हे संगीत की गहरी समझ थी। हमारे सीखने जाने से वे बहुत खुश थीं। ख़ाँ साहब के जीवन में एक प्रकार का अनुशासन आ गया था। उस्ताद के घर मजमा-सा लगा रहता। एक से एक गाने वाले, सुनने वाले शाम का इन्तज़ार करते जब ख़ान साहब हारमोनियम लेकर बैठते थे।

यह बात आम जानकारी में थी कि राहत अली जी से कोई भी कलाकार बेझिझक नयी ग़ज़लों को तैयार करने का इसरार कर सकता था, या नयी तर्ज़ें ले सकता था, मनाही नहीं थी। रोज़ कलाकार उनसे कहते कल रिकॉर्डिंग है, ग़ज़ल सिखा दीजिए, ख़ान साहब फ़ौरन राज़ी। कई उम्दा चीज़ें सुनने को मिलतीं और यह पता चलता कि इसकी धुन राहत अली जी ने बनायी है। मैं सोच में पड़ जाती कि वे तो किसी को सिखाते नहीं, ये धुनें कब बनीं। उनका राज़ अब समझ में आ रहा था। वे दिल से ही फ़कीर तबीयत के थे और इसलिए कभी किसी भी गायक से उस नयी धुन के बदले उन्होंने पैसे नहीं लिए। कितनी भी तंगी रही हो, उन्हें धन का मोह नहीं था। वे यारों के यार थे और जिनके यार नहीं थे, वहाँ उनका सुर का रिश्ता बन जाता, जहाँ धन दौलत तो बड़ी मामूली चीज़ थी। यही सच है, राहत साहेब के लिए, धन का कोई मोल न था, सच्चे कलाकार थे वो तो! दिल से जुड़ी एक 'दाद' पर कुर्बान हो जाने वाले!

तब यह भी समझ में आया कि असली कलाकार तो किसी का नहीं होता, ख़ुद का भी नहीं। वह ख़ुद को सुर के हवाले कर देता है, फिर उसे जानने वाले उसे वैसा ही समझेंगे जैसी जिसकी फ़ितरत समझने-जानने बूझने की! किशोरावस्था में अपने गुरु से उदारता और धन के प्रति निर्मोही होने का गुरुमन्त्र तो शायद मैंने वहीं ले लिया था। उनके लिए संगीत उनका धर्म था और पूरी दुनिया एक परिवार।

जब वह राम या कृष्ण का भजन गाते थे या देवी की स्तुति गाते थे, ऐसा लगता था मानो मन्दिर में घण्टियाँ बज रही हों। उन्होंने अनेक भजन गाकर रिकॉर्ड किये और सिखाये, जब वे कीर्तन के मूड में आ जाते थे। 'अनादि देवी अम्बिके तुम्हें सतत् प्रणाम है' सिखाते हुए वे देवी भक्त बन जाते, 'गोविन्द बोलो

हरि गोपाल बोलो' गाते तो मन वृन्दावन पहुँच जाता। सच यह है कि आज जिस समावेशी संस्कृति की बात होती है, हमारे उस्ताद राहत अली ख़ान साहब उसके जीते जागते मूर्त स्वरूप थे। उन्होंने अपनी दोनों बेटियाँ हिन्दुओं में ब्याहीं। बिना किसी भेद-भाव के, मुझे और दलेर मेहदी को सिखाया, वे सच्चे सूफ़ी थे। सिर्फ़ कहने के लिए नहीं, उन्होंने इसे अपनी ज़िन्दगी में जी कर दिखाया।

राहत साहब हरफ़नमौला कलाकार थे। मैंने उनसे सीखा कि गायन की हर विधा को अलग अंजाम कैसे दिया जाता है। ग़ज़ल में अदायगी की नज़ाकत और लोकगीत में मिट्टी की तरावट कैसे बनाकर रखनी है। उनकी ख़ुद की तालीम पटियाला अंग की थी, लेकिन उनकी गायिकी में अवध की महक थी। वे या तो ग़ालिब, बेहज़ाद, जफ़र, ज़िगर जैसे शायरों की ग़ज़लें सिखाते या फिर शहर के युवा शायरों के कलाम। मैंने शायरी कविता के भीतर झाँकना शुरू कर दिया, एहसास ख़ुद बनते चले गये। फिर तो हम जब लखनऊ जाते, दाग़, फ़िराक़, मजाज़ के दीवान ले आते, नयी-नयी तर्ज़ सीखते। मैंने अपने स्वाध्याय की रुचि को गायन में उड़ेल दिया। मैंने अपने लगभग सभी प्रिय कवियों की कविताओं को छाँटकर राहत साहब से उनकी धुनें बनवाकर सीखीं। प्रसाद, निराला, महादेवी, पन्त, दिनकर, मैथिलीशरण गुप्त, सोहनलाल द्विवेदी जी, नागार्जुन न जाने किन-किन के गीतों को उनसे सुरों में पिरोने को कहाँ वे कठिन शब्द देख कभी-कभी झुँझलाते, कभी हँस पड़ते, लेकिन एक से एक नायाब धुनें बना डालीं उन्होंने। ताज्जुब यह है कि कई-कई सालों के बाद भी वे सब कविताएँ उन्हें मुँहज़ुबानी याद थीं।

अठारह वर्ष की उम्र तक सीखने का सिलसिला निर्बाध चला और एक दिन, पिताजी का तबादला लखनऊ हो गया और हम लखनऊ पहुँच गये। लखनऊ में भातखण्डे में दाख़िला ले लिया, लेकिन हर सप्ताह गोरखपुर जाकर सीखने का सिलसिला जारी रहा। दो साल तक इस तरह मैंने हर सप्ताह गोरखपुर जाकर सीखा। उधर ख़ाँ साहेब का स्वास्थ्य धीरे-धीरे बिगड़ने लगा था। अब गोरखपुर जाकर सीखना सम्भव नहीं रहा। लेकिन उनका सबक, उनकी गायकी मेरे हृदय में थी, ताउम्र रहेगी। आज भी कोई दिन नहीं जाता, जब मैं उन्हें कृतज्ञता से नमन न करूँ।

आज जब यादों के पन्ने खोल ही बैठी हूँ, तो इस घटना का ज़िक्र ना करूँ, तो शायद एक बहुत ज़रूरी बात छूट जाएगी। जैसा कि मैंने पहले बताया है कि मेरी ख़ुशकि़स्मती रही है कि मैंने ऐसे गुरुओं से सीखा, जो अपने शागिर्द की तरक़्क़ी पर ख़ुश होते थे, जिन्हें अपनी तालीम पर, अपने गुरु होने पर फ़ख़्र था। यह घटना तब की है, जब हम लखनऊ आ गये थे। एक प्रोग्राम के सिलसिले में

ख़ान साहब लखनऊ तशरीफ़ लाये और फिर हमारे घर भी। उन्होंने मेरे पिताजी से कहा डॉक्टर साहब यदि कल किसी भी वक़्त आप फ्री हों और आपकी इजाज़त हो, तो मैं शालू को अपने उस्ताद अफ़जल हुसैन नगीना जी को सुनवाना चाहता हूँ। जिनसे मैंने सीखा, मेरी हसरत है कि मैं उन्हें बिटिया को सुनवाऊँ, शर्त यह है आप साथ चलें। हमारे पिताजी तो कमाल के इन्सान थे, उन्होंने बिना कुछ सोचे फ़ौरन हामी भरी और तय हुआ कि अगली शाम चार बजे हम अपने उस्ताद के साथ उनके उस्ताद के यहाँ जायेंगे। अगले दिन शाम के वक़्त पिताजी गाड़ी चला रहे थे, उस्ताद बग़ल में बैठे थे, मैं पीछे-बलरामपुर अस्पताल की सड़क से पीछे गोमती के किनारे होते हुए धीरे-धीरे हम चौक पहुँच चुके थे, यह तो मुझे मालूम था कि लखनऊ में ख़ान साहब की पुरानी रिहाइश यहीं चौक की थी, लेकिन कहाँ मुझे इसकी कतई जानकारी नहीं थी। गाड़ी से उतर कर, हम फूलों वाली गली की ओर मुड़ गए, भीड़-भाड़ भरी पतली गलियों में चलते-चलते कहते हम अचानक एक तंग मोड़ की ओर मुड़ गये, वहाँ चन्द लोग जो ख़ान साहब को जानते थे, उनका सलाम कुबूल करते हुए वे एक दरवाज़े के आगे ठिठक गये। हम सब वहीं रुक गये। दरवाज़े पर सांकल लटक रही थी। कुंडी खटखटाते हुए ख़ाँ साहब ने आवाज़ दी, 'नज़मा, खोलो। मैं हूँ जन्नू! जन्नू हमारे गुरु का घर का नाम था। दरवाज़ा खुला, सामने सीढ़ियाँ थीं, जिन पर चढ़ते हुए हम एक बरामदे में जा पहुँचे। बरामदे के दो ओर चिक पड़ी हुई थी और चिक के परे कुछ आहटें, चूड़ियों की आवाज़ें, कुछ हलचल सी...

सामने एक चारपाई पर एक बुजुर्ग लेटे हुए थे। ज़मीन पर दरी बिछी हुई थी, करीने से रखे कुछ कुशन। नजमा नाम की महिला ने आगे बढ़कर उन बुजुर्ग से कहा, बाबा जन्नू भाई आये हैं। ख़ाँ साहब ने आगे बढ़कर उन बुजुर्ग को सलाम करते हुए कहा, उठ कर बैठिए, आपको आज कुछ सुनवाना है! ओह! यही थे उस्ताद अफ़जल हुसैन नगीना साहब। अपने वक़्त के बहुत बड़े गवैया। कहते हैं कि राहत अली जी को सिखाते हुए उनकी पारखी नज़र ने शागिर्द के हुनर में सुनहरा कल देख लिया था, इसलिए उन्होंने अपनी बेटी अख़्तरी का रिश्ता राहत अली जी से कर दिया था। इस लिहाज़ से वे राहत साहब के गुरु और ससुर दोनों थे। मैंने आगे बढ़कर नगीना साहब के चरण छू लिए, उन्होंने दोनों हाथों से हिलाते हुए मुझे दुआ दी। तब तक ख़ाँ साहब की बात सुनकर चिक के पीछे से दो औरतें आगे आयीं, उन्होंने सहारा देकर नगीना साहब को उसी चारपाई में बिठाया। नगीना साहब पर उम्र का असर दिख रहा था, वे बीमार लग रहे थे। पिताजी और मैं एक कोने में बैठ गये। यह जगह ख़ाँ साहब की परिचित जगह थी,

वे ख़ुद उठकर भीतर से हारमोनियम उठा लाये, उनके सुर छेड़ते ही वहाँ जैसे समाँ बन गया। ख़ान साहब ने मुझसे कहा, 'आवाज़ लगा' और मैंने सा लगाकर आलाप छेड़ दिया।

कुछ देर सुर लगाने के बाद, नगीना साहब बोले, क्या-क्या सीखा? ख़ाँ साहब ने जवाब न देते हुए मुझे गाने का इशारा किया, कहा कि इजाज़त लो और शुरू करो। हमने सभी बड़ों की इजाज़त लेकर एक ग़ज़ल शुरू की—

किसी का यूँ तो हुआ कौन, उम्र भर फिर भी
ये हुस्न-ओ-इश्क़ तो धोखा है सब मगर फिर भी
हजार बार ज़माना इधर से गुज़रा है
नयी नयी सी है क्यूँ तेरी रहगुज़र फिर भी

तर्ज़ मुश्किल थी, और यह ख़ाँ साहब की सीख का असर था कि ठीक-ठाक निभ गयी। गाते हुए मैं देख सकती थी कि घर की औरतें शान से चिक उठाकर मुझे सुन रही थीं। ग़ज़ल ख़त्म होने के साथ ही राहत साहब ने नगीना साहब की ओर देखकर कहा, हाँ ख़ाँ साहब, क्या कहना है? मैंने बहुत मेहनत से सिखाया है, कैसा गा रही है? नगीना साहब ने बहुत कमज़ोर आवाज़ में रुक-रुक कर जो कहा, वह आज तक मेरे कानों में गूँजती है। नगीना साहब कह उठे—'अच्छा है जन्नू! लड़की की रूह अच्छी है! अच्छा है। बहुत अच्छा है।'

ख़ाँ साहब ने हँसते हुए मुझसे कहा—'जाओ, आशीर्वाद लो।'

इधर चाय की खनकती हुई प्यालियों की आमद हो चुकी थी। ख़िदमत करती घर की मुस्कुराती नजमा और उनके साथ आयी एक और ख़वातीन की खुशियाँ देखते ही बन रही थी। न जाने क्यों ऐसा लग रहा था, जैसे वहाँ कितनी जोड़ी आँखे हमें देख रही थीं, ख़ामोशी में नज़रें कैसे गुफ्तगू करती हैं, यह उस दिन वहाँ बैठकर जाना। थोड़ी देर में हम इजाज़त लेकर तंग सीढ़ियाँ उतर रहे थे। पिताजी, मैं और मेरे पीछे हमारे उस्ताद और उनके पीछे नजमा, वही नजमा जिसने साँकल खोली थी। नीचे आकर ख़ान साहब ने पीछे मुड़कर सीढ़ी को झुक कर चूम लिया। मुझे लगा, गुरु का घर मन्दिर के समान है, इसीलिए उन्हें देख, मैंने भी सीढ़ी को हाथ से छूकर अपने माथे पर लगा लिया। मैंने देखा नजमा अजब प्यार भरी नज़रों से मुझे देख रही थी। विदा लेते हुए मेरे दोनों हाथ थाम नजमा ने कहा—'आपका सफ़र अब बहुत रौशन रहेगा। आप यहाँ की दुआएँ लेकर जा रही हैं।' ये सब जो घट रहा था, उसकी गहराई शायद मैं समझ रही थी, सब कुछ ऐसा जैसा मैंने कभी फ़िल्मों में देखा था। पिताजी और गुरु के साथ गाड़ी में बैठ

हम वापस आ गये। कुछ बरस बाद हमारे उस्ताद नहीं रहे, वे हमारी तालीम का अनिवार्य हिस्सा बन गुज़र गये। कुछ बातें कितने अरसे बाद अफशाँ होती हैं, तब उनके मायने समझ में आते हैं।

अभी कुछ दस बरस पहले अचानक लखनऊ के बाज़ार में ख़रीदारी करती हुई बुर्का पहने एक औरत ने मुझे देख मेरा हाथ पकड़ लिया, इससे पहले कि मैं सँभलती, वह औरत बोल पड़ी! मालिनी! आप हैं! कितने अरसे बाद देखा। मैं वाकई पहचान नहीं सकी। तब तक उधर से आवाज़ आयी, मैं नजमा। आप आयी थीं चौक, जन्नू भैया के साथ हमारे बाबा के पास। याद आया? पहचान कर मैं मुस्कुरायी। नजमा! कितना समय बीत गया था। एक-दूसरे की ख़ैरियत पूछ जब हम चलने लगे, तो नजमा ने कहा, देखिए आपने कितना नाम कमाया है। क्या आपको याद है, मैंने कहा था कि अब आपका सफ़र रौशन रहेगा। मैंने कहा, याद है। नजमा के आगे शब्द थे–कोठे की धूल का आशीर्वाद है, आपके साथ, भला आपको कौन रोक सकता था। तो क्या उस शाम अपने गुरु के बीमार गुरु का आशीष लेने मैं अनजाने में जहाँ पहुँची थी, वहाँ इतिहास ज़मींदोज़ था! वहाँ कभी महफिलें आबाद रहती थीं। ओह! नजमा चली गयीं, मैं जैसे आज भी अमीनाबाद के उसी चौराहे पर खड़ी हूँ, नजमा की बातें बीस साल की उम्र में समझ नहीं आयी थी। आज एक-एक बात के मायने समझ में आते हैं।

अपने उस्ताद के साथ, उनके उस्ताद के सामने अपनी तालीम की परीक्षा देने गयी थी, झोली में बहुत कुछ लेकर लौटी। ज़िन्दगी में क़िस्मत, क़ाबिलियत, हुनर सब कुछ तभी चमकते हैं, जब उनमें दुआएँ असर करती हैं। वरना कितने आये, कितने गये और कितने आयेंगे अभी...

21

बाँट दियो अँगनवा हम संग नाही रहिबे!

अद्‌भुत है न यह कहना! इस गीत के मुखड़े में दबाव ना सहने का सार्वजनिक ऐलान भी है और घर-घर की कहानी की पीड़ा भी। जब ऐसे गीतों को सुनती हूँ और मंच पर स्वर देती हूँ, तो ऐसा लगता है कि ऐसे गीत कितने वर्षों के पारिवारिक संघर्ष के गर्भ से निकले होंगे। घर-परिवार में भूमि के बँटवारे और इनमें स्त्रियों की रिसती आत्मा।

भूमि यानी हमारी धरती माँ! हमारे यहाँ धरती भूमि नहीं, माँ समान है, जिसे किसान जोतता, बोता है, भूमि स्वामी होने मात्र की भावना किसी भी इन्सान को पूर्णता का अनुभव कराती है। चार बिस्वा, दस बिस्वा ज़मीन हो या दो बीघा, भूमि का स्वामित्व हमें जिस सुरक्षा-भाव से जोड़ता है, उसे शब्दों में बाँचना असम्भव है।

एक सच्ची कहानी कहती हूँ। हमारे परिचितों में एक सुनाते थे। शायद उनके परिवार की ही थी, पर न उन्होंने कभी बताया और न हमने ही कुछ पूछा। कुछ बातें दबी ही रह जायें तो अच्छा। वैसे भी असल बात तो कथा है। कथा के पात्र चाहे कहीं के हों। ऐसी कहानियों में पात्र भले बदलते जायें, लेकिन धोखा, शोषण, झूठ और फिर इनके कारण टूटा हुआ दिल और प्रभावित जीवन तो लगभग सभी में एक-सा होता है।

न इन्सान की फ़ितरत बदलती है और न उसका लालच। इसीलिए संसार में अधिकतर युद्ध, भूमि के लिए हुए। आज भी हो रहे हैं और शायद भविष्य में भी होते रहेंगे। ज़मीन को बलपूर्वक छीनने-हड़पने की यह आदम प्रवृत्ति सदा महाविनाश का कारण रही है। इतिहास साक्षी है कि भूमि पर अधिकार पाने के लिए लोग किसी भी सीमा तक जा सकते हैं। यदि अपनी ज़मीन के एक टुकड़े को भी हाथ से न जाने देने के लिए बड़े-बड़े राजा-महाराजा योद्धा और नायक मर मिटे, तो वहीं भूमि पर आधिपत्य पाने के लिए पाशविकता

की हद तक गिर जाने वाले दुर्जनों के वृत्तान्त से इतिहास पटा हुआ है। लालच के वशीभूत होकर दूसरे के धन और भूमि को हड़पने की यह ऐसी प्रवृत्ति है, जिसे न भगवान श्रीकृष्ण रोक सके और न महात्मा गांधी। योगेश्वर यशोदानन्दन के समझाने के बावजूद महाभारत होकर रही और बापू जैसे अहिंसा प्रेमी की मध्यस्थता के बावजूद देश का रक्तरंजित बँटवारा!

इतिहास की बात क्यों करें, अपने-अपने घरों का ही इतिहास उठाकर देख लें, तो बहुत-सी कहानियाँ सामने आ जायेंगी। कौन-सा ऐसा घर-परिवार है, जहाँ ज़मीन को लेकर मनमुटाव न हुआ हो? कौन पक्ष ग़लत है, कौन सही, इसके मूल में जाये बिना भी कहा जा सकता है कि यह कटु सत्य है कि खेती की ज़मीन हो या पैतृक घर-भूमि, कुटुम्ब परिवार में मनोमालिन्य का बड़ा कारण भूमि के स्वामित्व के अधिकार को लेकर ही उठता है। आदर्श परिवारों में लड़ाई-झगड़ा नहीं होता, कोई न कोई एक समझदार व्यक्ति स्थिति सँभाल लेता है और यह सँभालना अक्सर त्याग की भूमिका में ही सामने आता है।

अक्सर देखने को मिलता है कि पुरुष या तो इस अन्याय को मौन होकर सह लेते हैं या फिर बात अलगाव और बँटवारे तक पहुँच जाती है। इसमें प्रायः स्त्री की भूमिका भी महत्त्वपूर्ण रहती है। कारण स्त्री के भीतर का असुरक्षा बोध है। जिस घर-परिवार में जन्म लेकर भी बेटी ब्याह के बाद परायी मान ली जाती है, उसे तमाम उम्र अपने अधिकारों को लेकर असुरक्षा का भाव घेरे रहता है। विवाह के बाद पति के अधिकार के लिए और माँ बनने के बाद अपनी सन्तान के लिए उपजी चिन्ता उसे तटस्थ नहीं रहने देती। सम्भवतः इसीलिए ससुराल में पैतृक सम्पत्ति विवाद उभरने की स्थिति में उसकी भूमिका मुखर हो जाती है। प्रायः मौन विरोध के रूप में या फिर पति की नीति-निपुण मित्र के रूप में उसका यह तेजोमय रूप चकित करता है। लोकगीतों में ऐसे अनेक प्रकरण मिलते हैं, जहाँ अपने अधिकार को लेकर स्त्री की स्वतन्त्र चेतना देखने को मिलती है, लेकिन क्या सच में सदा ऐसा ही होता है? ऐसे ही नहीं भारतीय समाज का ढाँचा बना हुआ है। युगों से स्त्री ने इस समाज को अपनी उदार भुजाओं से बहुत दृढ़ता से थामा हुआ है और यह दृढ़ता आती है लोकमंगल के भाव से। गलत-सही से ऊपर परिवार की एकता और अखण्डता को चुनने के पीछे कितनी ही स्त्रियों के त्याग का तप छिपा हुआ है। अब लौटती हूँ उस सच्ची घटना कि ओर, जिसका उल्लेख मैंने पहले किया है।

दो भाई थे। दोनों का विवाह हो गया था और समय से बच्चे हो गये,

तो परिवार भी बढ़ गया था। नौकरी-पेशा होने के कारण दोनों अलग-अलग स्थान पर रहकर नौकरी किया करते थे। एक दिन बड़े भाई ने अपने छोटे भाई को चिट्ठी भेजी कि एक अच्छी भूमि देख ली है, सौदा तय हो गया है और तुम भी मन बना लो। हम-तुम साथ मिलकर ज़मीन ले लेते हैं। आधा धन हम लगायेंगे, आधा तुम भेज दो। छोटे भाई वास्तव में अनुज लक्ष्मण समान आज्ञाकारी थे। बड़े भाई-भाभी पर उन्हें अगाध विश्वास था, तो तत्काल बड़े भाई को मनीऑर्डर भेज दिया। यहाँ तक कि अपनी पत्नी से पूछने की ज़रूरत भी नहीं समझी। वह समय भी ऐसा ही था कि अगर बड़े भैया ने कुछ तय किया है, तो वह अच्छा ही होगा। इतना विश्वास था उन्हें, तो किसी से प्रश्न पूछने या विचारने या सलाह लेने का प्रश्न ही कहाँ उठता था?

बहरहाल समय गुज़रा। धीरे-धीरे कई वर्ष बीत गये। बड़े भाई-भाभी की ओर से भूमि के विषय पर कभी कोई बात नहीं की गयी। इधर छोटे भाई ने भी कभी उस ज़मीन के बारे में पूछने का कोई प्रयास नहीं किया। उस ज़माने में विश्वास ही सब कुछ हुआ करता था और ऐसे ही भरोसे पर परिवार चला करते थे। सवाल उठने पर प्रायः रिश्ते टूट जाया करते थे। इधर छोटे भाई की पत्नी समझदार थीं और गुनी भी। तीन बेटियों की माँ थीं, तो बेटियों के विवाह और भविष्य में आने वाले ख़र्चों को लेकर चिन्तित थीं। वह अपने सरल पति को भी जानती थीं और भूमि के सौदे को लेकर जेठ-जिठानी का वर्षों का मौन उन्हें असहज कर रहा था। सोचतीं कि इतने बरस पहले जो धनराशि सहज ही दे दी गयी थी, इतने बरस बाद और हिसाब से तो आज वह भूमि अच्छी-ख़ासी महँगी हो गयी होगी। फिर भी न जाने क्यों एक अनजानी अनिश्चितता उन्हें खाये जा रही थी। उन्होंने कई बार अपने पति से कहा कि वह बड़े भाई से बात करें कि उन्हें जो रुपये दिये थे और उससे जो भूमि ख़रीदी गयी थी, वह आज किस दाम पर बिकेगी। पत्नी को लग रहा था कि यदि आज ज़मीन को बेच दिया जाये, तो ब्याह के लिए तैयार दोनों बेटियों के लिए अच्छी सहायता हो जायेगी। आख़िर भूमि होती ही इसीलिए है कि ज़रूरत पड़ने पर सहायता हो सके। उन्होंने कई बार पति से कहा तो उन्होंने साफ़ उत्तर दे दिया कि मैं नहीं पूछूँगा! पति की एक ही रट होती कि मेरे बड़े भाई-भाभी हैं और उन्हें जब बताना होगा, तो वे ही बतायेंगे, लेकिन मैं अब इस विषय पर उनसे कुछ न कहूँगा।

छोटे भाई की पत्नी समझती थी कि जेठ-जिठानी से सवाल पूछने का अर्थ है, उन पर अविश्वास करना और तय है कि इससे रिश्तों पर भी असर पड़ेगा,

लेकिन उसे यह बात समझ नहीं आ रही थी कि दोनों भाइयों ने जो चीज़ साझेदारी में ख़रीदी थी, उसके विषय में जेठ ने कभी कोई जानकारी क्यों नहीं दी। जब भेंट होती, आमना-सामना होता, तो और सब बातें होतीं सिवाय ज़मीन के।

...और इस तरह इस बात को दस-बारह साल गुज़र गये।

अब बात इस पूरी कथा के एक और पात्र की। इन दोनों भाइयों का एक और भाई था, सबसे छोटा। स्वभाव से बहुत तेज, पारिवारिक और हँसमुख, वह एक अच्छी नौकरी में था और अपनी पत्नी-बच्चों के साथ एक सफल सन्तुष्ट जीवन जी रहा था। वह अपने दोनों भाई-भाभियों का बहुत आदर करता था, लेकिन स्वतन्त्र विचार का था और अनुचित बात को बर्दाश्त नहीं करने वाला था। इस पूरे प्रकरण की उसे जब जानकारी हुई, तो वह शान्त नहीं रह सका और उसने अपने साधु से सरल बड़े यानी मँझले भाई से कहा, "आप बड़े भइया से बात क्यों नहीं करते और अगर आप नहीं करेंगे, तो मैं करूँगा। आपकी मेहनत का पैसा था, भले ही बड़े भाई के आदेश पर आपने उठाकर दे दिया। किन्तु उस पर भाभी और आपके बच्चों का भी तो बराबर का अधिकार है।" लेकिन मँझले भाई तो किसी और ही मिट्टी के बने हुए थे, हमेशा की तरह फिर चुप लगा गये, मुँह से एक बोल न फूटा।

सबसे छोटा भाई भले ही उम्र में सबसे कम था, लेकिन उसका तेज कुछ ऐसा था कि बड़े भाई-भाभियाँ सब पर उसका प्रभाव था। पिता समान बड़े भाई से बात करना एक बड़ा निर्णय था, किन्तु उसने लिहाज़ के बदले सच का साथ देना बेहतर समझा और समय देखकर बड़े भाई-भाभी से मिलकर बात करने का निर्णय किया। बात तो हुई, किन्तु आगे जो हुआ वह सुन सब कुछ वहीं बदल गया। वह यह जानकर सन्न रह गया कि भूमि तो उसी समय दोनों के धन से खरीद ली गयी थी, किन्तु सबसे अखरने वाली बात थी वह यह कि बड़े भाई ने पूरी भूमि की रजिस्ट्री अपनी पत्नी के नाम करा ली थी और यह सूचना अब तक सबसे छिपा कर रखी थी।

छोटे भाई ने मँझले भाई को बताया कि बड़े भाई ने भूमि तो उसी समय ख़रीद ली थी, लेकिन भूमि की रजिस्ट्री उन्होंने अपनी पत्नी के नाम करा ली है, यह सब सुनकर भी मँझले भाई मौन रह गये। भाभी माँ समान होती हैं। माँ समान भाभी के नाम भूमि की रजिस्ट्री पर उन्हें कुछ बुरा नहीं लगा। वह अब भी भरोसे की डोर से बँधे हुए थे, लेकिन मँझले भाई की पत्नी को समझ में आ गया था कि जेठ-जिठानी की नीयत में खोट आ गया था।

उन्होंने अनेक बार अपने पति को बड़े भाई-भाभी से बात कर अपना हिस्सा माँगने को कहाँ पति कोई उत्तर नहीं देते। अपने सरल पति के श्रद्धा-भाव पर अब उन्हें क्रोध आता, लेकिन पति और परिवार की मर्यादा के आगे वे विवश थीं। ऐसे ही समय बीतता रहा। बड़ी बिटिया के ब्याह की बात तय हो गयी, तो मँझले की पत्नी ने फिर अपने पति को ज़मीन में हक़ माँगने की बात याद दिलाई, मँझला पहले तो सुनता रहा, लेकिन जब उन दोनों के बीच विवाद ज़्यादा ही बढ़ गया, तो मँझले भाई ने क्रोध से जलती हुई आँखों से कह दिया—मेरा भाई था, मेरा धन था और मैंने उन्हें दे दिया। तुमसे क्या मतलब है? अब आज के बाद उस ज़मीन का नाम इस घर में कोई नहीं लेगा। यह बात यहीं ख़त्म!

पत्नी अवाक् रह गयी। उनके मन में बहुत कुछ उठा, लेकिन कह न सकीं। इस घटना के बाद बात वाकई ख़त्म हो गयी। पति का परिश्रम से कमाया हुआ पैसा हड़पा जा चुका था। इतना बड़ा छल! वह भी परिवार में। मँझले भाई की पत्नी को रह-रहकर जैसे कलेजे में रोष और विक्षोभ का लावा-सा धधकता रहता था। अकेले में रो लेती थीं, लेकिन पति का मुख और परिवार की एकता बनी रहे, इस कारण वे हलाहल पी गयी।

बाद में उन्हें यह भी पता चला कि जेठ-जिठानी ने बिना किसी को कुछ बताये चुपचाप वह भूमि बेच डाली थी। भाई को हिस्सा उन्हें न देना था, न दिया। भाई ने इस अन्याय को नीलकण्ठ की तरह सह लिया था। अब आज चारों ओर देखती हूँ, तो पाती हूँ कि कितनी ही ऐसी कहानियाँ हम सबके आस पास व्यतीत होती रहती हैं। हर घर की छत को कोई न कोई एक सँभाल ही लेता है— कभी दबकर, कभी सहकर, कभी रोकर, तो कभी हँसकर। पुरुष तो फिर भी परिवार के कारण अन्याय को भी न्याय मान सहर्ष स्वीकार करता है, किन्तु गृहस्थी की स्वामिनी स्त्री किस कारण अन्याय को अंगीकृत करती है। यह विवशता थी या परिवार को जोड़े रखने की मर्यादा?

मँझली बहू पर क्या बीती यह तो वही जानती थी। घर के सभी बड़े-छोटे उनसे बहुत प्रेम करते थे। समय बीतने के साथ मँझली बहू बुजुर्ग हो चलीं, पारिवारिक शादी-ब्याह से मुक्त हो जब बच्चे भाई-भतीजे, मँझली बहू के साथ बैठते और पुरानी चर्चाएँ निकल आतीं, तो उनके मुख से धोखे की टीस निकल ही आती थी... एक बार आवेश में उनकी कही बात आज भी रह-रहकर मेरे मन में घूमती है।

'इन्हें जंगल में जाकर रहना हो तो जायें, रहें वहाँ साधु बनकर! घर हमें चलाना है। हमने बच्चों को भूखा रखकर जेठ को पैसे भेजे थे। इस धोखे से हमारी छाती में जो फफोले पड़े हैं, उनकी यह जलन कभी नहीं मिटने वाली।' मैं यह सोचती हूँ, छाती में धोखे की इस जलन के हलाहल को पी जाने वाली सहनशीलता आज की पीढ़ी में भी है क्या?

मैं आज भी सोचती हूँ, मन के ये भाव उन्होंने बरसों पहले प्रकट कर दिये होते, तो इतने बरस क्या परिवार चल पाता। शायद नहीं। आज की पीढ़ी इस पर सवाल उठा सकती है, लेकिन पहले की स्त्रियाँ परिवार चलाना जानती थीं। चलाने के लिए छिपाना पड़ता है, यह जानती थीं। वे जानती थीं कि तोड़ना सबसे सरल है, जबकि बाधाओं व विपत्तियों का सामना करके परिवार में सबको एकजुट रखना ही असल चुनौती है। स्त्रियों के कसैले अनुभवों से ही ऐसे-ऐसे गीत छलके हैं। जब भी ऐसे गीतों को अपने कण्ठ से व्यक्त करती हूँ तो मँझली बहू का चेहरा सामने आ जाता है।

बाट देव आँगनवा हम संग नाही रहिबे
हमरे ससुर की दुइए कोठरिया सबसे बड़की कोठरिया हम लइबे
हमरे ससुर की गेंदा फुलवरिया सबसे न्यारी फुलवरिया हम लइबे....

22

गोदना गोदे गोदनहारी गोदना गुदइबे

अरे ज़रा ढूँढ़ो तो ई सल्लो कहाँ गयी! मुल्लर दुलहिन, बड़ी फर्चट है तुम्हारी बिटेवा! एक मिनट घर पे टिकतै नाहीं। देखते ही देखते हल्ला मच गया। दादी और माँ की आस-पड़ोस में ढूँढाई शुरू। अरे डॉक्टर साहब की बिटिया को देखा क्या? घर वालों का यह रोज़ का काम था। बहुत बाद में, बड़े होने पर माँ बतातीं, अब तुम्हें ढूँढे भी तो कहाँ? घर अस्पताल के भीतर जो था, चारों ओर मरीजों की भीड़। घर से निकलो तो सामने इमरजेंसी वार्ड, दिन-रात रोने-कराहने की आवाजें आतीं, दायीं ओर टीबी अस्पताल और पीछे गंगा जी का गहरा कछार! रोज़ यही डर लगा रहता, एक दिन ज़रूर कोई उठा के ले जायेगा। बातूनी भी इतनी, जिसके साथ दो घड़ी मिल लीं, उसी के साथ चल दीं। बहुत ढूँढ़ने के बाद कभी मरीज़ों के कटोरदान से खाना खाते हुए मिलतीं, कभी अस्पताल की नर्स कम्पाउंडर के साथ बीमार मरीज़ों को देखते हुए, कभी मल्लाह के साथ अकेले नाव में बैठ गंगा जी के पार...डॉक्टर साहब की इस चंचल बिटिया को सब पहचानते थे। छोटा शहर था, सरल समाज। सब डॉक्टर पिता के भक्त थे, पिता जी सबके सुख-दुःख के आसरा थे, लेकिन उस दिन जब शाम तक हम नहीं मिले तो पिता जी को भी चिन्ता हो गयी। ढूँढाई पर हम मिले भी तो कहाँ, उल्ला के घर लइया के बड़े से पहाड़ के भीतर उकड़ूँ होकर सोये हुए। सोहना था भड़भूजे वाला, क्या करारी लइया चना भूनता था! आह, क्या ख़ुशबू आती थी उसके हाथ के बने सत्तू से। माँ हैरान! अस्पताल से बाहर भड़भूजे वाले के यहाँ कब कैसे निकल गयी। मिट्टी के घर में ऊपर भड़भूजा भूनता था नीचे ठण्डा कमरा जहाँ लइया चिउड़ा चना का अम्बार सजा था, सोहना की पत्नी गोद में हमें लेकर ऊपर आयी, बोली, "बिटिया दुई घण्टा से इहाँ खेलत रहीं, हम कहिन कि डॉक्टर साहब के घर मा खबर कर देयो, लेकिन फिर बिटिया जिद करन लागीं देखबे लाई कइसे भूना जात है, खिलत-खेलत कुछ खाईन-पीन और थक के सोय गयीं।"

सोहना और इसकी पत्नी के प्रेम से विह्वल पिता जी ने हँसते हुए हमें गोदी में उठा लिया और घर ले आये।

दादी ने हमें देखा गुस्से से बड़बड़ाने लगीं, "आय गयीं फिरंट महारानी! मुल्लर दुल्हिन तुम ही बिगाड़ रही हो सल्लो को। उई दिन हम देखिन रहा, जमादारन के लरिका के संग खेलत रहीं, ई कउन रंग-ढंग हैं? माँ और पिता जी मुस्कुरा देते, उन्होंने अपने बच्चों को जीदन का यही तो सबसे बड़ा पाठ सिखाया था, मनुष्यता का पाठ! इसीलिए जाति-उपजाति का भेदभाव मुझे कभी समझ ही नहीं आया। छोटी उमर में कहाँ ज्ञान था कि मेरा जन्म किस कुल-परिवार-जाति में हुआ है। दादी के गाने तो यही कहते थे कि राम केवट के हाथ जोड़ते हैं, वनवासियों के बीच रहते हैं, कन्हैया गोप-ग्वाल के साथ बृज की कुंज गलिन में घूमते हैं। राम के जन्म में धगरिन किस अधिकार से नार छिनाई का नेग माँगती है, कौशल्या कहती हैं, यदि माली सेहरा नहीं बनायेगा, बजाज जामा नहीं बनायेगा तो मेरा राम मण्डप में नहीं बैठेगा।

समझ आने पर दुनियादारी का ज्ञान हुआ तो जाना कि मैंने ब्राह्मण परिवार में जन्म लिया है, समाज में ब्राह्मणत्व को लेकर अलग चेतना है। धारणाएँ हैं, सम्मान है तो शिकायतें भी। हमारा बचपन प्रायः अस्पताल के परिसर में बने आवासों में बीता। अस्पताल में क़रीब से देखी ग़रीबी, लाचारी, पीड़ा और मृत्यु! बालमन में यह बात घर कर गयी कि सभी मरीज़ों का ख़ून एक ही रंग का है, फिर कैसे कोई सवर्ण है और कोई दलित और कोई पिछड़ा हुआ। घर में माँ और दादी का संस्कारी माहौल और अनुशासन, पिता का उदारवादी दृष्टिकोण, श्रेष्ठ विद्यालय की शिक्षा और मुस्लिम उस्तादों से मिली संगीत की तालीम के बीच गोरक्षनाथ मठ में मिला संस्कृत का आशीर्वाद साथ लिए मैंने भेदभाव रहित माहौल में जीवन को सम्पूर्णता से जिया है। लेकिन यह भी देखा कि हमारे सुन्दर देश को जातिगत वैमनस्य के विष ने किस तरह विकृत कर दिया। कहीं राजनीति के चलते कहीं अज्ञानता के अहंकार के चलते ऊँच-नीच-वर्ग भेदभाव की पराकाष्ठा ने समाज में ऐसी खाई खींच दी है जिसे पाटना जितना जरूरी दिखता उतना ही मुश्किल भी। इसीलिए तय कर लिया था कि जीवन में कुछ करूँ, तो ऐसा करूँ, कि समाज से जुड़कर, समाज को जोड़ सकूँ। एकता के सूत्र में पिरोई लोकसंस्कृति की सुवासित वैजयन्तीमालिका ने प्रेम की राह दिखा दी और मैं उसी पथ पर चल पड़ी।

बचपन से ही कानों में पड़े लोकगीतों में सरल संसार का दर्शन हुआ, जहाँ उत्सव है, आनन्द है, संवाद है, प्रेम है, सृष्टि के कण-कण की मंगल व्याप्ति है। मनुष्य हो या प्रकृति, यह धरती जितनी राजा की है उतनी किसान की। जितनी सूर्य-चन्द्र की, उतनी उनकी पूजा-अर्चना करती स्त्रियों की, जितनी वन-उपवन की, उतनी ही उन पर चहकती चिरैया की, जितनी बलखाती नदियों की, उतनी ही उनमें रहने वाली मछलियों की, सभी सृष्टि के अंश हैं, सबका संसार है, सबसे संसार है।

हम तो कन्हैया के जन्म में पुरखिनों से सुने इन्हीं गीतों से बधाई गाते हुए आये हैं, जहाँ यशोदा कन्हैया के जन्म की बधाई का उत्सव तभी सम्पन्न मानती हैं जब मालिन, तमोलिन, और पटहारिन कान्हा को आशीर्वाद देती हैं।

जसुदा के भए नंदलाला बधावा लायी मालनिया
मालिन लायी फुलवा रे तमोलिन बीड़वा रे
कोई अच्छा सा लहर पटोर लै आयी पटहारनिया

लोककलाएँ जिनके दम से संरक्षित हैं, हमारी लोकसंस्कृति जिनके परिश्रम की सुगन्ध से सुवासित है, ऐसे हमारे लोकनाट्य, लोकनृत्य, लोकगीत, लोकचित्र, लोकाचार के कर्णधार समाज का प्रबुद्ध वर्ग वही है जिसे आप दलित कहते हैं, पिछड़ा हुआ कहते हैं, आदिवासी कहते हैं। ये हमारे देश के लोककलाकार हैं जिन्होंने इस देश की संस्कृति को बड़ी निष्ठा के साथ अपने तन-मन-आचार व्यवहार में धारण कर रखा है। इनसे हम जान पाये हैं स्वयं को, अपने समाज को। मुझे गर्व है, मैं पुरखों की थाती को गाती हूँ, मेरा गायन समाज को जोड़ने के लिए एक सेतु बना है।

समाज क्या है? समाज तो हम और आप मिलकर ही बनाते हैं। समाज शब्द संस्कृत के दो शब्दों सम् एवं अज से बना है। सम् का अर्थ है इकट्ठा व एक साथ अज का अर्थ है साथ रहना। इसका अभिप्राय है कि समाज शब्द का अर्थ हुआ एक साथ रहने वाला समूह। ज्यों-ज्यों मनुष्य की जीवन पद्धति बदलती गयी और जीवन पद्धतियों के बदलने से आवश्यकताओं में परिवर्तन हुआ और इन आवश्यकताओं ने मनुष्य को एक सूत्र में बाँधना प्रारम्भ किया और इस बन्धन से संगठन बने और यही संगठन समाज कहलाये और मनुष्य इन्हीं संगठनों का अंग बनता चला गया। बढ़ती हुई आवश्यकताओं के कारण विभिन्न व्यवसाय अस्तित्व में आये, विभिन्न व्यवसाय अपनाते हुए मनुष्य की मनुष्य पर परस्पर निर्भरता

बढ़ी और इसने मज़बूत सामाजिक बन्धनों को जन्म दिया। इस आधारशिला पर भारतीय समाज में जातीयता ने प्रवेश किया। विरासत में मिला जन्म, पेशा या व्यवसाय, के अन्तर के आधार पर जातियाँ अस्तित्व में आयीं। अर्थात मूल रूप से कार्य या व्यवसाय ही जाति निर्धारण का आधार बना। हमारे यहाँ कर्म को देवता माना गया है, श्रम की पूजा होती है। कहा गया कि 'उद्योगिनं पुरुषसिंह उपैति लक्ष्मीः' इसीलिए भारतीय समाज में प्रत्येक परिश्रम करने वाले का सम्मान था, हर जाति का सम्मान था। कोई भी प्राचीन ग्रन्थ या साहित्य उठाकर देखें, ज्ञान का सम्मान था और कर्म का सम्मान था। फिर जातिवाद की यह विकृति आयी कब और कहाँ से। हमारे यहाँ कोई भी राजा कोई भी सन्त या कोई भी महापुरुष अपने नाम के साथ क्या जाति का नाम लगाकर चलते थे? कभी आपने सोचा है कि यह जाति सूचक शब्द हमें कैसे पता चलते हैं। नाम के आगे लगे उपनाम से। राम और कृष्ण का उपनाम यानि सरनेम क्या था? दरअसल उन्नीसवीं शताब्दी में जब अंग्रेज़ों ने जनगणना आरम्भ की उसमें सब जातियों के संग उपनाम जोड़कर नाम लिखना अनिवार्य किया तभी से जाति उपजाति की यह बीमारी आयी है। अपने कुल गोत्र को लेकर स्वाभिमान होना अच्छी बात है, किन्तु यदि श्रेष्ठता का यही भाव दूसरे के लिए अपमान का कारण बन जाए, तो यह मनुष्यता नहीं। जब प्रभु ने सबको एक जैसा बनाया है तो फिर भेदभाव आया कहाँ से? छोटा-बड़ा यह मानवता की मूल भावना के विरुद्ध है, असहनीय अपमान का कारक है। आज सोच बदल रही है, समाज बदल रहा है। इस सोच को बदलने में पीढ़ियाँ लग गयीं, बहुत बदलाव आया है लेकिन अभी इस ओर बहुत काम किये जाने की ज़रूरत है। आज जब अपने अनुभवों को शब्द दे रही हूँ तो कहना चाहती हूँ कि हम वह पीढ़ी हैं जिसने छुआछूत के बारे में सुना था, देखा नहीं। लेकिन जातीय भेदभाव से विकृत लोगों को देखा है, उस कलुष के दौर में हमने बहुत कुछ ऐसा देखा है जो पढ़ने में आज के पाठकों को शायद अविश्वसनीय लगे। भेदभाव और अस्पृश्यता के पीड़ादायक दंश का एक अनुभव आपसे साझा कर रही हूँ।

नब्बे के दशक की बात है। उत्तर-प्रदेश के सीमान्त का लगभग उपेक्षित-सा वह छोटा-सा नगर था, प्राकृतिक सौन्दर्य से लबरेज़, किन्तु अभावग्रस्त, सरल ग्रामीण अंचल का सलोना-सा नगर। पतिदेव वहाँ ज़िलाधिकारी थे। हम दोनो अपने जीवन के यौवन में थे, उत्साही हमराही थे। एक दिन इन्होंने बहुत उत्साहित हो हमे सूचना दी, वर्ल्ड बैंक की टीम यहाँ आ रही है। आज से तीस साल पहले

वर्ल्ड बैंक की टीम का उस सुदूर छोटे से नगर में आना बहुत बड़ी घटना थी। उस युग में उत्तर प्रदेश बड़े बदलाव से गुज़र रहा था, स्वास्थ्य, रोज़गार और जीवन स्तर में उन्नयन के उद्देश्य से वर्ल्ड बैंक की टीम ने उस छोटे-से नगर को चुना था। क्षेत्र में प्रगति की संभावनाओं को उकेरने के लिए वर्ल्ड बैंक की टीम का दो दिन का दौरा था। दौरे के समापन पर घर में स्वागत एवं आभार स्वरूप एक भव्य भोज का आयोजन होना तय हुआ।

जैसा मैंने बताया, साधन सीमित थे, लेकिन उत्साह असीमित। रात्रि में भोज का आयोजन हुआ। वर्ल्ड बैंक की टीम में छह विदेशी थे, दिल्ली और लखनऊ के वरिष्ठ अधिकारी और कुछ स्थानीय अधिकारियों के साथ अधिकारियों की पत्नियाँ भी आमन्त्रित थीं। हमें आये कुछ ही समय हुआ था, इसी बहाने सबको घर बुलाने का यह पहला अवसर था, इसलिए आतिथ्य में जूझने का आनन्द चरम पर था। भोज शानदार रहा, सब प्रसन्न थे।

उनमें से वहाँ तैनात एक अधिकारी थे, उनकी पत्नी कुसुम (काल्पनिक नाम) से मेरी अच्छी मित्रता थी। सबको भोजन के लिए आग्रह करते हुए, खिलाते हुए मैंने अनुभव किया कि कुसुम ने कुछ नहीं खाया। कहने पर भी मना करती रही, पहले मुझे लगा कि संकोच है, बाद में लगा कि आतिथ्य की मर्यादा के कारण उसने बाद में मेरे साथ भोजन करना तय किया हो। मैं मेजबानी में व्यस्त थी, सबको खिलाने और विदा करने के बाद मैंने फिर से कुसुम से खाने के लिए पूछा, उसने बहुत विनय के साथ फिर मना किया, मैंने पूछा, कोई व्रत-उपवास है क्या? उसने इनकार में सिर हिलाया, इस बीच उसके पति ने उसे लगभग घुड़कते हुए कुछ खाने के लिए कहा, सम्भवतः उनके मन में सामान्य शिष्टाचार भी न निभाने के कारण अपने उच्चाधिकारी को नाराज़ करने का भय रहा हो किन्तु कुसुम ने प्लेट नहीं उठाई तो नहीं उठाई। मैंने उन अधिकारी से कहा, कृपया रहने दें, मुझे उसकी तबियत ठीक नहीं लग रही थी। जब मन होगा, खा लेगी। भोज की सफलता से सब उत्साहित थे, लेकिन हँसी-ठहाके के उस माहौल में भी, विदा लेती हुई कुसुम की संकोच से भरी उन कातर आँखों में विनीत इनकार पढ़कर मैं उसकी अनजान दुविधा में उलझ रही थी, इसे क्या हो गया था? आज न खाने की ऐसी ज़िद क्या थी? रात गयी, बात बीत गयी। लेकिन नहीं।

अगले दिन लगभग एक बजे मुझे सूचना मिली कि वही अधिकारी मुझसे घर पर मिलने आये, उन्हें आया देख मुझे आश्चर्य हुआ, अमूमन ऐसा होता नहीं,

वे आये और आते ही बहुत संकोच के साथ बोले, 'मैडम कल कुसुम के व्यवहार के लिए क्षमा चाहता हूँ। दरअसल नौकरी में आकर हम तो सामाजिक तौर-तरीक़े सीख गये, किन्तु कुसुम के भीतर से गाँव अभी गया नहीं है।' यह सब सुनकर अब मैं बहुत उलझन में थी, यह कहना क्या चाहते थे।

वे अफ़सर बोले, घर पहुँचकर कुसुम फूट-फूटकर रोयी, कहने लगी, देवता जैसे है डी.एम. साहब और मैडम, आज तक इतनी इज़्ज़त हमें किसी ने नहीं दी। मैडम, असल में हम लोग पासी हैं। दलित जाति के हैं। गाँव, समाज, नौकरी सब जगह भेदभाव ही देखते हुए आये हैं। अपमान होने से अच्छा है स्वयं पीछे हट जाना इसलिए हम खाने-पीने से स्वतः दूर रहते हैं। मैंने तो नौकरी में आकर खुद को ढाल लिया लेकिन मेरी पत्नी उस दिन विश्वास ही नहीं कर पायी। पहली बार किसी ब्राह्मण ने अपने साथ बैठाकर, अपने बर्तन में भोजन करने के लिए कहा था। वह संकोच में डरी हुई थी और आपके व्यवहार से भावुक भी। इतनी, कि उससे प्लेट उठाई नहीं गयी। कहकर वे अधिकारी मौन हो गये। यह सब सुनकर मैं जहाँ थी वहीं जड़ हो गयी। मेरा सिर चकरा गया। पैरों के नीचे से ज़मीन खिसक गयी। हाय राम! यह हम किस समय में जी रहे हैं क्या यह मेरे साथ घटित हो रहा है! हम दोनों पति-पत्नी की परवरिश आदर्श सामाजिक मूल्यों के साथ हुई थी जहाँ हमने आपस में किसी को ऐसा भेदभाव करते नहीं देखा था, सुना अवश्य था। आज़ादी के इतने साल बाद भी समाज में भेदभाव की इतनी बड़ी खाई! देश में एक समान अधिकार, एक समान शिक्षा, एक समान नौकरी के अवसर फिर भी जातिवाद की यह विकृति जाती नहीं? उनकी बातें सुन मेरा दिमाग़ सुन्न हो चुका था, वे नमस्कार कर कब चले गये मुझे पता ही नहीं चला। कुछ देर तक अन्यमनस्क सी कमरे में घूमती रही, मैने तुरन्त गाड़ी बुलवाई और कुसुम के घर जा पहुँची।

मुझे यूँ अचानक आया देख कुसुम चकित हो गयी, उसके हावभाव, उसके सत्कार आदर को मैं शब्दों में नहीं बाँध सकती। मैंने तुरन्त उसे गले लगा लिया, वह रोने लगी, एक दिन पहले के लिए क्षमा माँगने लगी, मैंने कहा, क्षमा तो हमें माँगनी चाहिए, कुसुम! सदियों की क्षमा। बैठक में पहुँचते ही मैंने कहा, 'कुसुम मैंने सुबह से कुछ नहीं खाया, बहुत भूख लगी है, क्या खिलाओगी? 'हतप्रभ वह मेरा मुँह देखती रही, आप खायेंगी? हमारे यहाँ? यह मत कीजिए। उसकी एक न सुनते हुए मैंने उसकी रसोई में झाँककर देखा। सामने रखे एक बर्तन में रोटियाँ पड़ी दिखीं, मैंने वहीं उठा लीं, कुसुम ज़रा सब्ज़ी हो तो निकालो...वह

मना करती रही, और मैं ऐसे खाती रही, जैसे उस दिन स्वाद में तृप्ति मिली हो। तब तक सूचना पा कर वे अधिकारी भी घर पहुँच गये। मुझे इस तरह वहाँ देख वे भी भावाकुल हो रो पड़े...हम तीनों ही रो रहे थे, मैं कुसुम से उसके घर गाँव द्वार परिवार की बातें पूछ रही थी और वह न जाने क्या बोले बताये जा रही थी...

इसके बाद की कहानी भाव आदान-प्रदान की लम्बी भावुक भावभीनी कहानी है...वह परिवार हमारा घनिष्ठ मित्र बन गया यह बताने की आवश्यकता नहीं है।

यह सच्ची घटना है, आज की पीढ़ी को यह बात पढ़ने-सुनने में शायद अकल्पनीय लगेगी, एक समय में जातीयता का ज़हर कितना फैला हुआ था, यह उसकी बानगी भर है। समाज का जुड़वाँ सत्य!

लेकिन यह बात मुझे बहुत कुरेदती है कि आख़िर कब और कहाँ से आया जातिवाद?

पुराने ज़माने में जब अस्पताल नहीं होते थे तो बच्चे की नाभि कौन काटता था? मतलब माता-पिता से भी पहले कौन-सी जाति हमें स्पर्श करती थी? आपका मुंडन करते वक्त कौन स्पर्श करता था? विवाह का प्रथम न्योता कौन लेकर जाता था? किसके बनाये पीढ़े पर बैठ कर दूल्हा विवाह करता था। विवाह का माड़व कौन बनाता था? विवाह के मण्डप में नाई और धोबन के बिना मंगल कहाँ सम्पन्न होता था? कन्या का पिता लड़के के पिता से बहुत अधिकारपूर्वक इन दोनों के लिए साड़ी की माँग करता था। पूजा के लिए प्रयोग किये जाने वाले सूप का निर्माण कौन करता है? छठ व्रत हो या कोई भी मांगलिक कार्य, वाल्मीकियों के बनाये हुए सूप से ही कार्य सम्पन्न होते हैं।

आपके घर में कुएँ से पानी कौन लाता था?

भोज के लिए पत्तल कौन-सी जाति बनाती थी?

कौन आपके कपड़े धोता था?

अपने कन्धे पर डोली कौन मीलों-मीलों दूर से लाता था और उनके ज़िन्दा रहते किसी की मजाल न थी आपकी बिटिया को छू भी दे। किसके हाथो से बनाये मिटटी की सुराही से जल पीकर बैसाख-जेठ में आपकी आत्मा तृप्त हो जाती थी? कौन आपकी झोंपड़ियाँ बनाता था? कौन फ़सल लाता था?

अच्छा, कौन आपकी चिता जलाने में सहायक सिद्ध होता है?

जीवन से लेकर मरण तक सब सबको कभी न कभी स्पर्श करते थे और कहा जाता है कि छुआछूत था! पहले जातियाँ थीं, पर उनके मध्य एक प्रेम की धारा भी बहती थी, जिसका कभी कोई उल्लेख नहीं करता। अगर जातिवाद होता

तो वाल्मीकि द्वारा रचित रामायण कोई नहीं पढ़ता, मल्लाह की बेटी सत्यवती हस्तिनापुर की महारानी न बनती। सब बताते हैं, किस तरह मेरा जन्म कन्नौज में नाना की पुरानी हवेली में हुआ। डॉक्टर पिता की अस्पताल की तैयारी धरी की धरी रह गयी और हमारे भाग्य में श्यामा धगरिन के हाथों जन्म लेना लिखा था। ख़ानदान के सब बच्चे उन्हीं के हाथ से दुनिया में आये थे। जब अस्पताल नहीं थे, गाँवों में दाई प्रसव कराती थीं, लेकिन नाल काटने के लिए डोमन या चमार जाति की दक्ष महिलाओं के हाथों, बच्चे की नाल काटी जाती थी, जिस समाज में जन्म से मरण तक आपकी साँस डोम के हाथों में बँधी हो, वहाँ ये छुआछूत का कलुष आया कब से?

नेसफील्ड की किताब 'ब्रीफ रिव्यू ऑफ़ द कास्ट सिस्टम ऑफ़ द नार्थ वेस्टर्न प्रोविंसेज एंड अवध' पृष्ठ संख्या 101 के अनुसार डोम या डोमकटर हिन्दुस्तान में किसी समय बहुत शक्तिशाली थे। डोम बाँस की डलिया, सूप, दौरा आदि बनाकर जीवकोपार्जन करते हैं। समाज में शव विसर्जन की क्रिया करते हैं। कुछ स्थानों पर डोम ढोल बजाने वाले तो तन्त्र शास्त्रों के अनुसार, डोम गायन और संगीत बजाने के व्यवसाय के लिए जाने जाते थे, डोम समाज नृत्य संगीत में कौशल की वजह से पर्व अवसर पर नृत्य संगीत के लिए बुलाये जाते थे। एक कहावत कही जाती है 'मर मर डोम गीत गावे, दतार को हँसी आवे' इसके पीछे समाज की विद्ररूपता से उपजा करुणा भाव है।

कहते हैं जैसी दृष्टि, वैसी सृष्टि! मैंने तो यही देखा है कि हमारी लोक. संस्कृति ने सभी को समान आदर से सींचा है। हर श्रम करने वाले का मान है, सबका महत्त्व है तभी तो सभी से मिलकर यह समाज बना है। चमड़े के लिए संस्कृत का शब्द है चर्म और चर्म का कार्य करने वाला चर्मकार जिसका अपभ्रंश बन गया चमार। चमार जाति भारत की मुख्य स्तम्भ है। प्राचीन काल से चमार चर्मकारी के अतिरिक्त अपने शौर्य के लिए जाने जाते रहे हैं। अनेक कार्य करते आ रहे हैं। द्वितीय विश्वयुद्ध के दौरान अंग्रेज़ों द्वारा प्रथम चमार रेजिमेंट गठित की गई जो एक पैदल सेना रेजिमेंट थी। चमार रेजिमेंट उन सेना इकाइयों में से एक थी, जिन्हें कोहिमा की लड़ाई में अपनी भूमिका के लिए सम्मानित किया गया था। मैंने गाँव में चमारों के नृत्य और गीत सुने हैं, उनके गीतों में मनोरंजन का भाव भी मिलता है और आध्यात्मिक रस भी। गाँव के मंगल कार्यों में नृत्य करते हुए गाते बजाते हुए अपने गीतों में वे गाँव का साफ़-साफ़ चित्र खींचकर

रख देते हैं। गीत में गाँव का जालिम ज़मींदार हो, कंजूस महाजन या अभद्र पुरुष, सबकी साफ़ आलोचना होती है। जिस तरह समाज ने उन्हें सबकी खरी आलोचना करने का अधिकार दे रखा है इससे हमारे पूर्वजों की समदर्शिता भी प्रकट होती है और सच्ची प्रजातांत्रिक भावना दिखती है।

1996 का समय था। हम लोग बदायूँ में रह रहे थे। अवनीश वहाँ जिलाधिकारी के पद पर थे। इनके दफ़्तर में एक बाबू थे, हमने सुना था कि उन टाइप बाबू के पिता जी गाते थे। मैंने उनके गायन की प्रशंसा सुनी थी, अतः एक दिन मैंने उन्हें घर आमंत्रित किया। शालीन बुजुर्गवार बहुत संकोच से भरे हुए आये, कहने लगे, ''हम ऐसे ही कीर्तन में गा लेते हैं, पहले जेल में काम करते थे, वहाँ ड्यूटी थी। क़ैदियों को सुनाते थे, जेलर साहब ने हुक्म दिया तो रोज़ गाने लगे। लेकिन यहाँ कोठी में कभी किसी ने नहीं बुलाया, आप स्वयं गाती हैं इसीलिए आप ने याद किया।'' तब तक घर के सभी सहायक इकट्ठा हो चुके थे। बग़ीचे में कटहल के पेड़ के नीचे चटाई बिछी। सब बग़ीचे में जम गये, उन्होंने एक मिनट ठहरकर मुझसे पूछा, जी, पेटी मिल जायेगी? उनके बेटे मना करने को आगे बढ़े लेकिन हारमोनियम निकालने के अनुरोध से मैं आनंदित हो गई, मैं समझ गई, ये अनुभवी कलाकार हैं। मैंने तुरन्त अपना हारमोनियम मँगाया। और उन्होंने जो गाना शुरू किया, हम सब चैत की पूरबी बयार में बहते उनके गीत में डूब गये। स्वर में इतनी सच्चाई, ऐसी पवित्रता और क्या शब्द रचना थी। गीत समाप्त होते ही प्रशंसा में मैंने कहा, 'वाह! क्या कण्ठ है और क्या शब्द साहित्य! वाह! वाह!' वे बोले 'साहब, यह हमारे यहाँ गाते हैं, हमने भी अपने परिवार में सीखा। यह चमरऊवा गीत है। आपको पसन्द आया, एक और सुनिए...वे रम गये थे और मेरे कानों में वह गीत गूँज रहा था...

मैंने टाइप बाबू से कहकर उनके पिता से यह गीत ले लिया, आप ज़रा इसके शब्द देखिए, मर्म समझिए, आपका हृदय गीत के अनाम रचयिता के लिए सम्मान से भीग जायेगा।

गोविन्दा नहीं गाया तैं ने गाया क्या रे बावरे।
रतनों की चोरी करी रे राई करन को दान रे।
कोठे चढ़कर देखन लागे कितने ऊपर बिमान रे।। 1।।
पतिबरता भूखी मरे रे बेस्वा चाबें पान रे।
पतिबरता बैठी रहै रे बेस्वा करे गुमान रे।। 2।।

हाथी छुट गया डार से रे लसकर पड़ी पुकार रे।
नौ दरवाजे बन्द पड़े रे निकल गया उस पार रे।। 3।।
निर्धन गिरा पहाड़ से रे कोई न पूछे बात रे।
साहूकार के काँटा चुभ गया पड़ गयी हाहाकार रे।। 4।।

अरे बावरे! तूने गोविन्द को नहीं गाया तो क्या गाया? तूने रत्नों की तो चोरी की है और दान के लिए राई का विचार किया है। फिर भी कोठे पर चढ़कर तू देख रहा है कि स्वर्ग का विमान कितनी दूरी पर है। पतिव्रता भूखी मर रही है वेश्या पान चबा रही है। पतिव्रता चुपचाप है और वेश्या गुमान कर रही है। हाथी अपने खूँटे से छूट गया सारे लश्कर में शोर मच गया। नवों दरवाज़े बन्द पड़े हैं पर, वह उस पार निकल गया। ग़रीब पहाड़ पर से गिर पड़ा किसी ने बात भी ना पूछी और साहूकार को ज़रा सा काँटा चुभ गया, चारों ओर हाहाकार मच गया। क्या मार्मिक गीत था और क्या गहन अभिव्यक्ति।

मेरे जीवन में जिन पुस्तकों का गहरा प्रभाव पड़ा उनमें से एक है अमृतलाल नागर जी की अद्भुत कृति 'नाच्यो बहुत गोपाल' सफ़ाई करने वाले समाज के जीवन पर ऐसा रचना संसार कभी नहीं रचा गया। सफ़ाई करने वाले भंगी समाज को पुराने ज़माने में हेला कहा जाता है। यहाँ एक अत्यन्त मार्मिक लोकगीत का उदाहरण देना चाहूँगी, जिसे पढ़कर आप भी हमारी संस्कृति के प्रति आदर से भर उठेंगे। इस गीत में एक 'हेलिन' प्रातःकाल में राजा दशरथ का मुँह देखकर क्रोध में कहती है, न जाने आज का दिन कैसा बीतेगा, जो निरवंशी का चेहरा सुबह-सुबह देख लिया। यह सुनकर दशरथ बहुत दुःखी होते हैं और वन तपस्वी से अपना दुःख प्रकट करते हैं।

भोर भये भिनुसरवा चिरैया एक बोलइ,
हो अरे राजा झपटि के खाले केंवरिया, हेलिनिया बहारै।
परिगै हेलिनियाँ क डीठि त राजा मुख ऊपर,
हो मोरे हेलवा! देखेऊँ निरबसिया क मुँहवा त दिन कैसे बितिहैं।
चुप रह हेलिनि बाउरि, त केन मति मारइ,
हेलिनी! तीन भुवन के राजा कहति निरबसिया?
तू चुप रहु हेला दरिद्दर! त राजा के डरि से,
हो मोरे हेलवा! राजा के तीनि रनियवाँ तीनहुँ जनी बाँझिनि।
यतना सुनै राजा दसरथ, जियरा दुखित भये।
हो अरे राजा गोड़े-मूँड़े तानै चदरिया सोवैं धँवराहरि।

अरे-अरे राजा जी कै चेरिया त हमरी लौड़िया,
हो अरे चेरिया! सीझलि रसोइया गै जुड़ाई त राजा नाहीं आये।
झझकि कै चढ़ैं अटरिया त राजा के जगावैं,
हो मोरे राजा कौन विरोग तुहरे जियरा त सोवहु धँवराहरि।
पाँच पदारथ मोरे घरवाँ त छठयें नारायन,
हो मोरी रानी! जतिया कै पतरी हेलिनियाँ कहइ निरबसिया।
बाउर हया राजा बाउर केन बौरावें,
हो मोरे राजा जौ विधि लिखा है लिलार, उहै भरि पाउब।
बाउरि हऊ रानी कौसल्या त केन बौरावै,
हो मौरी रानी! देहु मोरी बैसखिया मैं तप करै जाबौं।
एक वन गये हैं दुसरै बन तिसरे वृंदहिवन,
हो अरे राम ओहि रे वृंदहिवन के विचवाँ त राजा जी तप करैं।
बन से निसरैं बन तपसी त राजा से अरज करैं,
हो अरे राजा! कौन बिरोग तुहरे जियराँ त बन बीचे तप करौ।
पाँच पदारथ मोरे घरे, छठवें नरायन,
हो मोरे तपसी! जतिया कै पतरी हेलिनिया कहै निरबसिया।
जाहु न राजा घर अपने त पूत तोहरे होइहैं।
हो अरे हरि सुनि लिहे तुहरी पुकार, जगत कै मालिक।

यह गीत रचने वाले और उससे बढ़कर इन्हें गाने वाले धन्य हैं। ये उदाहरण है कि हमारे समाज में किस प्रकार का समदर्शी भाव रहा होगा जहाँ एक हेलिन प्रतापी राजा को कुछ भी कहने का अधिकार रखती है। यही है असली प्रजातन्त्र। एक और गीत मिलता है जहाँ रुक्मणि रानी की सखियाँ उन्हें रूठे कृष्ण को मनाने के लिए सीख देती हैं कि वह हेलिन का रूप धारण करें।

एक हाथे लेहू कुचरिया त एक हाँथे डलरिया
हो मोरी रुक्मिनी!
हेलिन भेलस धैकै जात्यू कन्हैया के दरस को।

इसी तरह हमारा पासी समाज है। पासी शब्द पाश यानी जाल डालकर शिकार करने वाले के लिए प्रयुक्त हुआ। पासी शिकार के लिए प्रसिद्ध थे। लाला सीताराम जी की किताब 'अयोध्या का इतिहास' में वे लिखते हैं नवाबी में अवध के पासी तीर चलाने में बड़े सिद्धहस्त थे। पासी वीर होते थे, उनका इतिहास भारत के गौरवशाली वीर योद्धाओं और राजाओं से भरा हुआ है।

इस पासी गीत में पासियों के शिकारी होने का भान होता है 'डारी-डारी पसिया रे लसिया लगावे, पाते-पाते कोइलरी लुकावैं'

सबसे मधुर एवं कर्णप्रिय हैं कोल्हुई गीत। जब खेत से ईख काटकर आ जाती है तब गन्ने को कोल्हू में पिराई कर रस निकालने की क्रिया आरम्भ हो जाती है। कोल्हू वह एक यन्त्र है जिसका इस्तेमाल तेल या गन्ना पेरने के लिए किया जाता है—रात भर कोल्हू एक लय में चलता है, बड़े-बड़े पात्रों में एकत्रित किया जाता है और इस तरह आम जन के जीवन में मिठास घोलने का कार्य करता है। कोल्हू चलाना श्रमसाध्य कार्य है, इस मेहनत के कार्य में साथ देते हैं कोल्हुई गीत।

अधिकतर कोल्हू रात में चलते हैं रात्रि की निस्तब्धता में कोल्हू चलने की चरमर ध्वनि, बैलों के पैरों की आहट और इन सबके बीच कोल्हुई गीतों की मधुर स्वर लहरी देवताओं का आवाहन करती-सी प्रतीत होती है। आज़ स्त्री सशक्तिकरण की बात होती है, सशक्त औरत देखनी हो तो हमारे श्रमगीतों को सुनिए, इस कोल्हूगीत में स्त्री आधी रात में तेल की पिराई कर रही है।

कौनी की जुनियाँ तेलिनि धनियाँ लगावै अरे कौनी जुनियाँ ना।
कोइलरी सबद सुनावे कौनी जुनियाँ ना।
आधी कि रतियाँ तेलिनि धनियाँ लगावै, कि पिछली रतियाँ ना।

किस समय तेलिन घानी लगाती है और किस समय कोयल अपनी कूक सुनाती है, आधी रात में तेलिन घानी लगाती है और रात के पिछले प्रहर में कोयल शब्द सुनाती है।

किसी का बोझ उठाना कितना कठिन कार्य है। और विशेष रूप से किसी की बहू, बेटी, नयी नवेली वधू को एक स्थान से दूसरे स्थान ले जाना, यह कार्य अत्यन्त चरित्रवान, विश्वसनीय और शक्तिशाली व्यक्ति ही कर सकते थे। कहार समाज के सबसे भरोसेमन्द और मज़बूत अंग माने जाते हैं। डोलियों, पालकियों में स्त्रियाँ, नव वधुएँ, राजा, ज़मींदार या वृद्ध बीमार लोग ले जाये जाते थे

पहले ज़माने में राह चलते असुरक्षा का भय था, लेकिन किसी की क्या मजाल थी कि कहारों के होते हुए डोली की ओर कोई आँख उठाकर भी देखने का साहस करे? डोली पालकी उठाकर मीलों का फ़ासला तय करने वाले कहारों के कार्य में लय की विशेष भूमिका है।

क्या आप जानते हैं संगीत का सबसे लोकप्रिय ठेका कहरवा कहाँ से आया? इसके लिए हमें कृतज्ञ होना होगा कहार समाज का। पालकी के आगे और

पीछे के कहारों को एक समान लय पकड़कर भार उठाकर चलना पड़ता है। इसी लय में गूँथे गीतों को गाते हुए बहुत तेज गति से चलते हुए कहार गन्तव्य को पहुँचते हैं। इसी लय बद्ध चाल क्रम एक दो तीन चार, पाँच छह सात आठ, फिर एक दो का क्रम गति इस तरह बढ़ती जाती है, कहते हैं इसी लय से कहरवा ठेका का जन्म हुआ।

धा गी ना ती ना का धी ना

कहार डोली लेकर आठ मात्रा में एक क्रम पूर्ण करते थे। कहार से कहरवा ताल और उनके गीत कहरवा या कहरउवा कहे जाने लगे। इन सरल लोकगीतों में सरलता से कही गयी बात कहीं न कहीं अध्यात्म का सन्देश लिए प्रगट होती हैं। जैसे कि इस कहार गीत में कहार की चिन्ता मात्र उसकी चिन्ता नही, समग्र सृष्टि की चिन्ता बन जाती है।

बालू रेतिया डगरिया चलब कइसे, हाँ चलब कइसे।

अधिकतर कहरवा या कहरउवा गीतों में श्रृंगार का भाव पाया जाता है। अब कल्पना कीजिए, नयी नवेली का विवाह हुआ है, भावी जीवन को लेकर मन में विविध शंकाओं, कल्पनाओं में डूबी वधू डोली में बैठ अपने पति के घर जा रही है। अपना देस अपना गाँव पीछे छूट गया है। मन में माता-पिता, भाई, सखि-सबको छोड़ने की अथाह पीड़ा है, रोते-रोते हिचकिया बँध चुकी हैं, उसी के साथ नए जीवनसाथी के साथ नये जीवन की नयी उमंग नये स्वप्न...दुःख-सुख घबरास्त की मिश्रित भावना में डूबी नयी नवेली दुल्हन की पालकी ढोने वाले कहार जान कर सरस श्रृंगारप्रिय गीत गाते हुए कन्या के मन में मायके से विरह की पीड़ा को भुलाने में और पी के मिलन की सुन्दर कामना जगाते थे। यही कारण है कि कहारों के गीत कहरउवा श्रृंगार से ओतप्रोत मिलते हैं।

साझे बोले मोरवा सवेरे बोले कगवा
कोरवा छोड़ा बलमू
जागे नैहरे के लोगवा कोरवा छोड़ा बलमा ना।
सोने की थारी में ज्योंना परोस्यों
जेंवना जेइल्या बालमा ना।
होइगै जेंवन कै जूनियां कोरवा छोड़ा बलमा ना।
जागे नैहरे के लोगवा कोरवा छोड़ा बलमा ना।
चाँदी के गेडुवा गंगाजल परोस्यों

जल पी ला बालमा ना।
जागे नैहरे के लोगवा कोरवा छोड़ा बलमा ना।
लौंगा इलायची कै बीड़ा लगाई
बीड़ा रचा ला बालमा ना
जागे नैहरे के लोगवा कोरवा छोड़ा बलमा ना।
बिनि चुनि फूलन की सेजा बिछाई
सेजिया सो जा बलमा ना
जागे नैहरे के लोगवा कोरवा छोड़ा बलमा ना

साँझ को मोर बोलता है सुबह कागा बोलता है प्रिया अब तो मेरा अंक छोड़ दो। मायके के लोग जाग गये हैं। सोने की थाली में भोजन, चाँदी के गेड़ुवा में जल, सुस्वाद पान सब रखा है अब भोजन करके जल पीने, पान खाने की वेला आ गयी है। मैंने फूलों को चुनकर सेज बिछाई है, अब चलो सो जाओ, सोने की वेला आ गयी है, सबके अन्त में एक ही बात पत्नी दोहराती है, मायके के लोग जाग गये हैं, मेरा अंक छोड़ दो।

हमारे घर में परिवार के सहायक रहे सन्तराम। हमारे बचपन की मधुर स्मृतियाँ हैं उनके संग। भोजन बनाने से लेकर कौन-सा काम था जिसमें वे निपुण नहीं थे। हमारे विवाह में पिता जी ने अपने समधियाने से संतराम के लिए बहुत हक़ से वस्त्र के अलावा उपहार माँगा था और मुझे याद है, मण्डप के नीचे खड़े सन्तराम भैया को जब हमारे ससुर ने हाथ में उस ज़माने में लोकप्रिय टेपरिकॉर्डर और ट्रांजिस्टर टू-इन-वन थमाया, तो वे रो पड़े। सन्तराम नाई समाज से हैं। उनका पूरा परिवार आज भी हम सबके साथ रहता है। नाई प्रतीक हैं शुभता का, शुभ समाचार का! नाई हमारी संस्कृति के महत्त्वपूर्ण अंग हैं। जन्म से मृत्युपर्यन्त तक प्रत्येक संस्कार में उनकी उपस्थिति अनिवार्य है। सन्तान जन्म का शुभ समाचार नाई ही सब जगह पहुँचाते हैं और नेग पाते हैं।

हाकहु नगरा के नउवा, बेगेहि चढ़ी आवहु
अरे नउवा रगि रगि पीसहु हरदिया खबर पहुँचावो।

राम जन्म पर नाउन बहुत अधिकार से झगड़ा कर अपना नेग मांगती है।

झगड़े नउनिया बिगड़े नउनिया
माँगे रे सोने का हार आज जन्मे ललनवा
राजा दशरथ के घरवा आज जन्मे ललनवा

नाई अत्यन्त वाक्पटु एवं सयाने माने जाते हैं सम्भवतः यही कारण था

कि पहले विवाह का न्योता लेकर नाऊ ही जाया करते थे। आज भी संस्कारवान परिवारों में नाऊ के हाथ न्योता व शगुन भिजवाया जाता है। पश्चिमी उत्तर प्रदेश में यह गीत गाया जाता है जिसमें बेटी के लिए जिस आधार पर वर ढूँढ़ कर किया है उसका रोचक वर्णन है।

नउवा बड़ा सयाना रे वर ढूंढि कै लाया
समधी महलिया ऊँची अटारी
समधन सोवे सुख चैन रे वर ढूँढि कै लाया

एक विवाह गीत मैं गाती हूँ, राम-जानकी विवाह में नाइन दशरथ से नेग माँगती है और हँसते हुए दशरथ नाउन को पूरा अवध का साम्राज्य ही नेग में देने की बात कहते हैं। यह गीत सामाजिक समरसता का उत्कृष्ट उदाहरण है।

सिया बन्नी दुल्हन दुल्हा रघुराई
नाउन अपना नेग जो माँगे
देवो दशरथ नेग बधाई
राजा दशरथ यूँ हँस के बोले
चलो, ले लो अवध नेग बधाई

यदि मैं आपसे पूछूँ, कि ईश्वर की आराधना का सबसे पहला सौभाग्य किसे मिलता है, निश्चित ही आपका उत्तर होगा, माली का। अपने हृदय में प्रकृति की रक्षा का संकल्प लिए माली समाज हमारी संस्कृति का सिरमौर है। सभी देवालय में, हमारे शुभ संस्कार, पूजा, व्रत, अनुष्ठान माली के बिना असम्भव है। माना जाता है कि माली-मालिन के ऊपर देवी की असीम कृपा होती है। इसीलिए आज भी गाँव में चेचक या अन्य व्याधि के निवारण के लिए माली को बुलाकर पूजन कराया जाता है। देवी तो माली की फुलवारी में ही वास करती हैं। इस प्रसिद्ध पचरा में शीतला माता नीम के वृक्ष में हिंडोला झूलते-झूलते प्यास से व्याकुल होकर मालिन से पानी माँगती है—

सूतल बाडू के जागल मालनिया
मोहे पनिया पिया दा मालिन बन्द एक ना

देवी माँ जल पीकर मालिन को आशीर्वाद देती हुई चली जाती हैं। पूजा में सर्वप्रथम माली-मालिन को याद किया जाता है,

हाथन मा डलिया फूलन की, मालनिया बहाने आऊँ, मैया तोरे दर्शन को...

माली से वर के लिए सेहरा सजाने को कहा जाता है तो मालिन से वर को पान खिलाने का अनुरोध–

मेरे नौशे को पान खियावो री अलबेली मालनिया

एक गीत यहाँ उद्धृत कर रही हूँ, यह गीत मुझे अत्यन्त प्रिय है और मुझे विश्वास है कि इसे पढ़ने के बाद आप भी हमारे पूर्वजों की सोच को नमन कर उठेंगे जिन्होंने गीतों को शिक्षा का अस्त्र बना लिया। अगली पीढ़ी अपने दायित्व के प्रति सजग रहे इस दृष्टि से ऐसे गीत रचे, और कण्ठस्थ कर अगली पीढ़ी को धरोहर की तरह सौंपे।

आज पर्यावरण और अन्य जीव संरक्षण की बातें बहुत हो रही हैं, लेकिन हमारे दूरदर्शी पुरखे सदा से यह जानते थे कि प्रकृति का सम्मान मनुष्य का कर्तव्य है। उन्होंने लोकव्यवहार, लोककथाओं, लोकगीतों के माध्यम से यह शिक्षा बार-बार दी। हमारे लोकगीतों में सामान्य जन को भी यह स्वतन्त्रता है कि वह राजा, राजपुत्र या देवता को भी वन्य जीवों को मारने से रोक सकता है। राजा और देवता भी आम आदमी की सलाह मानते हैं और अपनी भूल के लिए क्षमा माँगते हैं। श्रीराम के सम्बन्ध में अवधी के इस श्रम गीत का यही आशय है। इस गीत का प्रारम्भ ही होता है कि विद्वान पण्डित से प्रश्न पूछा जाता है कि बदली की धूप क्यों हुई है। पण्डित का उत्तर है कि श्रीराम वन में शिकार खेल रहे हैं, इसलिए धूप हुई है। अवधी की एक कहावत है कि निरवंशी और बदली के धाम में दया नहीं होती। यह प्रश्नोत्तर कई अर्थ व्यंजित करता है। श्रीराम जैसे शीलवान, दयालु व्यक्ति के द्वारा वन्य जीव को मारने जाने के पीछे इस कहावत की व्यंजना है। दूसरा व्यंग्यार्थ यह भी है कि श्रीराम सूर्यवंशी हैं। सूर्य बादलों से ढके होने पर भी व्यग्र होकर श्री राम को देखने के लिए झाँक रहे हैं। उन्हें छाँह देने बादल आये पर सूर्य के क्षोभ के कारण धूप निकल आयी, ऐसी धूप जो उन्हें वृक्ष की छाँह लेने को विवश कर दे। वह छाँह में बैठकर प्रकृति के महत्त्व का अनुभव करें व शिकार से विरत हो जायें।

इसी गीत में राम के द्वारा हथिनी का शिकार करने की बात है। वैसे भी लोकसंस्कृति में पशु-पक्षी के वध का निषेध है, फली-फूली डाल या वृक्ष काटने का निषेध है। यह अन्याय लोक को स्वीकार नहीं है। इसीलिए भगवान राम के बहाने यह प्रसंग रचा गया है। श्री राम राजा के प्रतिनिधि हैं, देवों के पूज्य हैं। उनका धर्म है पालन और संरक्षण, न कि विनाश। प्रकृति के लिए मनुष्य का क्या कर्तव्य हो यह गीत उसका आदर्श प्रमाण है।

मैं तोसे पूछौं पढ़ला पण्डितवा,
कौने गुनवा भै बदरी के धमवाँ कौने गुनवाँ।
राम-लछिमन बन खेलथें सिकरवा,
वही रे गुनवाँ भये बदरी क धमवा यही रे गुनवाँ।
हथिनी त मारि राम भुइयाँ गिरावैं,
तूरै लागे हो गज हथिनी के दँतवा तूरै लागैं हो।
दँतवा तुरत राम होइगै पियास कि बुन एक हो,
लछिमन पनियाँ पियावा त बून एक हो।
नाही त बाटैं इहाँ अवधपुर नगरिया कि नाही बाटै हो,
इहँवा जनका बउलिया त नाहीं बाटै हो।
ऊँचहि ऊँच चढ़ि ताकैं लछिमन भैया,
उहै बाटीं हो एक माली फुलवरिया कि उहै बाटीं हो।
सोनवा कै टकवा लिहे लछिमन भैया,
पहुँचि गये हो, जहाँ माली फुलवरिया पहुँचि गये हो।
लेहुन माली भैया सोनवा कै टकवा, बून एक हो,
भइया पनिया ले आवा त बून एक हो।
पनियाँ त लछिमन! तुँहका हम तब देबै कि लै लेबै हो,
तुहरा धनुहा औ बनवाँ कि लै लेबै हो।
कि दै न देत्या हो आपन धनुहा और बनवाँ कि दै न देत्या हो।
धनुहा-बान लछिमन वहीं धै आइन, कि लै न आये हो,
पनियाँ राम कै पियावै के लै न आइन हो।
पनिया पी कै राम भये संतुतवा त पूछन लागैं हो,
कहाँ बा धनुहा औ बनवाँ पूछन लागैं हो।
मलिया न लेय भइया सोनवा क टकवा,
धराई लिहिस हो हमरा धनुहा औ बान धराइ लिहिस हो।
राम-लछिमन आवैं माली फुलवरिया, त माँगैं लागैं हो
अपना धनुहा औ बनवाँ त माँगन लागैं हो।
तू तौ हया राम राजा क पुतवा, बन बन खेलथ्या सिकरवा त बन-बन हो।
हम तो हई भइया मलिया क पुतवा त बन-बन हो,
लगाई फुलवरिया त बन-बन हो।
हथिनी न रौदें भइया मोरी फुलवरिया,
तू काहे मारथ्या राजा वन कै हथिनिया, तूँ काहे मारथ्या।
राम-लछिमन धरे आपन धनुही बनवाँ आगे,
जोड़ै लागैं दूनौं हथवा मलिया आगे त जोड़ै लागे ना।

गीत का अर्थ कुछ इस प्रकार है–

हे विद्वान पण्डित! मैं तुमसे पूछता हूँ, किस कारण बदली कि धूप हुई है। राम-लक्ष्मण वन में शिकार खेल रहे हैं। इसलिए बदली की धूप हुई है। राम ने हथिनी का शिकार किया और उसके गजदन्त तोड़ने लगे। दाँत तोड़ते राम को प्यास लगी। प्यास से विचलित होकर राम लक्ष्मण से बोले–'अरे भाई लक्ष्मण! एक बूँद पानी तो पिलाओ' लक्ष्मण उत्तर दिया। 'भइया! न तो यहाँ अवध नगरी है और न ही राजा जनक की बावली है।' फिर ऊँचे चढ़कर लक्ष्मण ने दृष्टि डाली तो दूर एक माली की फुलवारी दिखलायी दी। लक्ष्मण ने सोने का टका लिया और माली की फुलवारी पहुँच गये। लक्ष्मण ने माली से कहा–'माली! लो सोने का टका लो, और जल ले आओ।' माली ने उत्तर दिया–'हे लक्ष्मण! पानी तो तुमको मैं तब दूँगा, जब तुम्हारा धनुष और बाण यहाँ रख लूँगा।' लक्ष्मण को आश्चर्य होता है किन्तु जल ले जाना अधिक आवश्यक है अतः अपना धनुष-बाण वहीं रखकर वे जल लेकर राम के पास पहुँचते हैं। जल पीकर श्री राम सन्तुष्ट हुए और पूछने लगे–'अरे लक्ष्मण! तुम्हारा धनुष और बाण कहाँ हैं?' लक्ष्मण ने कहा–'माली ने सोने का टका नहीं लिया, किन्तु मेरा धनुष-बाण रखवा लिया, तब मुझे जल दिया।' अब यहाँ संकेत में दिखाया है कि राम के मन में जिज्ञासा हुई। वे लक्ष्मण के साथ माली की फुलवारी में आये और अपना धनुष-बाण वापस माँगने लगे। माली ने कहा–'हे राम! तुम तो राजा के पुत्र हो, वन-वन में शिकार खेलते हो, मैं तो माली का पुत्र हूँ। मैं वन-वन फुलवारी लगाता हूँ। किन्तु यह बताओ, कि जिस हथिनी को आपने मार डाला उसमें भी इतना विवेक था कि (पशु होकर भी) हथिनी ने कभी मेरी फुलवारी नहीं रौंदी। आप (मनुष्य होकर) वन की हथिनी को क्यों मार रहे हैं?' यह सुनकर, राम-लक्ष्मण उसी क्षण, अपना धनुष-बाण माली के पास रख देते हैं और दोनों हाथ जोड़कर माली से अपराध की क्षमा माँगते हैं। यह गीत हर दृष्टि से अद्भुत है। माली द्वारा राम को अहिंसा का सन्देश देना, और राम का उसी विनम्रता से क्षमा माँगना यह हमारे समदर्शी समाज का सर्वोच्च उदाहरण प्रस्तुत करता है। किस तरह का आदर्श रहा हमारे समाज में। राजा राम और लक्ष्मण को माली से ज्ञान मिलता है और राम इसे शिष्यवत स्वीकारते हैं।

इस गीत के मूल में किसी महान पूर्वज की महान सोच रही होगी, जिन्होंने समाज को प्रकृति संरक्षण और निरपराध जीव हत्या निषेध के सन्देश के लिए प्रभु राम को माध्यम बनाया किन्तु मुझे लगता है, कौन जाने यह घटना सच हो।

और जब भगवान राम को माली द्वारा ज्ञान प्राप्त हुआ हो, उसी क्षण रघुनन्दन ने यह अभूतपूर्व संकल्प लिया हो, "आज से, अभी से, मेरे राज्य में किसी निरपराध का वध नहीं होगा।" कौन जाने इसीलिए राम भूमि अवध कहलायी और राम कहलाये हम सबके अवधबिहारी, अवधेश राम।

यह सब उद्‍गार लिखते हुए मेरी लेखनी रुक नहीं रही। इस विषय पर एक अलग पुस्तक लिखने की इच्छा जाग उठी है, मुझे यह सोचकर बहुत सन्तोष होता है अपनी मंचीय प्रस्तुतियों में सभी श्रम गीतों, जातीय गीतों को गाती हूँ। चाहे वह बिरहा गीत हो, धोबिया गीत हो, गोदना गीत हो या गुड़ऊ गीत, कोईरी गीत हों या कुम्हार गीत। भारत की बहुरंगी लोकसंस्कृति इसीलिए अमिट है क्योंकि इसके मस्तक पर श्रम का तिलक लगा है। अपने कर्म से स्वाभिमानपूर्वक जीवन-यापन करने वाले परिश्रमी समाज के अनुभवों से निकले अनमोल गीतों को सुन मन आदर से भर उठता है। मुझे यही लगता है कि भारत का मूल स्वरूप समदर्शिता का है, समानता का है, परस्पर सम्मान का है, श्रम की महत्ता का है। अन्त में वह गीत, जिसे गाते हुए जैसे मैं अयोध्या की गलियों में आवाज़ लगाती हुई गोदनहारी बन जाती हूँ। रामलला का गोदना रचने वाली इस गोदनहारी की पुकार सुन, मन में तीर्थ, मेला, नदी किनारे, गलियाँ-गलियाँ घूमती हुई गोदनहारी की छवि सामने आ जाती है। आज टैटू कहा जाने वाला गोदना हमारी प्राचीनतम सांस्कृतिक अभिव्यक्ति है। हमारे लोकमानस पर यह गोदना सदा अंकित रहे, यही कामना।

गोदना गोदे गोदनहारी रे गोदनवा गोदईबे
माथे पे लिख दे रामलला की
तीरथ सारी बखान दे
रघुवंशी परतापी रमैया
सूरजबंशी आये रे
हाथे पे लिख दे रामलला की
सुधबुध सब बिसराय दे
सुघर कलइयाँ रचि रचि रच दे
गोदनवा गोदईबे।।

23

मेरा बीड़ा है मज़ेदार

'धैरहं पृथिवीत्वम्। रेतोऽहं रेतोभृत्वम्।
मनोऽहमस्मि वाक्त्वम् सामाहमस्मि ऋकृत्वम्। सा मां अनुव्रता भव।।'

मैं आकाश हूँ और तुम पृथ्वी हो।
मैं ऊर्जा देता हूँ और तुम ऊर्जा लो।
मैं मन हूँ और तुम शब्द हो, मैं संगीत हूँ और तुम गीत हो,
तुम और मैं एक दूसरे का पालन करें।।

'सखा सप्तपदा भव सखायौ सप्तपदा बभूव।
सख्यं ते गमेयम् सख्यात् ते मायोणम्। सख्यान्मे मयोष्ठाः।।'

तुम मेरे साथ सात क़दम चल चुके हो, अब हम मित्र बन गये हैं।

'इहेमाविन्द्र सं नुद चक्रवाकेव दम्पती प्रजयौनौ
स्वस्तकौ विस्वमायुर्व्यऽशनुताम्।।'

हे भगवान इन्द्र! आप इस नवविवाहित जोड़े को इस तरह साथ लायें जैसे चक्रवाक पक्षियों की जोड़ी रहती है। वे वैवाहिक जीवन का आनन्द लें और एक साथ एक पूर्ण जीवन जियें।

विवाह, दो तत्त्वों का मिलन है; देह और आत्मा का योग, जहाँ प्रेम और विश्वास ही रिश्ते का ईंधन हैं। आदिकाल से पति-पत्नी के सम्बन्ध को पूर्ण शारीरिक-मानसिक समर्पण का अधिकार मिला है इस सम्बन्ध में रति भावना के साथ ही मैत्री एवं परस्पर अन्योन्याश्रितता की भावना जुड़ी है। विवाह दो अलग-अलग पृष्ठभूमि, अलग-अलग परवरिश, अलग-अलग संस्कार से आये कन्या और वर का एक साथ, एक लक्ष्य की ओर जीवनोन्मुख होना है। विवाह में संवाद

अनिवार्य है, बल्कि मेरा मानना है कि संवाद पति-पत्नी के परस्पर सम्बन्ध की मूल प्राणशक्ति है। अपने विवाह में इसी संवाद की निरन्तरता पर मैंने सचेष्ट ध्यान दिया और अपनी बेटी, बेटे दोनों को यही गुरुमन्त्र दिया। कितनी भी बड़ी बात हो जाये, संवाद नहीं टूटना चाहिए। बातचीत से मन खुलता है, मन को बाँधना, संवाद से। यही है विवाह का सबसे सशक्त मन्त्र!

मुझे पुरानी स्मृतियों में अपने पड़ोस वाली उन अम्मा जी का प्रायः ध्यान आता है। हमारे पड़ोसी के वृद्ध माता-पिता थे। लखनऊ रहते थे और अपने बेटे के पास गोरखपुर अक्सर आते रहते। वैसे उन्हें वृद्ध कहना ग़लत है। अब क्या है कि उस ज़माने में साठ-पैंसठ बरस की उमर के लोग वृद्ध ही कहलाते थे। तो हमारे पड़ोसी की जो माताजी थीं, वे पहनने-ओढ़ने की बड़ी शौक़ीन थीं। जब बन-संवरकर निकलतीं तो मोहल्ले में सब लोगों के लिए बड़ा अचरज का अवसर होता। सीधे पल्ले की चटक साड़ी पहन बड़ी सी-टिकुली, लाल ओठलाली, आँख पर ऐनक लगाकर वह सुबह-सुबह आठ बजे घर के बरामदे में अपनी बग़ल में पान का डब्बा दबाकर बैठ जाती थीं। उनके पति उनसे कम से कम एक फुट लम्बे, शालीन और बहुत कम बोलने वाले थे। लेकिन वह जोड़ी कमाल की थी। एक तो बचपना और कुछ स्वभाव से ही जिज्ञासु प्रवृत्ति के होने के कारण हम उनके आसपास ही मँडराया करते। उनका पान का डब्बा हमें बड़ा लुभावना लगता और उससे भी ज़्यादा लुभावनी लगती थीं उनकी बातें। जहाँ हमने अपनी माँ को, पिताजी को डॉक्टर साहब कहकर बुलाते सुना था वहीं अम्मा जी अपने पति को बड़े रुआब से 'निगम साहब' कह के पुकारतीं। उन दोनों पति-पत्नी की बातचीत में कब एक छोटी-सी सामान्य चर्चा भी झगड़े का रूप ले लेती थी और कब वह हँसकर पान लगाने लगती थीं, यह देखकर मेरी छोटी-सी बाल बुद्धि भी अचरज में पड़ जाती। हाँ एक बात और थी। माँ घर में हमेशा कहती, रवि की अम्मा बड़ी ज़िन्दादिल और ख़ूब हाज़िरजवाब हैं। माँ न जाने क्यों साथ में यह भी जोड़ देतीं कि लखनऊ की है, ना तो बातचीत का एक सलीक़ा ही अलग है। बाद में समझ आया कि लखनऊ के लोगों की बातचीत का अदब अन्दाज़ निराला है। निगम साहब का पूरा परिवार संगीत प्रेमी था। एक से एक गानों को उनकी बहू-बेटियाँ जब हारमोनियम लेकर साथ गाने बैठतीं, तो ऐसा लगता मानो सुबह की नोकझोंक को गाने की शक्ल में तब्दील कर, सुरों में पिरोकर पेश कर रही हैं। उनका एक गाना आज भी याद है—

मेरा बीड़ा है मज़ेदार लीजै साँवलिया राजा
एक तो पान पुराना दूजे होवै मुख लाल
एक तो लवंगिया से खोंसी, दूजे अन्तरवा की बास।।
एक तो मोरी प्रीत पुरानी दूजे होंठलाली लाल
एक तो लवंगिया इलाची गमकै दुजै इतर की बास।।

अर्थात पत्नी, पति से कहती है कि मेरे पान का बीड़ा बड़ा स्वादिष्ट है, इसे आप ग्रहण करें। एक तो यह पुराना पान है यानी कि पका हुआ पान है। (पका हुआ पान खाने में स्वादिष्ट होता है जबकि कच्चे पान में कसैलापन होता है)। इसे खाने से आपका मुँह लाल हो जायेगा। मैंने लौंग खोंसकर यह बीड़ा बनाया है और अपने अन्तर्मन की सुगन्ध डाल इसे सुवासित किया है। बड़े प्रेमपूर्वक पति का उत्तर मिलता है वह कहता है एक तो हमारी प्रीत बहुत पुरानी हो चुकी है और उस पर तुम होंठलाली से अपने अधरों को लाल वर्ण में रंग कर रहती हो। तुम्हारे पास से लौंग और इलायची के संग-संग इत्र की सुगन्ध आया करती है। आज भी गाती हूँ तो सोचती हूँ कि परिपक्व प्रेम को समर्पित यह कितना सुन्दर गीत है। उस समय यह हम सबके लिए बड़ा नया था, अनोखा था और आज भी है। जिस तरह से लहराकर वे गाती थीं मैंने ऐसा कहीं कभी कुछ नहीं देखा था। उन्हें देख मुहल्ले में कभी-कभी चर्चा भी होती थी, विशेष रूप से आस-पड़ोस की औरतें अम्मा जी को देख ताज्जुब हुआ करती थीं। वह ज़माना ही ऐसा था कि उम्रदराज होने पर, ज़िम्मेदारियाँ पूरी होने पर यह मान लिया जाता था कि अब उम्र खटिया पकडऩे की है या फिर रामभजने की, लेकिन दूसरी ओर, लोक साहित्य की दुनिया ने मेरी दृष्टि बदल दी थी। मैंने घर-आंगन में बुज़ुर्ग औरतों को प्रेम पगे गीतों पर चहकते देखा था। इसीलिए, मुहल्ले और आस-पड़ोस वाले क्या कहते, मुझे इससे फ़र्क़ नहीं पड़ता था। मुझे तो पान सजाती, अपने पति के प्रेम, श्रृंगार और गीत-संगीत से ओतप्रोत अम्माजी सोलह वर्ष की अप्रतिम नायिका सदृश दिखतीं। उनका समर्पण, उनका प्रेम सब कुछ उनकी उठन-बैठन व चितवन में झलक जाता।

आज न जाने कितने गीतों के भीतर जब पति-पत्नी के रोचक संवाद की झलक देखती हूँ, हाज़िर-जवाबी देखती हूँ, नायिका द्वारा अपने नायक को उलाहना देते हुए रोचक गीत को देखती हूँ, गीत के मुखड़े को सुनती हूँ तो बरबस ही उनकी याद आ जाती है और उनकी ही क्यों, उनकी और उनके जैसी

अशेष महिलाएँ जिन्होंने हमारी संस्कृति में प्राण फूँके हैं, जिनके अनुपम साक्षी हमारे लोकगीत हैं।

संवाद ही प्रेम को शक्ति देता है। पति-पत्नी के बीच में संवाद की रोचकता प्रेम की पूँजी है। एक ऐसे समाज में जहाँ माना जाता है कि प्रेम की सबसे सुन्दर अभिव्यक्ति मौन में है और प्रेम के आदान-प्रदान या उसे कुछ शब्द देना स्त्रियोचित गुण नहीं, वहाँ, अपने भाव को शब्द देने वाली वाचाल, चंचला और अभिसारिका क्या-क्या नहीं कही जाती। सच तो यह है कि ऐसे असंख्य गीतों में नायिका के मन की उड़ान की अनुपम बानगी दिखती है। इन गीतों में स्त्री की प्रेमपगी वाक्पटुता और बतरस ख़ूब आनन्द देती है।

जौनपुर में एक बार एक कजरी सुनी और सुनकर तुरन्त बैठकर उसे लिखने लगी। इस कजरी में पति कमाई के लिए विदेश जाने की बात कहता है और पत्नी प्रत्युत्तर में मायके जाने की धमकी देती है। बात यहीं नहीं रुकती। यह रोचक कहानी कहाँ तक जाती है, इसके लिए पूरा गीत जानना आवश्यक है—

रुन झुन खोल ना केवड़िया
हम विदेसवा जइबो ना
जो मोरे सैयाँ तुहू जइब बिदेसवा
रजऊ जइब ना बिदेसवा
हमरा भइया के बोला द (2)
हम नईहरवा जइबो ना
जो मोरी धनिया तुहू जइबू नईहरवा
धनिया जइबू तू नइहरवा
जेतना लागल बा रूपइया खरचल
ओतना देके जइबू ना
जो मोरे सैयाँ तुहू लेब रुपइया
लेई ना रुपइया
जइसन बाबा घरवा रहली
ओइसन करके दीह ना

पति कहता है मेरी प्रिय, द्वार खोलो मैं परदेस जा रहा हूँ। उत्तर में पत्नी कहती है यदि तुम विदेश जाओगे तो ठीक है, मेरे भाई को बुला दो तो मैं भी अपने मायके चली जाऊँगी। पत्नी का यह तेवर देखकर बनावटी क्रोध से पति कहता है, सुन धनिया, मेरी रानी, यदि तुम्हें अपने मायके ही जाना है तो तुम्हारे

ऊपर जितना रुपया ख़र्चा हुआ है उतना वापस करके अपने माता-पिता के पास चली जाओ। यह सुन कर पत्नी जो दमदार उत्तर देती है उसे सुन कर आप नायिका की हाज़िरजवाबी पर दाद दिये बिना नहीं रहेंगे।

पत्नी कहती है—यदि आपको रुपया ही वापस चाहिए, तो फिर मुझे भी आप पहले जैसी करके दीजिए। वैसी ही, जैसी मैं अपने बाबा के घर में थी।

पूरब में पति द्वारा पत्नी को प्रेम से धनिया पुकारने का रिवाज है। सम्भवतः धनिया शब्द धन्य से आया होगा, पहले ज़माने में अपनी पत्नी को भाग्यवान कहने का रिवाज था, यह फ़िल्मों में भी ख़ूब देखा होगा आपने। इसी भाव से पत्नी को 'धन्या' कहा गया।

बड़ा रोचक अध्ययन है, लोकगीतों में प्रिय का सम्बोधन! बात किससे कही जा रही है इसी पर कहने का सत्व निर्भर करता है। ज़रा याद तो कीजिए आपकी माँ आपके पिता को किस नाम से पुकारती थी। लेकिन ठहरिए, उस समय तो नाम लेने की परम्परा ही नहीं थी। सार्वजनिक रूप से तो हरगिज़ नहीं। वह समय ही अलग था।

अवधी लोक व्यवहार में इसकी सबसे प्रचलित झलक गोस्वामी तुलसीदास रामचरितमानस में देते हैं। वनगमन मार्ग में जब ग्राम-वधूटियाँ सीता जी से तीनों राहियों का परिचय पूछती हैं तो सीता अपने बारे में बताकर चुप रह जाती हैं। तब राम की ओर इशारा करके स्त्रियाँ उन्हें फिर कुरेदती हैं। सीता इस बार सकुचाते हुए (क्योंकि वहाँ वे केवल पति के साथ नहीं, देवर के साथ भी हैं) कहती हैं 'खंजन मंजु तिरीछे नयनन, निज पति कहेउ तिनहि सिय सयननि' यानी खंजन पक्षी की तरह अपने कजरारे नयनों से राम की ओर इशारा कर, बिना उनका नाम लिये उन्हें अपना पति बताती हैं। पति-पत्नी में परस्पर संवाद के लिए संयुक्त परिवार की मर्यादा इस बात की इजाज़त ही कहाँ देती थी। यदि कुछ कहना बहुत आवश्यक ही हो जाये, तो भी आँखों से इशारों से बुलाने का रिवाज था या बच्चों को डाकिया बनाकर। आज का डाकिया तो वॉट्सएप है। मैं सोचती हूँ पहले स्त्रियों के मन में कितनी ऊहापोह रहती रही होगी। आधुनिक पीढ़ी को शायद यह समझना कठिन हो लेकिन भारत में आम परिवारों में आज भी पति को सबके सामने बुलाना या बात करना तिरछी निगाहों से ही देखा जाता है। घरों में प्रायः स्त्रियाँ बच्चों के या भतीजों के नाम लेकर काम चलाती थीं जैसे गोपाल के पापा, छुट्टन के चाचा आदि। अनेक पतियों का सम्बोधन उनके काम के आधार पर तय हो जाता था जैसे हमारी माँ पिताजी को डॉक्टर

साहब कह के पुकारती थीं। बड़े होने पर हम लोग हँसते थे कि माँ कोई मरीज हैं क्या जो डॉक्टर साहब कहती हैं। लेकिन मुहल्ले में मास्टर साहब, वकील साहब सुन कर नाम न लेने की प्रथा समझ में आने लगी। पहले नाम लेने की प्रथा नहीं थी लेकिन ये न समझियेगा कि अदब में पति का नाम नहीं लेती थीं तो अपनी बात उन तक कैसे पहुँचाती होंगी। उस दौर का भी संचार तन्त्र बड़ा मज़बूत था और आज के डिअर, डार्लिंग, स्वीटहार्ट, शोना से कहीं असरदार थे हमारी पुरखिनों के सम्बोधन। सुनने हों तो लोकगीतों के अमृतकलश में झाँककर एक नज़र डालिये :

पिया, सैयाँ, बालम के साथ-साथ राजा, दिलजानी, रजऊ, साँवरिया, बलमुवा, रसिया, परदेसिया, विदेसिया, यही नहीं, दगाबाज़, बेवफ़ईया, बेईमान का प्रयोग गीतों में एक बेलौस अपनापन ले आता है।

"ए राजा जी मोरा दिल है हजारिया"
"हमरे बलमुवा के पातर अंगुरी ओहमा हेराय गये मोर छल्ला गुइयाँ"
"अरे बेवफइया जुलुम न सहूँगी जुलुम न सहूँगी बात न करूँगी"
"दगाबाज बालमा धोखेबाज बालमा कैसे देई तोहके माफी दगाबाज बालमा"

ज़ाहिर है, ये लोकगीत स्त्रियों ने बड़े दिल से रचे। इन गीतों की प्रेरणा के मूल में अपने प्रेमी अपने पति के लिए अथाह प्रेमभाव बसा हुआ है जो गीतों में छलकता हुआ बरसता है। अब प्रेम किया है, विवाह हुआ है तो नाम भी तो लेना होगा, प्रेम का सम्बोधन प्रीति जगाता है।

अपने प्रिय से मन की बात कहने-सुनने का आनन्द संसार का सबसे सुन्दर अनुभव है। इस सुन्दर गीत में परदेस जा रहे अपने पति से लाल सुरजमुखी साड़ी ले आने का मनुहार करती पत्नी और पति का संवाद रोचक है और मार्मिक भी।

राजा जायो दखिनवा, बाबू जायो दखिनवा
उन्हवा से लायो लाली सुरुजमुखी
रानी रुपिया न पैसा, रानी रुपिया न पैसा
काहे से लाई लाली सुरुजमुखी
राजा मोहर भंजायो, बाबू मोहर भंजायो
वाही से लायो लाली सुरुजमुखी
घरे सासु ननदिया, घरे सासु ननदिया
पहिरे न पैहो लाली सुरुजमुखी
राजा जइबे नैहरवा, बाबू जइबे नैहरवा

उन्हवा पहिरबे लाली सुरुजमुखी
राजा तुमका बुलौबे, बाबू तुमका बुलौबे
पहिर देखौबे लाली सुरुजमुखी
रानी पहिरि के ठाढी, रानी पहिरि के ठाढी
अंगना बीच बिछुलाए परी
राजा तुम्हरी नज़रिया, बाबू तुम्हरी नज़रिया
सुरुजमुखी पर लागी गयी

पति का पत्नी को यह कहना कि मैं तुम्हारे लिए लाल सूरजमुखी साड़ी ले भी आया तो घर में सास और ननद यानी मेरी माँ और बहन के सामने कैसे पहन सकोगी। पत्नी उत्तर देती है—मैं नैहर में पहन लूँगी और तुम्हें वहाँ बुलाऊँगी, तुम मेरे मायके में आकर मुझे देखना। इस एक गीत में पति-पत्नी के बीच की वार्ता में निहित सामाजिक परिदृश्य, लाज, संकोच, विवशता सब है लेकिन इन सब पर भारी है दोनो का प्रेम।

पति-पत्नी में विचारों के आदान-प्रदान में सहमति-असहमति होना स्वाभाविक है। फिर रूठना और मनाना पति-पत्नी के जीवन का सबसे बड़ा रस है। संवाद दम्पती के बीच सम्बन्ध की ऊष्मा को बनाये रखता है, और यह संवाद ही प्रेम का आकार लेता जाता है। बहुत पहले एक बार आकाशवाणी की कंसर्ट में मैंने मथुरा से आये लोक कलाकारों से सुना एक दिलचस्प गीत—

भूसा बिकाय हमें लाय दियो लटकन
लाय दियो लटकन मँगाय दियो लटकन
भूसा बिक जैहें तो बैल का खैहैं
बैलो बिकाय हमें लाय दियो लटकन
बैल बिक जैहैं खेत को जोतिहैं
खेतो बिकाय हमें लाय दियो लटकन

गीत में पत्नी की फ़रमाइश है लटकन की! उसे किसी भी क़ीमत पर लटकन चाहिए। पति तर्क देता जाता है, पत्नी तर्क ख़ारिज करती जाती है।इस गीत के आगे और भी कड़ियाँ हैं जहाँ पत्नी अपने पति को यह भी कह देती है कि चाहे तुम्हें स्वयं भी बिकना पड़े लेकिन मेरे लिए लटकन ले कर आओ। ज़ेवर की फ़रमाइश से बात कहाँ से कहाँ तक पहुँच जाती है, यह रोचक संवाद आये दिन पति-पत्नी के बीच घटने वाले दृश्य सरीखा है जहाँ छोटी-सी बात कितना वृहद् आकार ले लेती है।

1998 की बात है। हम दोनों अयोध्या में रहते थे। योजना बनी कि दीपावली पर अधिकारियों के परिवार को आवास पर आमन्त्रित किया जाये। जाहिर है, मैंने सांस्कृतिक कार्यक्रम तैयार कराया और जब यह गीत सबके सामने पेश हुआ, पत्नियों का कहना 'भूसा बिकाय हमें लाय दियो लटकन' और उस पर पतियों का जवाब, यह गाते हुए गाने वालों के और सुनने वालों के ज़ोरदार ठहाकों की अनुगूँज आज तक सुनाई पड़ती है। इस गीत की रोचक कल्पना, सार्वजनिक रूप से गाने की रस वर्षा और सभी का उस आनन्द को आत्मसात करना, यही लोकगीतों का हासिल है।

मुझे याद आता है लड़के के विवाह-मण्डप में मौर धराई की रस्म के समय गाया जाने वाला एक बहुत सुन्दर गीत—

राजगली होइ के निकरी मलिनिया, मौरा सँवारे का ठाढ़ि
की मौरा बन्धिहैं गया के गजाधर, की बन्धिहैं श्रीराम
मौरा तो बन्धिहैं दूलहे कवन राम, बाँधि ससुररिया का जाएँ
वहि ससुररिया का नेहला मोहरवा, अरझे दुलरूवा का मौर
बाहर हो की भीतर दुलहिन देई, देखौ ना मोरा सिर मौर
कैसे मैं देखऊँ रे तोहरा मउरवा, देखें मोरे नैहरे के लोग
बगल बैठि मोरे गाँठ जोड़ैहो ब्याह रचौहो, देखिहें सकल जग लोग

राजगली से होती हुई मालिन अपने हाथ में सुन्दर मौरा लिये उस आँगन में पहुँचती है जहाँ राम सरीखे वर की बारात निकलने वाली है। पूरी सजधज के साथ अपने सिर पर मौर धारे दूल्हा अपनी ससुराल पहुँचता है जहाँ घर के मुख्यद्वार (गाँवों में घर का प्रवेश-द्वार 'नेहला' यानी नीचा होता है) में उसकी ऊँची मौर अटक जाती है। गीत के इसी बिन्दु से वर-वधू में एक संवाद शुरू होता है जो बहुत ही रोचक है। दूल्हा अपनी होने वाली दुल्हन से पूछता है, 'तुम घर के अन्दर या बाहर, कहाँ हो? मेरा मौरा देखो आकर' उत्तर में दुल्हन लज्जा के वशीभूत कहती है 'मैं किस तरह तुम्हारे सिर का पाग देखूँ जब कि यहाँ मेरे मायके के सारे लोग हैं? और वे सब मुझे देखते हुए देख लेंगे'। दूल्हा तत्क्षण उसकी लज्जासूचक दुविधा का उत्तर देता है कि 'अभी कुछ समय बीतने पर तुम मेरे बग़ल में बैठोगी, तुम्हारा और मेरा गठबन्धन होगा, हमारा ब्याह होगा तब तो सारे संसार के लोग देखेंगे'।

इन गीतों में प्रेम की कितनी ईमानदार अभिव्यक्ति है जो बदले में आश्वस्ति की चाहना रखती है। विशेषकर वैवाहिक सम्बन्धों को यदि इनके प्रकाश में देखें,

तो संवाद ही है जो दो लोगों के बीच एक निर्बाध असंकोच का वातावरण निर्मित करता है जिससे प्रेम का उत्तरोत्तर विकास हो सके।

पति-पत्नी दोनों अपने परिश्रम त्याग और सामंजस्य से सफल जीवनयात्रा जीते हैं। ग्रामीण अंचल में स्त्री-पुरुष दोनों यह जानते हैं कि कठिन परिश्रम कर जीवन की नाव आगे बढ़ानी होती है वहाँ दोनों ही अपने पुरुषार्थ से अपने जीवन के भाग्य विधाता हैं।

अनेक श्रम गीत और कृषि गीत में दोनों के परस्पर सहयोग और समर्पण का संवाद दिखता है–

एक कृषि गीत में पति अपनी पत्नी से कहता है–

जो मोर संगवा तू खेतवा मा चलबू
हरवा के संगवा पसिनवा बहइबू
सोनवा ही नाही हीरा मोतिया उगैबू
सुना हो गोरिया, तोहे कंगना गढ़ाइबे

आज समय बदल गया है। आज का युग विज्ञान और तकनीकी का युग है। टेक्नोलॉजी ने मानव जीवन को विकास की नयी गति प्रदान की है, उसे सफलता की नयी ऊँचाइयों तक पहुँचाया है, टेक्नोलॉजी ने ऐसे उपकरण ईजाद कर दिये हैं जो बहलावे भी हैं, छलावे भी! जिनसे देखते हुए बात भी की जा सकती है, नज़र भी रखी जा सकती है। आज टेक्नोलॉजी और विज्ञान से इन्सान समुद्र की गहराइयों से लेकर आसमान की ऊँचाई तक को माप सकते हैं। लेकिन याद रहे, एक-दूसरे की मन की गहराई से लेकर उसके सपनों की उड़ान तक को सिर्फ़ आमने-सामने के संवाद से ही समझा जा सकता है। संवाद का कोई विकल्प नहीं।

सैंया आवो हमरी नगरिया
करनी है सौ सौ बतियाँ

24

बूँदन भीजे मोरी सारी मैं कैसे आऊँ

बूँदन भीजे मोरी सारी मैं कैसे आऊँ
एक तो मेह झमाझम बरसे
दूजे पवन झकोरे
जाऊँ तौ भीजै मोरी पचरंग चुनरिया
नाहिं त छुटत सनेह...

एक नवविवाहिता अपने प्रियतम से कहती है, मैं तुम्हारे पास कैसे आऊँ, वर्षा की बूँदों से मेरी साड़ी भीग जायेगी और ना आ सकी, तो प्रेम छूटने का भय है।

नवविवाहिता की ऐसी मनःस्थिति देख सास एक गुरु की तरह अपनी बहू को प्रेम का मन्त्र देती है, वह कहती है, बहू तुम्हें कैसे भी अपने सनेह यानी प्रेम की रक्षा करनी चाहिए। यदि प्रेम रहेगा, तो अनेक चुनरिया प्राप्त होंगी, लेकिन प्रेम की रक्षा नहीं हुई, तो सब व्यर्थ है। क्या सुन्दर गीत है और क्या अद्भुत सार, जहाँ हम लोगों ने सास-बहू के अन्तःसम्बन्ध पर ऐसे कितने ही गीत सुने हैं, जहाँ सास का बहू के प्रति दमनकारी एवं क्रूर भाव दिखता है। वहाँ यह गीत अपने आप में एक मिसाल है, जहाँ सास की एक माँ, एक गुरु की भाँति विराट उपस्थिति दिखती है। मैं मंच से यह बात प्रायः कहती हूँ कि लोकगीत और कुछ नहीं, बल्कि लोगों के जिये गये अनुभव हैं, जो शब्द पा गये, आकार पा गए।

आज आपको एक ऐसी घटना के बारे में बताने जा रही हूँ, जिसे पढ़कर आप भी भावुक हुए बिना नहीं रह पायेंगे। कुछ वर्ष पुरानी बात है, एक कार्यक्रम के सिलसिले में हज़ारीबाग आना हुआ था। राँची के पास हज़ारीबाग बहुत ही ख़ूबसूरत शहर है। हमारे आयोजक ने स्टेडियम में विशाल आयोजन किया था, अनेक साथी कलाकार भी थे। श्रोताओं का प्रेम और पसन्दीदा गीतों को सुनाने की फ़रमाइश से मेरा कलाकार मन बहुत प्रसन्न था। कार्यक्रम समाप्त होते-होते

अचानक बारिश उमड़ आयी थी, हम सबने मन ही मन इन्द्रदेव का आभार व्यक्त किया। कार्यक्रम समाप्त हो चुका था और रिमझिम बरसात में, गीली सड़कों में भीगा शहर बहुत ही सुन्दर लग रहा था।

यहाँ एक समस्या थी। आयोजक ने भोजन के लिए अपने घर में ही आने के लिए हम सबको इसरार किया था। सामान्यतः कार्यक्रम के बाद मैं कभी किसी पार्टी में नहीं जाती, आयोजक बहुत आग्रह करते हैं, बुलाते हैं, लेकिन मैंने एक नियम बनाया हुआ है, कार्यक्रम के बाद कभी कहीं नहीं जाती। एक तो कार्यक्रम के बाद वैसे ही बहुत देर रात हो जाती है और दूजी थकान। एक बात और गायन से उपजी ऊर्जा को आत्मसात करने की भावना इतनी प्रबल रहती है, कहीं जाना नहीं हो पाता।

लेकिन उस दिन मुझे अपना नियम बदलना पड़ा। कारण बनीं हमारे आयोजक की बहुत ही गरिमामयी पत्नी। उन्होंने दिन में ही मेरे कमरे में आकर कुछ ऐसे अपनेपन से अनुरोध किया कि उनके भाव का सम्मान करते हुए मैं चाह कर भी इनकार नहीं कर पायी और दूसरे, साथी कलाकारों का साथ चलने का सामूहिक अनुरोध! तय हुआ कि सब साथ चलेंगे और जल्द लौट आयेंगे। कार्यक्रम के बाद फ़ारिग होते हुए साढ़े दस बज गये, जब हम सब रात ग्यारह बजे उनके घर पहुँचे, मौसम में हल्की ठण्डक आ गयी थी और बारिश अभी भी रुक-रुककर हो रही थी। सब ने अपनी कुर्सियाँ पकड़ लीं और बातचीत में मशगूल हो गए।

हमारी आयोजिका ने यह समझते हुए कि पहले ही बहुत देर हो चुकी है, तुरन्त भोजन लगवाने की व्यवस्था में जुट गयीं, फिर वे मेरे पास आकर बैठीं और पूछा—'क्या आप कहवा पियेंगी?' मैंने हामी भरी, बातचीत का दौर चल निकला। जैसा कि सामान्यतः होता है परिचय की बात चली, शहर की बात चली, संगीत की बात चली, ज़िन्दगी की बात चली, राजनीति की ओर बातचीत मुड़ी ही थी कि कमरे में एक सलोनी-सी युवती दाख़िल हुई। श्रीमती चौधरी लहककर बोल उठीं—'ये है हमारी बेटी रूबी!' हरे रंग का सलवार-कुर्ता पहने, अपना दुपट्टा सँभालते हुए एक ख़ूबसूरत सी लड़की मेरे सामने कहवा लेकर आ खड़ी हुई थी। श्रीमती चौधरी बोलीं—'हमारी बेटी रूबी डॉक्टर है। इस समय दिल्ली में मैक्स हॉस्पिटल में जॉब कर रही है। छुट्टी मिल गयी, तो हमारे पास आ गयी।'

थोड़ी देर बैठकर रूबी भीतर चली गयी, तो मिसेज़ चौधरी ने बहुत ठण्डी साँस लेते हुए कहा, रूबी आती है तो घर, घर जैसा लगता है। मैंने सामने

लगी तस्वीर देखकर पूछा और आपका बेटा, वह क्या करता है? श्रीमती चौधरी थोड़ा रुक गयीं और बोलीं–'मालिनी जी, समझ लीजिए कि हमारा बेटा होकर भी हमारे लिए नहीं है और रूबी, रूबी हमारी बहू है।' सुनकर मुझे झटका सा लगा! बेटा नहीं है! मैं हतप्रभ थी। मिसेज चौधरी बोली–'मुझे मालूम है, आप क्या सोच रही हैं मालिनी जी, बस यह समझ लीजिए रूबी ही हमारी बहू है, बेटी है, यही हमारा बेटा।' मैं मौन रही। कहीं न कहीं विषय को न समझ पाने की असमंजसता थी। ऐसे संवेदनशील मसले पर अधिक ना कुरेदने की रवायत निभाते हुए मैंने आगे कुछ नहीं पूछा। बाहर बारिश तेज हो गयी थी, सब भोजन की टेबल की ओर बढ़ चले। रूबी आगे से आगे बढ़कर सबका ध्यान रख रही थी। बातचीत कहकहों के बीच भोजन शुरू हो गया, लेकिन मेरे दिमाग़ में लगातार श्रीमती चौधरी की कही बात घूमती रही। क्या वे यह बताना चाह रही थी कि रूबी उनकी बहू है, लेकिन अब बेटा उनके साथ नहीं रहता, सच क्या था? रूबी का उनके घर इतने अधिकार और प्रेम से रहने से स्पष्ट था कि उन्होंने अपनी बेटे और बहू में बहू का चुनाव किया था। हम सब ऐसे समाज में पले-बढ़े हैं, जहाँ हमने माँ का बेटों के प्रति पक्षपाती रवैया देखा है, लेकिन यहाँ तो बात ही कुछ और थी। क्या माँ ने ममता के ऊपर न्याय को चुना था? क्या एक माँ ने अपने बेटे को उसके अपराधों के लिए क्षमा ना करने का निर्णय लेते हुए निर्दोष बहू को बेटी मानकर अपना लिया था और इस निर्णय में दोनों पति-पत्नी एक साथ थे, यह सोचकर मुझे अचरज हो रहा था।

मेरे मन में जिज्ञासा तो थी, लेकिन मौक़े की नज़ाकत को समझते हुए मुझे शब्दों का मौन ही श्रेयस्कर लगा। भोजन के बाद विदा लेते हुए मैं श्रीमती चौधरी के पास गयी, मैंने उनका हाथ पकड़ा और कहा 'आज आपसे मिलकर बहुत अच्छा लगा यक़ीन मानिए, बहुत अच्छा लगा।' उन्होंने बहुत लाड से रूबी को आगे किया और कहा, 'मालिनी जी, आप इसे अपना आशीर्वाद दीजिए। यह नया जीवन आरम्भ कर रही है। हमने और चौधरी साहब ने इसके लिए बहुत अच्छा लड़का ढूँढ़ा है, वह भी डॉक्टर है। अब दोनों मिलकर प्रैक्टिस करेंगे दिल्ली में और मैं तारीख़ आपको बताऊँगी, शादी में आपको अवश्य आना है। यहीं हज़ारीबाग से हमारी बेटी की डोली उठेगी।' मेरी आँखों के कोर छलक आये, मेरे दोनों हाथ रूबी को आशीर्वाद देने के लिए बढ़े और फिर उन्हीं हाथों में मैंने श्रीमती चौधरी को गले लगा लिया। उनका बेटा कहाँ था? उसे क्या हुआ? रूबी क्यों अकेले थी? क्या बीता इस बीच, मैं नहीं जानती थी, मैं जानना भी

नहीं चाहती थी। मेरे सामने एक ऐसी सास खड़ी थी, जिसने अपनी बहू का घर दोबारा बसाने की हिम्मत दिखाई थी।

हमारे आयोजक चौधरी जी हमें गाड़ी पर बैठाते हुए बोले—'रूबी की शादी में आपको दिल्ली ज़रूर आना है, मैं टिकट भेजूँगा।'

गाड़ी चल पड़ी...शीशे के पार बारिश की बूँदें मोतियों सी झलक रही थीं और मुझे बहुत पहले सुने हुए एक अप्रतिम लोकगीत की पंक्तियों के अर्थ समझ में आने लगे...

बूँदन भीजे मोरी सारी मैं कैसे आऊँ बालम
एक तो मेह झमाझम बरसै
दूजे पवन झकोरे
जाऊँ तौ भीजै मोरी पचरंग चुनरिया
नाहिं त छुटत सनेह।
नाहीं डर बहुअरि भीजै क चुनरिया
डर बहुअरि छुटै क सनेह।
नेहिया से चुनरी बहुत होइहैं बहुअरि
चुनरी से होई न सनेह।।

तीन महीने बाद श्वेत और नीले रंग का न्योता आया, लिखा था—'रूबी वेड्स आशीष'। कन्या के माता-पिता के नाम के स्थान पर चार लोगों के नाम थे। एक, जिनकी कोख से रूबी ने जन्म लिया और दूसरा नाम हमारे हज़ारीबाग के उसी आयोजक दम्पत्ति का था। न जाने क्यूँ मेरी आँखें छलछला आयीं, यह भाव आनन्द का था, रूबी के सुखद भविष्य की कामना का था या फिर समाज में अच्छाई का भाव अभी शेष है इसका सन्तोष! विवाह में रूबी को पति के हाथों में सहेजती सौंपती वे जिस तरह रो पड़ीं, उस क्रन्दन से हम सबके आँसू छलक आये। अपने हाथों से उन्होंने अपनी बेटी का जीवन सँवारा था। ये अनूठा विवाह था, एक सास ने अपनी बहू का नया जीवन सँवारा था। समाज में रिश्तों की एक नयी स्थापना की थी। मातृत्व की नयी परिभाषा गढ़ी थी। आज रूबी अपने नये जीवन में अत्यन्त प्रसन्न है। बना रहे सौभाग्य और गाढ़ी होती रहे मातृत्व की परिभाषा।

25

चल हंसा वाही देस

वर्ष था 1982। गोरखपुर की एक सर्द रात। दिसम्बर का महीना था, ग़ज़ब की ठण्ड! चारों ओर से दरवाज़े बन्द थे, अँगीठी जल रही थी। मुझे अच्छी तरह से याद है—हम सब टोपा, मोजा पहने हुए, आग तापते हुए ठिठुरन कम करने का प्रयास कर रहे थे कि अचानक दरवाज़े की घण्टी बजी।

ऐसी ठिठुरन भरी सर्दी में और वह भी जब शाम ढल गयी हो भला कौन आया होगा। पिताजी डॉक्टर थे मरीज़ों का आना-जाना लगा ही रहता था, यही सोचकर बड़े भाई ने दरवाज़ा खोला तो सामने खड़ी थीं 'माताजी'। तन पर हंस-सी सफ़ेद सूती साड़ी और सर पर स्कार्फ, पैरों में मोजा-जूता और हाथ में उनका चिर-परिचित काला बैग, यह थीं माताजी। उनका नाम क्या था, वे क्या करती थीं, यह हम बच्चे नहीं जानते थे। उस उम्र में यह जानने-समझने की अक्ल ही कहाँ थी, लेकिन यह अवश्य विचित्र लगता कि जिस उम्र में दादी, नानी चारपाई पकड़ लेती हैं, उस अवस्था में भी कुल साढ़े चार फुट की श्यामवर्णा मुस्तैद किन्तु अत्यन्त स्नेही माताजी एक काला ब्रीफकेस लिए कभी भी घर आती-जाती रहती थीं और यह काला ब्रीफकेस उनका चिर साथी था। सब उनको माताजी ही कहकर पुकारते थे।

माताजी इस ठण्ड में भी आयी हैं। माँ ने आगे बढ़कर उनका स्वागत किया। पिताजी ने आवाज़ लगायी चाय बनाने के लिए और माताजी बड़े आराम से मोढ़े पर बैठकर सुस्ताने लगीं। इन्सान अपने माता-पिता के दिये हुए संस्कारों के अतिरिक्त परिवेश से भी संस्कार लेता है। माताजी का असाधारण परिश्रम हम सबके लिए कौतुक का विषय था। आज सोचती हूँ, 50 वर्ष पूर्व इस उम्र में भी ऐसा असाधारण परिश्रम करने वाली माताजी कितनी विलक्षण महिला थीं। आज तो चारों ओर महिला सशक्तिकरण की बात होती है, लेकिन माताजी के लौह व्यक्तित्व की कहानी समाज द्वारा पुरुषों के लिए रचे

गये आसमान से अपने लिए छीनकर लायी गयी एक मुट्ठी आसमान पाने की करिश्माई कहानी है।

गोरखपुर के एक प्रतिष्ठित कायस्थ परिवार की बहू थीं वे। ब्याह हुआ और जल्द ही गोद में एक छोटा बालक खेलने लगा। पितिया ससुर अंग्रेज़ों के मुंशी थे। मुंशी तो कहने को थे, अंग्रेज़ कलेक्टर के बड़े प्रिय थे। उनके लिए सारी मिल्कियत सँभालते थे। नतीजतन रुतबे के साथ-साथ दौलत बढ़ी। बेहिसाब भूमि और बेशुमार ताक़त। परिवार समृद्ध था, लेकिन समय बदलते देर कहाँ लगती है? 1947 में देश को आज़ादी मिली। लम्बी प्रतीक्षा के बाद आज़ादी आयी, लेकिन साथ में अनेक बुनियादी चुनौतियाँ लायी। सबसे बड़ी चुनौती थी भारत में सदियों पुरानी सामन्ती व्यवस्था। देश में आर्थिक असमानता समाप्त करने के लिए सरकार 1950 में ज़मींदारी उन्मूलन क़ानून लेकर आयी। देखते ही देखते माताजी के परिवार की पुरानी ज़मींदारी जाती रही और इस दुःख में बुजुर्ग पितिया ससुर कुछ समय में ही चल बसे।

बड़ा परिवार था। रख-रखाव देख-रेख वाले अनेक आदमी, उनका परिवार, ससुर को पिता से विरासत में बड़ी कोठी के साथ न सँभलने वाली ज़िम्मेदारियाँ मिलीं, जो उन्हें कोर्ट-कचहरी के मुक़दमों में गलाने लगीं। ससुर को लकवा मार गया, कोई देखने वाला नहीं रहा, सारा धन लेकर परिवार के ही कुछ लोग चम्पत हो गये। ऐसा समय आ गया जब ससुर के पास पाँच बच्चों के परिवार और इस बड़ी कोठी के अलावा कुछ न बचा। कुछ समय बाद वे भी चल बसे।

बीमार ससुर, कर्कशा सास, तीन छोटी ननदें, छोटा देवर और दुनियादारी से दूर सरल पति को लेकर और दस बरस के पुत्र के साथ इस बड़ी हवेली में माताजी ने अपना नया जीवन आरम्भ किया। जिस घर में कभी दस नौकर-चाकर थे, उस घर का बेटा, यानी माताजी के पति एक व्यापारी के यहाँ एकाउंटेंट की नौकरी करने लगे। कमाने वाला एक था और खाने वाले अनेक। धीरे-धीरे समय बीत रहा था। दो ननदें विवाह को तैयार थीं, उनके विवाह के लिए धन कहाँ से आये, इसी चिन्ता में घुले रहते माताजी और उनके पति। कई बार उनके मन में आया कि वे भी कुछ काम करें, घर की कमाई में योगदान दें। वे शिक्षिता थीं और महत्त्वाकांक्षिणी भी! देवरिया में अपने क़स्बे में इंटर पास करने वाली चार बेटियों में से एक थीं। लेकिन इतने बड़े ख़ानदान की बहू होने की मर्यादा ने पैरों में संकोच की बेड़ियाँ बाँध रखी थीं।

अपना हाथ जगन्नाथ–यही मानकर माताजी घर पर बड़ी, पापड़, अचार बनाकर बेचने लगीं। सास और पति को अच्छा तो नहीं लगा, लेकिन माताजी अब किसी की सुनने वाली नहीं थीं। उनके परिश्रम से घर में थोड़ा बहुत पैसा आने लगा। एक ननद का ब्याह निपट गया, लेकिन अभी दायित्वों का बरगद बहुत बड़ा था।

इसी बीच वज्रपात हुआ। माताजी के पति दीनानाथ जी का एक सड़क दुर्घटना में अचानक देहान्त हो गया। माथे का सेनुर मिटा, चूडियाँ टूटकर बिखर गयीं, माता जी की सतरंगी दुनिया उजड़ गयी। रंग उजड़ गये, परिवार-ख़ानदान के सब लोग जुटे, संवेदना जताई, जीवन की रीति समझायी, तेरहवीं के बाद परिवार वाले एक-एक कर के विदा लेने लगे और इस प्रकार दीनानाथ जी को गुज़रे एक माह से ज़्यादा व्यतीत हो गया। माताजी ने हंस सी सफ़ेद साड़ी, जो तन पर ओढ़ी तो वह अन्तिम साँस तक उनकी पहचान रही।

एक दिन उनके ससुर जी के बुजुर्ग मित्र राय साहब घर आये और माता जी से बोले, 'बेटा, दीनानाथ को मैंने बचपन से देखा है, वह तो बहुत सरल था, किन्तु तुम्हारे ससुर, यानी हमारे मित्र, वे दुनियादारी ख़ूब जानते थे। यह बताओ, उन्होंने कोई बीमा वग़ैरह करवाया था या नहीं। माताजी चौंक गयीं। बीमा शब्द ही उन्होंने जीवन में पहली बार सुना था। उन्होंने ना में सर हिलाया और साथ ही पूछा कि यह बीमा क्या होता है? लम्बी साँस लेते हुए राय साहब ने कहा, बहू, समाज और व्यवस्था कितनी भी निष्ठुर लगे, किन्तु व्यवस्था सबकी शुभचिन्तक होती है। किसी भी आकस्मिक अहित, आघात की व्यवस्था समाज ने बीमा के रूप में कर रखी है।

सुनते हैं कि बेबीलोन और मेसोपोटामिया में आज से हज़ारों वर्ष पूर्व बीमा की व्यवस्था थी, लेकिन भारत में आज बीमा का वर्तमान स्वरूप इंग्लैंड से आया है। कलकत्ता में 'ओरिएंटल लाइफ इंश्योयोरेंस कम्पनी' है। उसके अलावा और भी कई कंपनियाँ हैं। तुम्हारे ससुर बड़े-बड़े सेठों के लिए बीमा व्यवसाय करते थे। तुम्हें कुछ तो जानकारी होगी? माताजी हैरान थीं। उस ज़माने में बहुओं को ससुर के काम का भला क्या पता होता, लेकिन यह जानकर उन्हें बहुत कौतूहल हुआ कि आकस्मिक दुर्घटना या कोई विपदा घट जाने पर या किसी अपने का देहान्त हो जाने पर कोई व्यवस्था सुरक्षा की गारंटी लेती थी और उसे ही बीमा कहते थे।

राय साहब तो चले गये, लेकिन माताजी के मन में बीमा के बारे में जानने की अलख जग चुकी थी, उन्होंने एकान्त में विचारा। भरी जवानी में पति का

अचानक जाना, पारिवारिक रोज़गार में विराम लग जाना, इससे बड़ी विपदा क्या होगी और तब उन्होंने बीमा के बारे में गम्भीरता से विचारना आरम्भ किया। दफ़्तर के मुंशी से मालूम चला कि सरकार ने जीवन बीमा व्यवसाय का राष्ट्रीयकरण कर भारतीय जीवन बीमा निगम की स्थापना की है, यानी अब सरकार स्वयं अधिकृत रूप से जीवन सुरक्षा योजना को लेकर आगे आयी है। हालिया अप्रत्याशित आघातों से माताजी का जीवन से भरोसा टूट गया था। उनके साथ जो हुआ, वह हुआ। अब वे अपने छोटे बच्चे के भविष्य को सुरक्षित करना चाहती थीं।

रात में बच्चे को सुलाते समय माताजी की आँखों से नींद कोसों दूर थी। सुबह हुई। माताजी का रूप बदला हुआ था। पुरानी फुर्ती से घर के सब काम निपटाने के बाद उन्होंने छोटे देवर को बुलाया। देवर आकर खड़ा हुआ, तो देखा हंस सी सफ़ेद साड़ी पहने माताजी तैयार खड़ी थीं। देवर, भाभी को यूँ देख अचकचाया। अभी भाई को गये अधिक दिन नहीं हुए थे। उसकी आँखों में सवाल देख माताजी ने कहा—'चल प्रकाश, मुझे जीवन बीमा के दफ़्तर ले चल। मुझे ज़रा बीमा समझना है।'

माताजी की बात सुन देवर क्या, घर में सभी हतप्रभ रह गये। सास ने बहू को ऊँची आवाज़ में फटकारते हुए कुछ कहा, लेकिन माताजी अटल निर्णय ले चुकी थीं। वे दरवाज़े की ओर बढ़ चुकी थीं, एक उदास देवी की तरह। देवर प्रकाश साथ हो लिया और रिक्शे में बैठ दोनों दफ़्तर चल दिए। इतने बड़े घर में बड़ी बहू बनकर आयीं थीं, माताजी और आज बदली हुई परिस्थिति ने उनके व्यक्तित्व को बदलकर रख दिया था। यह वह पुरानी माताजी नहीं थीं, यह दृढ़ता की प्रतिमूर्ति तो कोई और ही थीं।

कबीर शायद उन्हीं के लिए कह गये—

ऐना सरीर को कर लो घोड़िला सूरत लगाम लगाना
कहत कबीर सुनो भाई साधो कदम ताल मिलाना...

माता जी ने कठोर अनुशासन और आत्मबल से अपने तन-मन को साध लिया था। आज मैं कल्पना करती हूँ कि जो स्त्री कभी अकेले घर से बाहर नहीं निकली थीं, किस आत्मबल से वह पुरुषों से भरे दफ़्तर में मैनेजर से जीवन बीमा के बारे में जानकारी मालूम कर रही थीं। मैनेजर कोई चतुर्वेदी जी थे। भले आदमी थे। उन्होंने माताजी की पूरी कहानी सुनी और उनके इरादे से प्रभावित हुए बिना नहीं रह सके। उनसे बात करके बाहर निकलते हुए माताजी को जीवन

का लक्ष्य मिल चुका था। उन्होंने तय कर लिया था कि अब वे घर-घर जाकर स्त्रियों को जीवन बीमा योजना के बारे में समझायेंगी, उनके असुरक्षित भविष्य को सुरक्षित करेंगी।

फिर उस दिन से माताजी रोज़ आसपास की बस्ती, मुहल्लों में जाने लगीं और लोगों को बीमा करने को प्रोत्साहित करने लगीं। उनके इस प्रयास का असर हुआ। एक तो स्त्री होने के कारण वह आसानी से महिलाओं से घर के भीतर जाकर बात कर पाती थीं और उनसे उनके दुःख-सुख जानकर उन्हें जीवन सुरक्षा को नये नज़रिए से देखने के लिए प्रेरित कर पाती थीं। इसके एवज़ में उनके हाथ में अच्छे पैसे आ जाते और उनका समय भी अच्छा कट जाता। धीरे-धीरे माताजी हर घर की सदस्य बन गयीं। आत्मीय और विश्वासी।

समय बीतता गया। बीमार वृद्धा सास की सेवा, ननद-देवर का ब्याह, बच्चे की पढ़ाई, सबके सुख-दुःख, परिवार की सभी ज़िम्मेदारियाँ निभाते हुए माताजी प्रतिदिन यंत्रवत अपने काम पर निकल जाती थीं। हल्दी पिसती है, तो मंगल ही करती है। माताजी का त्याग और परिश्रम रंग लाया और उनका इकलौता बेटा बहुत होनहार निकला। धीरे-धीरे देवर-देवरानी सब अपने जीवन में व्यस्त हो गये थे। सबका भरा-पूरा परिवार था। ननदें अपनी-अपनी ससुराल में नाती-पोते खिला रही थीं। गृहस्थी की डगमगाती नैया माताजी के संयम, त्याग और परिश्रम से पार लग चुकी थी।

माताजी का होनहार बेटा बैंक में बड़ा अफसर बन गया। अच्छे बड़े ख़ानदान में इकलौती बिटिया से ब्याह हुआ। नौकरी बड़ी तो क़द और प्रभाव बढ़ा। बेटे को बैंक की ओर से दिल्ली में आलीशान बँगला, शानदार गाड़ी मिली थी। उसने बहुत प्रयास किया कि माताजी यहाँ सब छोड़कर दिल्ली उसके साथ रहें, लेकिन माताजी ने गोरखपुर और अपना काम छोड़ने से मना कर दिया। वे माया मोह से ऊपर उठ चुकी थीं और उनके लिए अब परिवार की परिभाषा बदल चुकी थी। वे असहाय स्त्रियों की ढाल बन चुकी थीं। विवेकानन्द जी के वेदसूत्र सेवा में ही ईश्वर वास करता है, इस सत्य को वह आत्मसात कर चुकी थीं। बेटे के हठ के आगे तपस्विनी माँ का हठयोग जीत गया। समाज के लिए अपना जीवन होम करने वाले लोग इतने आसान नहीं होते। पूरा शहर ही अब उनका परिवार था। यही था उनका जीवन, दूसरों के दुःख-सुख को समर्पित। सब उनका सम्मान करते थे, उनकी कर्मठता को, उनके स्वाभिमान का सम्मान करते थे। अस्सी वर्ष की उम्र में भी उनकी ऊर्जा और दिनचर्या वही रही, सुबह

उठते ही सूती सफ़ेद साड़ी पहनकर अपना वही काला ब्रीफकेस उठाकर घर-घर जाना, जीवन बीमा के फ़ायदे बताना और उनका बीमा कराना। अपने जीवन को सामने रखकर माताजी ने ना जाने कितने ही जीवन बदल दिये, उन्हें सुरक्षा की भावना की ओर उन्मुख कर दिया।

फिर एक दिन ख़बर मिली कि माताजी नहीं रहीं! हंसनी मुक्त हो चुकी थी। हमारे पिताजी के मुख से निकला, कि सेवा में खपा हुआ माताजी का तन-मन अब अन्ततः प्रभु धाम में विश्राम कर रहा होगा।

आज दिसम्बर की ठण्ड में यह लिखते हुए मैं वापस वर्षों पुरानी उस सर्द रात की स्मृति में जाकर माताजी की तपस्या को विचारती हूँ, विचार कर पुनः-पुनः नमन करती हूँ। माताजी वर्षों पूर्व पराक्रम, पुरुषार्थ और परमार्थ की जीवन्त मूर्ति थीं। सबका जीवन सँवारती हुई, सबके दुःख-सुख में शक्ति बनकर खड़ी हुई और अनजान परिवारों को मातृत्व का दुलार विश्वास देती हुई एक स्त्री। हृदय में ममता का सागर समेटे, किन्तु अन्तर्मन में अनुशासन की कठोर डोर से बँधी लौह महिला सरीखी! इतने वर्ष बीत गये, आज भी उनकी स्मृति मुझे प्रेरणा देती है। ब्रह्मलीन माता जी अब चिरविश्राम कर रही होंगी, या शायद वहाँ भी उन्होंने अलख जगाने का कार्य आरम्भ कर दिया होगा।

चल हंसा वाही देस।
जहाँ पिया बसे चितचोर
सूरत सुहागिन हे पनिहारिन भये ठाड़े बिन डोर
वाही देसवा में नित्य पूर्णिमा कबहुँ न होवे अँधेर
एक सूरज के कौन बतावे, कोटिन सूरज उजैर
चल हंसा वाही देस।

26

छियो राम छियो

शिक्षा क्या है? वही जो आपको संस्कारित करे, आपको ज्ञान प्रदान करे। आज शिक्षा का लक्ष्य अलग है, शिक्षा ग्रहण करने के मायने अलग हैं। हमारी लोककलाएँ शिक्षा और संस्कार की अप्रतिम पाठशालाएँ हैं। दुर्भाग्य से, यह समझने की दृष्टि हम खो चुके हैं। उनसे सीखने की समझ हमें कौन बतायेगा? हमें तो सिखाया गया कि लोककलाएँ पुरातन हैं और लोक-कलाकार अनपढ़ और बुद्धिहीन। हाय रे बुद्धि! जन साधारण के भीतर लोक-कलाओं और लोक-कलाकारों के प्रति एक तरह की उदासीनता और उपेक्षा का भाव देखती आयी हूँ, इसीलिए दुःख से कहना पड़ता है कि इसी उदासीनता के कारण आज हम संस्कारविहीन हो चले हैं। जिन्हें गँवई कहा जाता है, उनकी प्रबुद्धता को देखने की क्षमता अभागों में कहाँ!

भारत की धरोहर की समृद्ध पाठशाला से मिली शिक्षा का एक अनमोल अनुभव आपसे साझा कर रही हूँ–

फागुन का महीना वर्ष 1996

आज़मगढ!

चमकदार रौशनी में लाल नीली कनात से सजा कचहरी का विशाल मैदान। गोलाकार आवृत्ति में बैठे हज़ारों दर्शकों का हुजूम। उन दर्शकों में एक मैं भी हूँ। मंच से घोषणा होती है, अब आप देखिए पूर्वांचल का सुन्दर लोक-नृत्य धोबिया! तालियों की गूँज के बीच मैं देखती हूँ, रणसिंघा की ऊँची ध्वनि के साथ ही मुख्य गायक कलाकार मंच पर आ रहा है, उनके पीछे-पीछे पंक्तिबद्ध होकर अन्य कलाकार रंगस्थल तक आ रहे हैं और इस बीच रणसिंघा की ऊँची ध्वनि के बीच नर्तक नाचते हुए मैदान के मध्य पहुँच जाते हैं, संगीत की गति दूनी हो जाती है। नर्तक एक ही स्थल पर पहले बहुत तेजी से घूमते हैं और फिर नाचते-नाचते पूरे वृत्त का चक्कर लगाते हैं। घुंघरुओं की ध्वनि सुन मैं कौतुक से कलाकारों के पाँव देखती हूँ, किन्तु घुंघरू नर्तकों के पाँव में नहीं हैं अपितु

घुँघरू उनकी पोशाक पर बीच बीच में ही टँके हुए हैं। तभी लाल घाघरा पहने चार युवा बालक भी ख़ास तरीक़े से कमर मटकाते हुए नृत्य में शामिल हो गये हैं, अब सब मिलकर गोल-गोल चक्करदार नृत्य कर रहे हैं।

गीत उठता है–

जाहि दिन ननद के भइया
सिरवा सेनुरा डाले, ना ताहि दिनवा
नैहर हो गइल सपनवा दिनवा चारि ना
गोड़वा तोहरे लागिला
ननदिया जी के भइया दिनवा चारि ना
हमके जाई दा नैहरवा दिनवा चारि ना।।

कुछ शब्दों का तिलिस्म, कुछ दृश्यात्मक सम्मोहन...सब मिलकर अनदेखा आनन्द रस जगा रहे थे, ऐसा जो कभी नहीं देखा था। गोरखपुर में मेरा बचपन और किशोरावस्था बीती थी, पूरब के अनेक रंग देखे थे, बिरहा के दक्ष कलाकारों को सुना देखा था किन्तु यह सम्पूर्ण प्रदर्शन अद्भुत था। सम्पूर्ण प्रस्तुति का माधुर्य, ओज और तेज गति मन मोहने वाला था। मादल बजना प्रारम्भ होते ही कलाकार झाल, करताल, घण्टी लेकर एक साथ लय में बजाने लगते और रणसिंघा की गूँज पर तेज गति से घूमते नर्तक और करतब दिखाता लिल्ली घोड़ी का कलाकार जब अचानक भीड़ में प्रवेश कर गया, तो हर्ष ध्वनि के साथ तालियाँ बज उठीं और दर्शकों के बीच अद्भुत समा बन गया।

कार्यक्रम समाप्त हुआ। आगे कुछ और प्रस्तुतियाँ थीं किन्तु मेरा हृदय वहीं अटका हुआ था। मैंने इनसे कहा–'अगले महीने जो मेला आयोजित हो रहा है, उसमें इन्हें आमन्त्रित करना चाहिए, इनका नाम पता मालूम करना चाहिए।' इन्होंने किसी को इशारा किया और कलाकारों को वहीं बुलाने को कहा, लेकिन यह देख मैं विचलित हो गयी। मैंने कहा–'नहीं। इस तरह नहीं। वे लोक-कलाकार हैं, मैं ख़ुद वहीं जाकर उनसे मिलना चाहूँगी।' ये समझ गये 'जब इतना अच्छा लगा है, तो जाओ जाकर उनसे मिलकर आओ।'

और मैं अपने दोनों बच्चों को लेकर पण्डाल के पीछे बने एक अस्थायी पण्डालनुमा घेरे में कलाकारों के बीच पहुँच गयी, मुझे अचानक वहाँ देख वे अचकचा गये। परिचय हुआ, मैंने सबकी प्रशंसा की। दलनायक बहुत शालीनता से उठा, उठकर आगे आया, अपनी भुजाओं को कन्धे के पीछे बाँधे हुए, विनम्रता से प्रशंसा सुनने लगा। कलाकारों में से अधिकांश आपस में व्यस्त थे।

घाघरा पहने बालक दिखे, मैं जितनी उत्सुकता से उन्हें देख रही थी, उससे कहीं ज़्यादा अचरज से वे देख रहे थे। मेरी उपस्थिति से बेपरवाह कुछ कलाकार बीड़ी पी रहे थे, इशारा पाकर वे दूर चले गये थे। शेष कुछ वादक जो ज़ोर-ज़ोर से बात कर रहे थे, मुझे वहाँ देख अब चुप हो गये थे।

अगले महीने आज़मगढ़ में एक बड़ा मेला लगने वाला था, मैंने सोचा उसके लिए इन कलाकारों के नाम दिया जाये, इनका नाम, पता, सम्पर्क लिया जाये, जिससे इस दक्ष दल को मंच मिल सके और अधिक से अधिक लोग पूरब की चित्ताकर्षक लोकविधा को देख सकें।

मैंने दलनायक से पूछा—'आप कार्यक्रम के लिए तो बाहर जाते ही होंगे, एक बड़ा कार्यक्रम बीस दिन बाद होने वाला है, आप बतायें किससे सम्पर्क करना होगा। पता बताइए और अनुमानित मानदेय का संकेत दीजिए।'

दलनायक ने मेरी बात सुनी, मुझसे कहा—'मुझे सबसे बात करनी होगी।' मुझे वहीं खड़ा छोड़कर, वह वापस अपने दल से बात करने चला गया। दो-तीन मिनट बाद लौटकर आया और उसने जो उत्तर दिया, उस उत्तर ने मेरी दृष्टि खोल दी।

वह बोला—'साहेब हम सब किसान हैं। खेतों में कटाई का समय आ गया है। कटाई में एक महीना लग जायेगा। फिर गेहूँ जमाना, सँभालना। डेढ़ महीना बाद जब जहाँ कहियेगा, हम लोग आ जायेंगे। पैसा नहीं चाहिए। आने-जाने का भाड़ा मिल जाये। हाँ, हममें से कुछ लोग मजूरी करते हैं, उनके लिए दो-तीन सौ मिल जायें, और क्या। दो महीने बाद कहिए तो आ जायें।'

मैं मूर्ख, इन्हें मंच देने का विचार लेकर मिलने आयी थी, लेकिन ये कलाकार तो कितने बड़े थे, कितने महान! ये सच्चे कलाकार थे, जो स्वांतः सुखाय कला धर्म से जुड़े थे। संगीत का मूल धर्म यही तो है, स्वान्तः सुखाय गायन। वे धोबी समाज से थे, कठिन परिश्रम में संगीत उनका मित्र था। कला उनकी थकान को मिटाने का साधन। उनकी कला धनोपार्जन के लिए नहीं थी। मैंने समझने में भूल की थी, मैंने दोनों हाथ जोड़ उन्हें प्रणाम किया। मेरे सामने कलाकार नहीं, मानो गुरु खड़ा था। संस्कृति का नया गवाक्ष खुल गया था। समझ में आने लगा, लोक-संगीत को जन-जन तक ले जाने के मेरे प्रण में ऐसे अनुभव ही मेरा मार्ग प्रशस्त करेंगे।

कई वर्ष बाद जब जुनून रियलिटी सीरियल में मुझे लोक-संगीत की छटा दिखाने का अवसर मिला, जो वास्तव में गायन की प्रतिस्पर्धा थी, इसमें निर्णायकों के मूल्यांकन के साथ ही जनता के वोट तय करते थे कि कलाकार आगे जायेगा

या विदा होगा। कार्यक्रम में मैंने पारम्परिक वेश लहँगा-चुनरी ओढ़ उत्तर प्रदेश की लगभग सभी लोकविधाएँ सुना डाली थीं, सोहर, बन्ना, फाग, चैती, कजरी, झूला, ब्याह, विदाई, टोना, नकटा, रसिया, झूमर आदि अनेक विधाएँ सुना डाली थीं। एक सप्ताह मैंने एक अभूतपूर्व निर्णय लिया। तय किया कि मैं धोबिया सुनाऊँगी। लेकिन धोबिया की प्रस्तुति में यथार्थ कैसे आये, इसके लिए मैंने निर्णय ले लिया कि मैं पुरुष वेश धारण करूँगी। फिर क्या था, धोती, कुर्ता, गमछा, पगड़ी, मूँछें तान मैंने रियलिटी शो जुनून प्रतियोगिता में धोबिया गीत नाचकर प्रदर्शित किया।

इधर मैं मंच पर आयी, मेरा पुरुष वेश और उत्तर प्रदेश के धोबिया का खांटी रंग देख स्टूडियो में एंकर दर्शक निर्णायक समेत सब नाच उठे। गीत था–

निमिया के कौड़िया तबहीं नीक लागे
जब नीमकौरी होये
छियो राम छियो
छियो राम छियो
बढ़िया बरैठा तबहीं नीक लागे
जब धोवे बगुला के पांख
छियो राम छियो
छियो राम छियो।।
रोटिया लई के चली धोबनिया
गंगा जी के घाट
छियो राम छियो...

प्रस्तुति समाप्त होते हुए जब मैं संचालक अनु कपूर को बता रही थी कि यह धोबिया है, हमारे गाजीपुर, मऊ के मेहनतकश धोबिया समाज के श्रम का शृंगार, उस क्षण अपना होना, अपनी लोक-कला को सामने लाने के प्रयास में अपना जीवन सार्थक लगने लगा...पहली बार लगा...मैं माटी का ऋण चुका रही थी...

छियो राम छियो...

'धोबिया' श्रम को समर्पित पूर्वांचल की प्रमुख लोक-कला है। धोबिया यानी खाँटी लोक में जन्मा नृत्य। इसका शास्त्र कभी बना नहीं और ना ही इसकी आवश्यकता किसी ने अनुभव की। धोबिया पूर्वी उत्तर प्रदेश में धोबी समाज के अपने उत्सव का नृत्य व मांगलिक अवसरों पर अभिव्यक्त की जाने वाली पारम्परिक कला है। यह लोक-कला 'सामूहिक लोक-कला नृत्य' के रूप

में जानी जाती है। 'धोबिया' के अन्तर्गत धोबिया लोकगीत, धोबिया नाच, धोबिया नौटंकी, धोबिया वेश-भूषा, धोबिया लोकसंगीत, धोबिया मिथक, धोबिया वाद्ययंत्र, धोबिया लोक-संस्कृति, धोबिया साहित्य, धोबिया कहावतें और धोबिया लोक-विश्वास भी धोबिया लोककला का ही हिस्सा हैं। इनमें ऐसा साहित्य मिलता है, प्रेरक जीवन दर्शन दिखता है, समाज का ऐसा सजीव चित्रण दिखता है, जिन्हें आज के तथाकथित शिक्षित लोगों को पढ़ना-सीखना-समझना चाहिए। धोबिया के गीत आम जीवन से जुड़े होते हैं, इसलिए इनका साहित्य, भारतीय ग्राम जीवन के सामाजिक परिदृश्य के चित्र जैसे दिखते हैं। धोबी समाज द्वारा मृदंग, रणसिंगा, झाँझ, डेढ़ताल, घुँघरू, घण्टी बजाकर नाचा जाने वाला यह नृत्य जिस उत्सव में नहीं होता, उस उत्सव को ही अधूरा माना जाता है। रणसिंघा आज दुर्लभ हो चला लोकवाद्य है। और जब रणसिंघा की ध्वनि के साथ दो से चार लिल्ली घोड़ी कलाकार रंगीन घोड़ी पर सवार प्रवेश करते हैं, माहौल बन जाता है। साथ ही पैर और कमर में घुँघरू, कमर में लाल-नीला घाघरा पहने और सिर पर पगड़ी बाँधे कुछ नर्तक...और हाथों में करताल के साथ कलाकारों के बीच काठ का सजा घोड़ा यानी लिल्ली घोड़ी जब ठुमुक-ठुमुक नाच उठती है, तो गायक-नर्तक भी उसी के साथ झूम उठते हैं। और यह दृश्य देख रहे श्रोता समाज भी स्वयं को नृत्य करने से रोक नहीं पाते। लिल्ली घोड़ी के आकर्षण को वही समझ सकता है, जिसने उसे देख रखा हो। घोड़ी का बाना धरे नर्तक जब मंच पर चक्कर मारता है, तो दर्शक मन्त्रमुग्ध हो उठते हैं। परम्परानुसार धोबिया लोकनृत्य गाँव में धोबी समाज के परस्पर जन्म, मुण्डन, विवाह मांगलिक उत्सव के अवसर पर होता था। उस दौर में इस लोकनृत्य के कलाकार अपनी प्रस्तुति के लिए कोई विशेष रूप सज्जा अथवा विशेष मंच सज्जा नहीं करते थे, किन्तु कालान्तर में नृत्य की प्रस्तुति में बदलाव आया है। कलाकारों को मंच मिला और धोबिया लोकनृत्य को नया स्वरूप मिला। यह उत्कर्ष दिलाया पूर्वांचल के गौरव, गाजीपुर की माटी के लाल, प्रसिद्ध धोबिया लोककला परम्परा के उत्कृष्ट कलाकार बाबू नन्दन जी ने। उनके चिन्तन और परिश्रम का ही परिणाम है कि शादी-विवाह के मंगल अवसर पर गाँव, क़स्बों में प्रस्तुत किए जाने वाला धोबिया नृत्य आज विश्व फलक पर पहुँच चुका है।

एक यह बात भी ख़ास है कि धोबिया के सभी वस्त्र, सामान, यन्त्र, साज़ कलाकार स्वयं बनाते हैं। मादल जैसे साज़ से लेकर लिल्ली घोड़ी की पोशाक आदि सब गाँव में मिलकर बनायी जाती है। ये सभी कलाकार वैसे तो अपनी

पुश्तैनी खेती-किसानी करते हैं, लेकिन जब कार्यक्रम देने जाना होता है, तो फिर साथ में मिलकर तैयारी होती है और सजधज के साथ पूरी मण्डली गन्तव्य के लिए रवाना हो जाती है।

यह भी अद्‌भुत संयोग है, कुछ साल पहले केन्द्रीय संगीत नाटक अकादमी द्वारा आज़मगढ़ में लोक-कला महोत्सव आयोजित किया गया जिसमें मैं प्रस्तुति के लिए आमन्त्रित थी। मुझसे पहले धोबिया का कार्यकम हुआ था। मैने धोबिया के कलाकारों को मंच पर अपने साथ नृत्य करने के लिए आमन्त्रित किया और इस घटना को स्मरण किया। इसी आज़मगढ में गुरु-ज्ञान मिला था, तब मैं एक दर्शक थी। आज इसी नगर में मंच साझा करने का सौभाग्य मिला था। इस क्षण का महत्त्व बहुत बड़ा था। जैसे कालचक्र पूरा हुआ था। इस सरस धोबिया गीत पर साथ गाते, नाचते मैं उन्हीं को याद कर रही थी–

जुड़ाला बलमा जुड़ाला बलमा
हमरे अँचरा के छैयाँ जुड़ाला बलमा
चार महीना पड़े गरमी के दिनवा
धरती अकास जारे बहे ना पवनवा
आपन हाथवा से बेनिया डुला द बलमा
चार महीना रहे रिमझिम बदरिया
सावन महीनवा सखियाँ गावेली कजरिया
आपन हथवा से झुलना डुला द बलमा
चार महीना पड़े सर्दी के दिनवा
ठण्डा ठिठोरे काँपे जियरवा
गरवा से गरवा मिला ल बलमा...

एक समाज विशेष की धरोहर की परिधि से बाहर निकलकर धोबिया गीत अपने आकर्षक गीत संगीत और प्रस्तुति के कारण इतने लोकप्रिय हो गये हैं कि हर मंच पर अब गाये और बजाये जाने लगे हैं। उन्हें अपने कर्म पर, श्रम पर गर्व है, धोबी का जीवन बहुत कठिन है। वह जानता है कि जीवन में दुःख शाश्वत सत्य है। अपने संघर्षमय जीवन का चिन्तन उनके लोकगीतों में ख़ूब झलकता है। सम्भवतः इसीलिए धोबिया में एक से बढ़कर एक निर्गुण सुनने को मिलते हैं।

धूमिल होइगै गदने क चुनरी, बिन धोबिया के गाँव,
की धोबिया पिया लाइ बसावा, की धोबिया के जाऊँ

एक नवविवाहिता अपने पति से कहती है, बिना धोबी के गाँव अधूरा होता है। मेरी गौने की चूनर मलिन हो गयी है या तो धोबी लाकर यहाँ बसाओ, अन्यथा मैं धोबी के यहाँ चली जाऊँगी और इस बिम्ब पर न जाने कैसा कितना अमर साहित्य रचा गया है।

चुनरी में लागल दाग, रंगवा न छूटे
धोऊँ सारी उमरिया रंग ना छूटे

हर समाज की अपनी परम्परा है, अपना दर्शन नियम है। धोबिया की उत्पत्ति के पीछे एक प्राचीन सामाजिक व्यवस्था है, जिसने अपनी पसीने की बूँदों को कला की अभिव्यक्ति के द्वारा अमृत बना डाला। धोबिया समाज का परोपकार समाज पर एक ऋण है। सबको उजला बनाने और मैल छुड़ाने का कार्य तो प्रभु ही कर सकते हैं, इसलिए धोबिया लोकनृत्य देखते हुए उनकी कला में आध्यात्मिक चेतना दिखाई देती है।

धोबिया भइया मलि धोवो
मोरी मईल भई चुनरी
पहिरै नैहर की नगरिया
पाँच अंश के तागा
दस अंश कै सुइयाँ
लाल यंत्र कै करघा लगे
सतगुरु करीन तैयारियाँ...

धोबिया विधा को मंच पर अभिव्यक्त करते हुए न जाने क्यों कबीर याद आ जाते हैं।

धोबिया जल बिन मरत प्यासा

27

जैसे उनके दिन बहुरैं, वैसे सबके दिन बहुरैं

कुछ दृश्य ऐसे स्मृतियों में आते-जाते रहते हैं, जैसे फ़िल्म की कोई रील बार-बार आगे-पीछे हो रही हो। घर में दीपावली की रौनक है। घर सजा हुआ है, आतिशबाज़ी और पटाखों के शोर के बीच हम सब पूजा की तैयारी कर रहे हैं। सामने चौक सजी है। गौर पर रोली, कुंकुम, हल्दी, दूब, फूल, सब चढ़े हुए हैं, दादी को, माँ को घेरकर बड़ों और बच्चों का गोला बैठा है। माँ के हाथ में अक्षत हैं, फूल और अक्षत हमारी मुट्ठी में बाँधकर वह हमें कहानी पर ध्यान देने के लिए समझा रही हैं, हम बच्चे उत्सुक आँखों से दादी को निहार रहे हैं। दादी बहुत मन से कहानी सुनाती थीं, हम सभी भाई-बहनों को इसी अवसर की प्रतीक्षा रहती। दिवाली के त्योहार में सबसे अच्छा लगता, धनतेरस से आरम्भ होकर भैया-दुइज तक पाँचों दिन दादी से ढेर सारी कहानियाँ सुनने को मिलतीं। हर त्योहार की अलग कहानी! इधर दादी ने कथा आरम्भ कर दी है।

एक बुढ़िया बहुत निर्धन थी। परिवार में बेटा-बहू थे, जिनकी कोई सन्तान न थी। बुढ़िया घर-घर जाकर काम करके किसी तरह गुज़ारा करती थी। उम्र के साथ उसकी आँखों की ज्योति भी चली गयी। अब न उसे दिखाई देता, न घर में भोजन का कोई दाना। वह प्रतिदिन गणेश जी को याद करती, दिन-रात रोती रहती थी। एक दिन, उसके कष्ट से द्रवित होकर गणेश जी बुढ़िया को दर्शन देते हैं, कहते हैं—'बुढ़िया माई, मैं तुम्हारे कष्ट दूर करने आया हूँ। कोई एक वर माँगो।' बुढ़िया होशियार थी, वह सोचने लगी कि एक ही वर माँगने का अवसर है, क्या माँगूँ! तभी उसने एक तरकीब सोची और बोली—'आप वर देना चाहते हैं, तो मैं यही माँगती हूँ कि मैं सोने के कटोरे में दाल-भात खाते हुए अपना पोता देखूँ।'

यह सुनकर गणेश जी मुस्कुराये, बोले—'बुढ़िया माई! तुमने एक वर में तीन-तीन वर माँग लिए। अपनी आँखें, अपना पोता और बेटे का वैभव! ऐसा ही हो।' तथास्तु कहकर वे अन्तर्धान हो गये। बुढ़िया की आँखें ठीक हो गयीं, घर धन-धान्य से भर गया, बहू के सुन्दर बेटा पैदा हुआ और इस तरह

बुढ़िया अपने नाती-पोते के साथ सुखी-सुखी रहने लगी। इसके बाद दादी भक्ति-भाव से अक्षत, फूल छोड़ते हुए कह उठती हैं—'जैसे उनके दिन बहुरें, वैसे ही सबके दिन बहुरें।' माँ हम सबको संकेत देती हैं और हम सब भाई-बहन कथा के समापन के इस स्वस्ति कामना को दोहराते हुए मंगल पुष्प और अक्षत समर्पित कर देते हैं। बड़ी बहन दादी को लक्ष्मी जी और साहूकार के बेटी की कहानी स्मरण कराती हैं, तब तक दादी ने देवरानी-जिठानी की कहानी आरम्भ कर दी है और हम सब एक बार फिर हाथ में अक्षत और फूल लिए साँस रोके कहानी सुन रहे हैं।

कथाएँ बदलती रहतीं और कथा-वाचक भी। हर पर्व-त्योहार के साथ-साथ वर्ष-चक्र भी आगे बढ़ता जाता, दादी की जगह अब माँ कथा कहतीं और जब ताई जी के यहाँ त्योहार बैठता, तो ताई जी कथा कहतीं।

समय बीता, हमारा विवाह हुआ, तो अम्मा यानी हमारी सास कथा कहतीं, लेकिन कथा कहने का असली कौशल था हमारी ननिया सास को। न जाने कितनी तो कथाएँ उन्हें स्मरण थीं। हर पर्व, व्रत पर कम से कम पाँच या सात कथाएँ कहतीं। इन कथाओं में सारा कथन किसी स्त्री के बहाने आगे बढ़ता। अहोई अष्टमी हो या हरितालिका, सकट चौथ हो या बहुरा चौथ, करवा चौथ या ज्यूतिया, कथाओं में कर्त्तव्य-पथ से न डिगने वाली दुखियारी नायिका होती, संघर्ष से हार न मानने वाली नायिका होती, सत्य-पथ पर अटल रहने वाली नायिका होती, सबका हित मंगल चाहने वाली नायिका होती। स्त्री परिवार की धुरी है, वही आपद् धर्म निभाती है और वही सबको सहेजती, समेटती परिवार को बाँधे रखती है, सम्भवतः इसीलिए इन कथाओं का कहना और सुनना मातृशक्ति के लिए परस्पर विश्वास का, आस का सम्बल था।

सभी कथाओं में नायिका के परिवार पर एक-से-एक बढ़कर चुनौतियाँ टूटतीं, लेकिन हर कथा का सुखान्त होता, अन्त में सब ठीक हो जाने के भाव को सुनकर हम अबोध बच्चों के मन को भी चैन पड़ता। कथा का समापन इसी मंगल-भावना से सम्पन्न होता है कि जैसे इस कथा का अन्त सुखकारी हुआ, वैसे ही सबके जीवन में अच्छे दिन आयें, दुःखों का निवारण हो, सबके सुख के दिन आयें!

कैसी अद्‌भुत कामना है यह! लोकमंगल की कामना!

इन कथाओं में सबसे सुन्दर सार रहता नीति का! हर कथा में अच्छा करने की शिक्षा होती। तीज, त्योहार, पर्व, पूजा के अवसर पर दादी-नानी

द्वारा कही जाने वाली ये मंगल कहानियाँ कोमल बच्चों के लिए पाठशाला समान थीं, जहाँ बच्चे संस्कार सीखते, अच्छे के साथ अच्छा होगा, इस विश्वास को मन में बिठाकर अच्छा बनने की दिशा में आगे बढ़ते थे। नासमझ लोग कहते हैं, पहले ज़माने की स्त्रियाँ पढ़ी-लिखी नहीं थीं, लेकिन मेरा मानना है, जो नयी पीढ़ी के भीतर मनुष्यता का भाव सींचती रहीं, संसार में उनसे बड़ी शिक्षिकाएँ कौन होंगी? हमारी-आपकी दादी-नानी ने अपने संस्कारों से कैसे अपूर्व-लोक की रचना कर डाली थी।

"आज शुभ वार है, दिन शुक्रवार, स्थान लखनऊ, मैं मालिनी अवस्थी, गोत्र कश्यप, सपरिवार बैठकर गणेश चतुर्थी की पूजा कर रही हूँ। आज इस पर्व पर हाथ में अक्षत, रोली लेकर कथा कहने जा रही हूँ, जो हमने अपनी पुरखिनों से सुनी है।" इस तरह दिन, वार, नाम, गोत्र, व्रत, त्योहार बदलते रहते, बदलती रहतीं कथाएँ, इनमें स्थायी भाव एक ही रहता—सबके सुख की कामना।

कथा के समापन पर हाथ में अक्षत, फूल लेकर अनन्त को समर्पित करती हुई स्त्रियों की यह कामना—इस व्यापक ब्रह्माण्ड में जो जहाँ है, वह सुख से रहे। इस 'सबके' शब्द का अर्थ विशाल है। सब में सर्वस्व आ गया। जड़, चेतन, वृक्ष, जीव, नदी, पर्वत, मानुष सब। समष्टि की लोकमंगल की याचना! सबके दिन बहुरैं, सबके दिन और बेहतर हों। पर्व, त्योहार पर कही जाने वाली इन कथाओं में लोकजीवन का सजीव चित्र दिखता। कहानियों के पात्र विश्वास और आशा जगाते थे। धैर्य रखो, सत्कर्म के पथ से न टलो। कथा के नायक-नायिका की तरह सबकी परीक्षा ली जा रही है और इस परीक्षा में सब विजयी हों।

सोचिए, कि हमारे यहाँ कभी किसी पुरखिनों ने कथा समापन पर कभी यह कामना नहीं की, कि सिर्फ़ उनका हित हो, उनका ही मंगल हो। वे यह भी तो कह सकती थीं, 'जैसे उनके दिन बहुरैं वैसे ही हमारे दिन बहूरें'—उन्होंने नहीं कहाँ किन्तु यह नहीं कहा गया, क्योंकि 'हमारे' कहने में स्वार्थ है, 'स्व' की कामना है, अपने हित, अपने परिवार, अपने-अपनों के हित की कामना है। किन्तु हमारी पूर्वजायें तो कल्याणी थीं। भारतीय जीवन-दर्शन 'सर्वे भवन्तु सुखिनः' को अन्तर्मन में बसाये समष्टि में विचारने वाली थीं। शिव, गौरा, गणपति, विष्णु, लक्ष्मी, राम, कृष्ण, बलराम, हनुमान जी, वामनावतार की कथाएँ हों, भागवत हो या सत्यनारायण की कथा या हर माह आने वाली एकादशी, अमावस्या की व्रत कथाएँ, इन कथाओं का कथ्य, सार, सीख हमारी संस्कृति का

मूलाधार हैं और कथा की पूर्णाहुति में सबके सुख की कामना, यह दृष्टि ही हमारी संस्कृति का आधार है। सभी का मंगल हो।

ऋषियों-मुनियों ने वेद रचे, भारत का जीवन-दर्शन गढ़ा। कहा कि 'उदारचरितानां तु वसुधैव कुटुम्बकम्' अर्थात भारत की जीवन दृष्टि में समस्त लोक एक परिवार है। इस मन्त्र को लोकसंस्कृति में पिरोकर किस तरह हमारी स्त्रियों ने अनन्त काल से व्यवहार में उपस्थित कर दिया। प्रत्येक पर्व, त्योहार पर जब कथा कही जायेगी तो कथा समापन में स्वस्तिवाचन सभी के सुख की कामना से होगा। भारतीय जीवन-दर्शन परम्परा के रूप में कैसे आया, तीज, त्योहार, व्रत की कथाएँ उसका अनुपम उदाहरण है। सभी का मंगल हो, सभी सानन्द रहें, सभी के क्षेम की उद्दीप्त भावना वाले समाज में यह अनायास ही नहीं कि हर पर्व, पूजा और लोककथा का समापन इसी मंगल कामना के साथ होता है कि, जैसे उनके दिन बहुरैं, वैसे सबके दिन बहूरें।

यही भारतीय संस्कृति का मूल चिन्तन है—

सर्वे भवन्तु सुखिनः सर्वे सन्तु निरामया
सर्वे भद्राणि पश्यन्तु मा कश्चिद दुःखभागभवेत।।

मिट्टी और गोधन से बनी गौर का आशीर्वाद लेकर सबके सुख की कामना को फूल और अक्षत में भिगोकर इस भाव के साथ अनन्त को समर्पित कर देती है—अक्षत रहे सभी का जीवन! उनकी प्रार्थना सृष्टि को दिया आशीर्वाद है। ब्रह्माण्ड के कण-कण के दुःख भस्म करने की कामना है। मनुष्यता का ध्येय यही है, पूजा, व्रत, त्योहार में कही गयी हर कथा का नवनीत यही है—

समस्त चराचर जगत का जीवन सुखमय हो।
जैसे उनके दिन बहुरैं वैसे सबके दिन बहुरैं...